中国会计研究与教育

China Accounting Research and Education

第 11 卷第 1 辑
(总第 12 辑)

主　　编　王竹泉
执行主编　孙建强
副 主 编　孙　莹　王苑琢

主　　办　中国海洋大学中国企业营运资金管理研究中心
　　　　　中国海洋大学中国混合所有制与资本管理研究院
　　　　　中国海洋大学管理学院

主　　管　中国海洋大学
协　　办　中国资金管理智库(CMTTC)

中国海洋大学出版社
·青岛·

图书在版编目(CIP)数据

中国会计研究与教育. 第 11 卷. 第 1 辑 / 王竹泉主编
. —青岛:中国海洋大学出版社,2023.10
ISBN 978-7-5670-3622-2

Ⅰ.①中⋯　Ⅱ.①王⋯　Ⅲ.①会计—中国—丛刊
Ⅳ.①F23-55

中国国家版本馆 CIP 数据核字(2023)第 177314 号

出版发行 中国海洋大学出版社	
社　　址 青岛市香港东路 23 号	**邮政编码** 266071
出 版 人 刘文菁	
网　　址 http://pub.ouc.edu.cn	
电子信箱 cbsebs@ouc.edu.cn	
订购电话 0532-82032573(传真)	
责任编辑 付绍瑜	**电　　话** 0532-85902533
印　　制 青岛国彩印刷股份有限公司	
版　　次 2023 年 10 月第 1 版	
印　　次 2023 年 10 月第 1 次印刷	
成品尺寸 185 mm×260 mm	
印　　张 11.75	
字　　数 240 千	
印　　数 1~1000	
定　　价 79.00 元	

发现印装质量问题,请致电 0532-58700166,由印刷厂负责调换。

目 录

Contents

双一流引领，思专创融合，科教产协同，打造会计学专业三全育人示范样板

——中国海洋大学的思考与实践 *

王竹泉① 孙 莹② 王苑琢③

（中国海洋大学管理学院 中国企业营运资金管理研究中心）

摘 要 面对新技术、新环境、新要求带来的重重挑战，如何在会计学专业教育中落实立德树人根本任务成为实务界与理论界探讨的焦点。中国海洋大学会计学专业经过持续的改革和探索实践，打造出"双一流引领，思专创融合，科教产协同"为特色的会计学专业三全育人示范样板。本文在深入探析会计学专业人才培养的挑战与难点的基础上，以中国海洋大学的特色实践为具体案例，详细剖析了其打造的会计学专业三全育人示范样板的实践与创新，以期为同类高校探索科教融合模式、深化科研机构综合改革提供参考。

关键词 中国海洋大学会计学专业 三全育人示范样板 双一流引领 思专创融合 科教产协同

一、引言

立德树人是教育工作的根本任务。对开设院校在 600 所以上、在校生人数最多的会计学专业来说，不仅要面对信息化、数字化的冲击，还要应对全球化、国际化带来的西方制度和价值观念的挑战，如何落实立德树人根本任务成为众多高校的普遍关切。

中国海洋大学会计学专业是国家特色专业和山东省首批普通高等教育品牌专业，拥有山东省首个会计学博士点，专业建设水平一直处于全国前列。2012 年，该专业被学校推荐为教育部首批综合改革试点专业，将全球公认的 ACCA 核心课程与本校特色的分方向模块化课程结合，开启了"国际先进与本土特色有机融合"的综合改革，较好地解决了卓越财会人才培养"水土不服"的问题。但对育才与育人的差异认识不够深刻，立德树人

* 教育部新文科研究与改革实践项目"新文科财会教师专业发展探索与实践"（2021170010）的阶段性成果。

① 王竹泉，中国海洋大学管理学院院长、教授、博士生导师，主要从事资本效率与财务风险、政府社会资本研究。
② 孙莹，中国海洋大学管理学院副教授、硕士生导师，主要从事营运资金管理与绩效管理研究。
③ 王苑琢，中国海洋大学管理学院副教授、硕士生导师，主要从事资本效率与财务风险研究。

的中心地位并未得到充分体现。2014 年 3 月,教育部发布《关于全面深化课程改革 落实立德树人根本任务的意见》。当年 7 月,中国海洋大学邀请教育部会计学专业教指委专家参加深化改革方案论证,形成了高水平大学会计学专业实现立德树人的"双一流引领"共识,即"一流理论创新引领课程资源开发,一流科研育人引领课程育人和实践育人"。之后,在"双一流引领"理念指引下,经过三年探索形成了双一流引领、思专创融合、科教产协同的会计学专业三全育人示范样板,并于 2017 年 9 月开始检验。以此为基础,中国海洋大学管理学院于 2018 年被教育部遴选为全国首批三全育人综合改革试点,肩负起探索可复制推广的商科专业教育与思政教育融合模式的使命。

该成果以中国海洋大学中国企业营运资金管理研究中心为主要依托,创新实践了一流创新团队、一流课程与育人团队建设的协同联动,构筑了科教产协同育人的长效机制,五年的实践取得了显著成效。本论文以中国海洋大学会计学专业三全育人改革的特色实践为具体案例,详细剖析了其打造"双一流引领,思专创融合,科教产协同"为特色的三全育人改革实践与创新,以期为同类高校探索科教融合模式、深化科研机构综合改革提供参考。

二、会计学专业人才培养的挑战与难点

(一)会计学专业人才培养的挑战

1. 新技术、新环境带来的挑战:以大数据、人工智能等前沿技术为标志的第四次工业革命对会计学专业的育人模式提出更高要求

就高等教育而言,以大数据、人工智能等前沿技术突破为标志的第四次工业革命,正在深刻改变高等教育的格局、人才需求的结构和未来学习的模式。与之相对应,高校人才培养在理念上更加强调全面发展、终身学习与整合协同育人;在目标上,更加突出社会责任感和创新能力培养;在模式上,更加关注多专业跨专业教育,实现通专结合、产学研结合;在方法上,更加注重引入社会力量,运用互联网、大数据、慕课等新兴教育载体和平台,实现全时空、跨领域的有效覆盖,提升教与学的双向自组织能力。随着社会经济发展和技术迭代更新的速度越来越快,未来人才需求必然将越来越呈现出变化快、不确定性高的显著特点,大学教育很难准确预判未来人才的需求变化。对会计学科的冲击更有甚之,未来的会计学人才必将是一种复合型人才。2016 年,我国的《用友》《金蝶》等财务软件厂商相继推出了智能财务相关产品。2017 年,德勤推出第一款通用财务机器人,随后以"四大"为代表的会计师事务所和财务软件厂商均提出了财务机器人方案。

2. 新要求带来的挑战:立德树人,三全育人对会计学专业人才培养提出更高要求

党的十八大把"立德树人"明确为教育的根本任务,党的十九大进一步提出,要"落实

立德树人根本任务"。党的十九届四中全会对完善立德树人体制机制提出新的具体要求。

坚持把立德树人作为根本任务，关键要做到全员、全过程、全方位。全员，是指高校全体教职工都应将立德树人作为根本任务，强化育人意识和责任担当，自觉在各自本职工作中对学生实施直接或间接的思想价值引领。全员育人是全过程、全方位育人的人力基础和组织保障，全过程育人内在蕴含着全员参与、全方位覆盖的客观要求，而全方位育人则既离不开高校全体教职工的责任自觉和积极参与，又需要按照全过程育人的要求，挖掘不同领域中的育人因素、整合不同社会力量的育人功能、探索不同实践载体的育人方式。但在具体的应用中，存在以下问题：①全员育人如何形成系统合力？实现全员育人是要强化高校全体教职工的育人意识，彰显高校每项工作、每个领域的育人功能。②全过程育人如何实现有效衔接？全过程育人的实质是要将思想政治工作融入教育教学全过程。而高校教育教学主要遵循"知识性逻辑"，如何挖掘不同学科教育教学中的思想政治工作元素和功能，从而实现二者有机衔接是个问题。③全方位育人如何实现有机联动？全方位育人涉及线上与线下、课内与课外以及家庭、社会、学校多个领域。这些领域在立德树人中处于不同层次、面临不同问题、依循不同逻辑，在目标、功能、资源、策略上各有侧重，亟须实现"互补互动、综合融通"（杨晓慧，2018）。以上具体问题为会计学科人才培养的变革提出了更高要求。

（二）会计学专业人才培养的难点

教育部统计表明，截至2017年5月底，在2631所（含独立学院265所）普通高等学校中，有1260所设置了会计学或财务管理专业。由于培养模式、教学内容大同小异，各院校会计学专业输出人才的同质化问题日益凸现。基于人才供求的结构性矛盾，教育部重点加强了高校会计学专业改革和招生的控制。在新技术、新环境、新要求下，创新人才培养模式以培养满足新要求所需要的高素质会计人才也就成为我国高校会计学专业改革的重要课题。目前会计学专业人才培养存在以下突出难点：

1. 高水平大学会计学专业如何将学科和人才优势转化为课程育人优势和全员育人特色

虽然在学科和人才方面具有明显优势，但高水平大学在课程育人方面优势并不明显，突出表现为全员参与课程资源开发的程度较低、课程思政元素挖掘不足、建设路径不清、育人特色不明显。

2. 会计学专业如何在科研训练、专业实践全过程中有机融入思政元素

教师课下参与育人不够，指导学生开展科研训练、专业实践中对价值塑造重视不足，与常规的思政教育活动各行其是，专业教育与思政教育"两张皮"的现象十分普遍却难以改变。

3. 如何打造以育人能力提升为目标的科教产协同全方位育人平台

一流学科引领下的科教产协同是高水平大学的优势，科研团队重视创新能力，教学

团队重视学习能力,产业企业重视实践能力,科教产协同关注各方责权利的协调,未能将育人作为首要目标,协同育人机制缺失,全方位育人平台建设严重不足。

三、会计学专业三全育人改革:中国海洋大学的探索与实践

(一)中国海洋大学会计学专业三全育人改革的实践历程

中国海洋大学会计学专业是国家特色专业和山东省首批普通高等教育品牌专业,拥有山东省首个会计学博士点,专业建设水平一直处于全国前列。2012 年,该专业被学校推荐为教育部首批综合改革试点专业,将全球公认的 ACCA 核心课程与本校特色的分方向模块化课程结合,开启了"国际先进与本土特色有机融合"的综合改革,较好地解决了卓越财会人才培养"水土不服"的问题。但对育才与育人的差异认识不够深刻,立德树人的中心地位并未得到充分体现。

2014 年 3 月,教育部发布《关于全面深化课程改革 落实立德树人根本任务的意见》。当年 7 月,中国海洋大学邀请教育部会计学专业教指委专家参加深化改革方案论证,形成高水平大学会计学专业实现立德树人的"双一流引领"共识,即"一流理论创新引领课程资源开发,一流科研育人引领课程育人和实践育人"。之后,在"双一流引领"理念指引下,中国海洋大学经过三年探索形成了双一流引领、思专创融合、科教产协同的会计学专业三全育人示范样板,并于 2017 年 9 月开始检验。以该成果为基础,中国海洋大学管理学院于 2018 年被教育部遴选为全国首批三全育人综合改革试点,成为"985"高校唯一入选的商学院,从此肩负起了探索可复制推广的商科专业教育与思政教育融合模式的使命。

在项目研究和探索中,中国海洋大学会计学专业先后获得教育部质量工程-会计学专业综合改革,"教育部 财政部职业院校师资素质提高计划",山东省本科高校教学改革重点项目"资金管理智库建设与跨院校资金管理教育资源整合"等国家级、省部级专业建设和教学改革项目立项,为会计学专业持续推进专业综合改革提供了有力的支持。

(二)中国海洋大学会计学专业三全育人改革的实践模式(图 1)

1. 科学设计"四维"行动导图和"三化"引领方略,将高水平大学学科优势转化为课程育人优势,将人才优势转化为全员育人特色

针对高水平大学育人优势不够突出、全员参与课程资源开发程度较低、课程思政元素挖掘不足、建设路径不清、育人特色不明显等突出问题,中国海洋大学科学设计了"四维"行动导图和"三化"引领方略,将高水平大学学科优势转化为课程育人优势,将人才优势转化为全员育人特色。

课程育人是人才培养的基础。尽管高水平大学课程育人优势并不突出,但其具备显著的学科优势,若能将学校的学科优势有机融入课程育人之中,则有可能构筑高水平大学独特的课程育人优势。中国海洋大学在会计学专业教学中结合自身学科优势,探索形成了构筑课程育人优势的"四维"行动导图:其一,通过发挥特色研究优势,开发了营运资金管理等特色课程,推动制度自信和理论自信进教材、进课堂;其二,通过发挥国际视野优势,深化建设了高级财务会计等课程,推动道路自信和文化自信进教材、进课堂;其三,通过发挥创新能力优势,开设了创新创业教育等慕课,促进精品育人资源共享利用;其四,通过发挥学科交叉优势,开发了财务信息化等课程,促进育人机制创新和内容重构。

教师育人是人才培养的灵魂。尽管高水平大学人才储备丰富,但往往在教师育人过程中并未形成不同类型人才全员联动、协同合作的有效机制,致使高水平大学人才优势向师资优势转化的程度被大打折扣。为解决这一问题,中国海洋大学结合自身人才储备特点,探索形成了凸显全员育人特色的"三化"引领方略:其一,通过发挥理论人才优势,将政府社会资本等理论成果转化为课程思政元素,强化特色课程思政建设,促使中国特色理论、道路、制度、文化入脑、入心,凸显科研育人特色;其二,通过发挥领军人才优势,会计名家、全国模范教师引领,强化专业课程思政建设,"传、帮、带"团队协同,为党育人,为国育才,凸显课程育人特色;其三,通过发挥思政人才优势,党组织负责人和辅导员加入基层教研室,协同教师开展实践指导,强化大思政课程建设,关爱学生全面成长和发展,凸显实践育人特色。

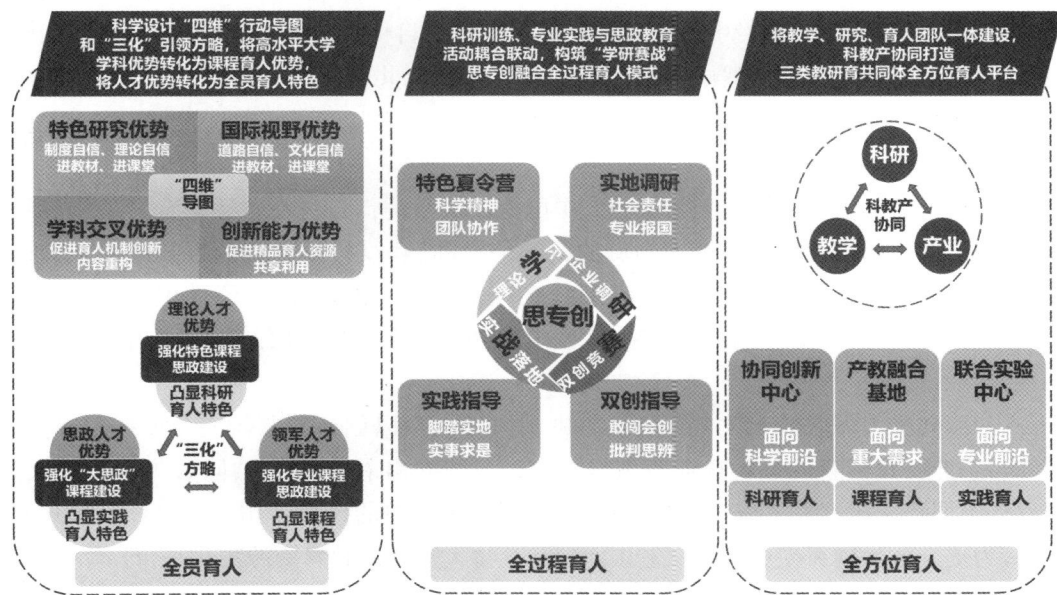

图1　中国海洋大学会计学专业三全育人改革的实践模式

2. 科研训练、专业实践与思政教育活动耦合联动,构筑"学研赛战"思专创融合全过程育人模式

针对会计专业人才培养中普遍存在的科研、实践"两张皮",学生参与企业实战程度较低等问题,中国海洋大学将科研训练和专业实践整合为会计辩论、创新创业等夏令营,辅导员和教师共同指导,瞄准企业具体问题开展调研,通过案例大赛打磨解决方案,进而将方案在企业实战中落地,形成了"理论学习—企业调研—双创赛事—实战落地"的"学研赛战"模式,"有趣、有用、理论与应用兼具"是学生在参与项目中最直观的感受。

与此同时,针对普遍存在的科研训练、专业实践与思政教育融合度较低的问题,中国海洋大学在人才培养各环节强化思政教育:通过开展大规模研究团队科研训练项目,引导学生组队完成研究项目任务,将科学精神和团队协作的意识融入理论学习中;通过在企业调研中引导学生聚焦企业实践问题,分析问题产生的社会背景及国际经济形势,将社会责任和专业报国的信念融入企业调研中;鼓励学生积极参与双创赛事,通过指导学生反复打磨比赛方案,磨炼学生敢闯会创的精神、提升学生批判思辨的能力;最终,在实战成果落地过程中培养学生脚踏实地与实事求是的作风。中国海洋大学通过将思政教育融入科研和专业实践指导全过程,实现了育人与育才的统一。

3. 将教学、研究、育人团队一体建设,科教产协同打造三类教研育共同体全方位育人平台

传统的科教产协同机制往往更加注重各参与方责权利的协调,未能将育人作为首要目标,造成了协同育人机制缺失、全方位育人平台建设严重不足的问题。中国海洋大学在会计学专业育人平台建设中以育人能力提升为首要目标,注重将教学、研究、育人团队进行一体化建设,在长期实践中探索形成了三类教研育共同体全方位育人平台,即面向科学前沿的协同创新中心、面向重大需求的产教融合基地、面向专业前沿的联合实验中心。

(1)面向科学前沿的协同创新中心。中国海洋大学凭借自身在营运资金管理领域的科研创新优势,瞄准营运资金管理领域的科学前沿问题,以科教融合的方式搭建了营运资金管理调查等开放式品牌科研训练项目,在项目开展中由教师、科研助理与企业专家共同参与科研育人,为提升会计学专业学生学术创新能力搭建了面向科学前沿的协同创新平台。

(2)面向重大需求的产教融合基地。中国海洋大学以创新创业研究为依托,与海尔等知名企业共建创新创业特色课程资源,教师、辅导员和社会专家共同参与课程育人。在双创类课程资源开发过程中,中国海洋大学形成了成熟的校企合作在线教育资源开发机制,为提升学生创新创业能力打造了面向社会重大需求的教育资源孵化平台。

(3)面向专业前沿的联合实验中心。中国海洋大学以专业前沿课题为抓手,由中国海洋大学中国资金管理智库协同创新中心牵头,联合海尔等知名企业共同打造了"智能

资本配置与产业互联网运营实验室"。该实验室将以智能化应用实验方案为中心，打造面向本科生和研究生的系列实验课程，在实验教学中将由教师、实验员与企业专家共同参与实践育人，探索形成理实一体的教研育协同机制，为提升学生专业实践能力提供平台保障。该实验室项目已获山东省高等学校文科实验室建设（A类）。

四、中国海洋大学会计学专业三全育人改革的成效与创新

（一）中国海洋大学会计学专业三全育人改革的成效

1. 全员育人意识显著提升，育人典型不断涌现

"事事有思政"成为共识，教师育人参与度明显提高。营运资金管理课程及团队分别被评为中国海洋大学首批课程思政示范课程和教育部首批课程思政示范课程、教学名师及团队。王竹泉获国家级高层次人才、全国模范教师、财政部会计名家、山东省教书育人楷模、中国CFO心中最敬重导师等称号。

2. 为党育人、为国育才成效显著

会计学专业连续多年成为本校录取分数最高的专业，省部级以上竞赛获奖数量提升近3倍。"入脑入心"成效明显，"四个自信"更加坚定，学生入党申请比例提升124％，8名学生获ACCA全球统考大陆地区单科成绩第一，毕业生名校深造比例大幅提升近1/3，达40％以上。

3. 一流课程和专业建设成果斐然

会计学专业入选首批国家级一流本科专业，营运资金管理、高级财务会计等5门课程获评国家级一流课程。"特色引领，融入思政，协同联动，打造一流本科课程和育人团队"等教学成果获国家级教学成果奖二等奖1项，山东省省级教学成果奖一等奖5项、二等奖3项。

4. 教研育共同体建设卓有成效

中国企业营运资金管理研究中心2018年入选CTTI高校智库百强，2022年蝉联，是全国高校财会专业唯一入选。研究中心牵头建设的"智能资本配置与产业互联网运营文科实验室"2022年被遴选为山东省高等学校文科实验室建设（A类），完成的"高校智库引领会计学专业教研育共同体建设"入选CTTI 2022年度智库最佳案例。

5. 三全育人样板示范效应突出

中国海洋大学会计学专业资本效率与财务风险研究生科研团队2020年入选山东省高等学校先进班集体。管理学院三全育人综合改革试点于2021年被教育部验收为优秀等级。以本项成果为核心支撑，中国海洋大学会计学专业获2022年度数豆中国财会育人奖。

6. 成果理念和模式得到广泛应用

成果成效得到《人民日报》《光明日报》《中国教育报》《中国会计报》等 20 余家媒体报道,被西安交通大学、武汉大学、山东大学、南开大学、东南大学等 20 余所大学借鉴。"以高水平综合性大学为引领构建新时代财会职教师资本硕连读培养体系"(王竹泉等,2018)等建议被"教育部 财政部职业院校师资素质提高计划"采纳,王竹泉被教育部遴选为教育综合改革专家和本科教学审核评估专家,实现了成果跨类型、跨层次的示范引领。

(二)中国海洋大学会计学专业三全育人改革的创新点(图 2)

1. **理念创新**:设计了高水平大学一流学科落实立德树人根本任务的"双一流引领"理念,擘画了学科优势转化为育人优势的路线图和方法论

以落实立德树人根本任务为统领,以会计学专业育人改革为样本,创新设计了高水平大学一流学科"以一流理论创新引领课程资源开发,一流科研育人引领课程育人和实践育人"的"双一流引领"理念,并结合专业特点设计了将学科优势转化为课程育人优势的"四维"导图和将人才优势转化为全员育人特色的"三化"方略,探索明晰了高水平大学一流学科三全育人的路线图和方法论,实现了高水平大学对落实立德树人根本任务的引领,为各高校"为党育人、为国育才"的综合改革提供可复制推广的示范样板。

2. **模式创新**:开创了"学研赛战"思专创融合育人新模式,突破性地解决了专业教育和思政教育"两张皮"的共性难题

科研、专业实践是专业教育与思政教育的最佳结合点,通过构建"学研赛战"模式,从三个关键环节保障思政、专业、双创教育一体融合。一是党建引领,把党小组建在教研育共同体上,共同体主任兼任党小组组长,确保育人导向。二是组织架构,辅导员参与共同体备课授课,基层学工组织与基层教学组织融合。教师更了解思政工作,科研专业实践思政元素挖掘更精准。三是教育内容,教师和辅导员协同把双创实践融入专业课程,带领学生走进企业实战,把自己的青春梦想变成服务国家发展的美好现实。

3. **机制创新**:创新实践了教研育共同体建设的三条路径,构筑了科教产协同育人的长效机制

以科研创新为引领,以育人水平提升为目标,将教育链、创新链与产业链有机衔接,教育链着力提升课程育人水平,创新链着力提升科研育人水平,产业链着力提升实践育人水平,形成"学习能力、创新能力、实践能力"培养和"价值观念、科学精神、协作意识"塑造的良性循环,三方优势充分发挥,需求得到满足,极大调动各方育人的内在动力,形成科教产"三主体"协同育人机制,从根本上解决了重育才轻育人的问题。

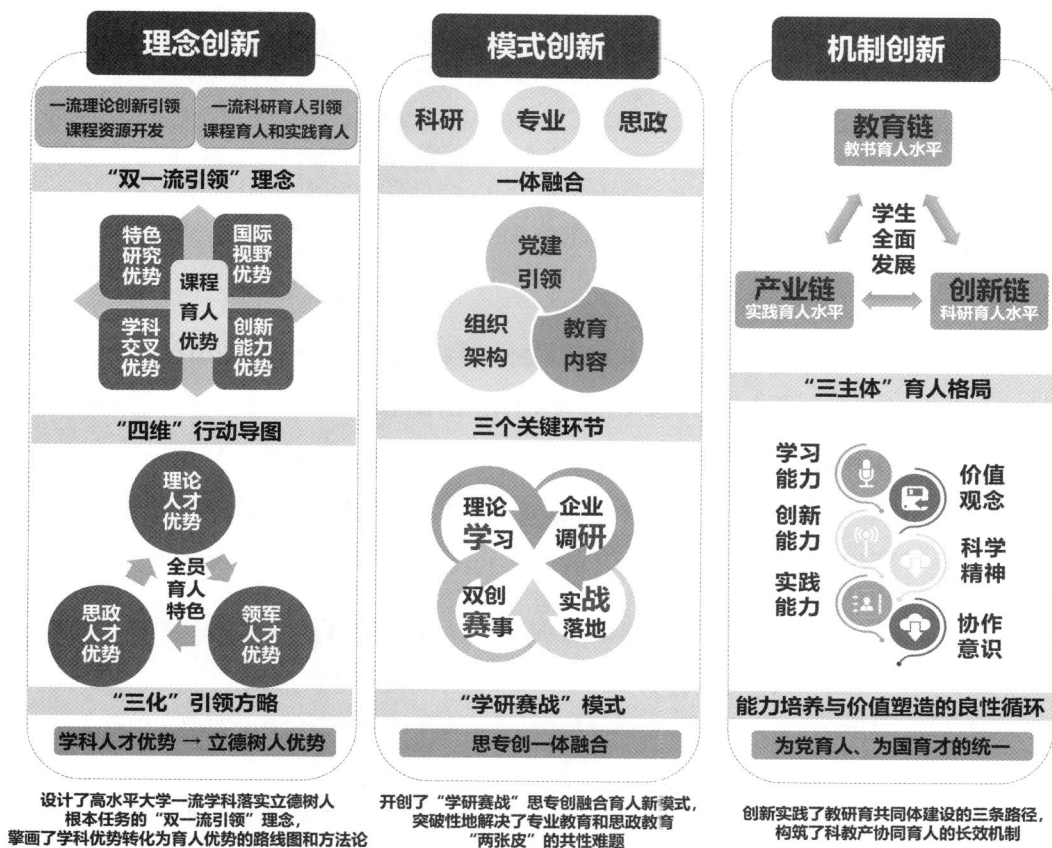

图 2　中国海洋大学会计学专业三全育人改革的创新点

五、结论

中国海洋大学会计学专业三全育人改革依托理念创新、模式创新、机制创新,擘画了高水平大学会计学专业三全育人的行动导图和引领方略,创新实践了高水平大学教研育人共同体建设的三条路径,构筑了科教产协同育人的长效机制,实现了"价值塑造、知识传授与能力培养有机融合"和"协同创新与协同培养双协同",对其他专业落实立德树人根本任务和三全育人综合改革具有一定的借鉴意义;同时打造了系列国家级一流本科课程、系列课程思政示范课程以及系列创新创业教育通识课程,造就了全国模范教师、国家高层次人才、国家级课程思政教学名师及团队、省市教书育人楷模等育人团队,可为同类专业的三全育人综合改革以及一流课程建设和育人团队建设提供参考,具备较高的参考价值。

参考文献

[1] 杨晓慧. 高等教育"三全育人":理论意蕴、现实难题与实践路径[J]. 中国高等教育,2018(18):4-8.

[2] 王竹泉,孙建强,于卫兵. 以高水平综合大学为引领构建新时代财会职教师资协同培养体系——中国海洋大学财会专业职教师资本硕连读培养体系的构建与实施[M]//王竹泉. 中国会计研究与教育(第 10 卷第 1 辑). 北京:中国财政经济出版社,2019:1-9.

Leading by Double First-class, Integration of Thought, Specialization and Innovation, Collaboration of Science, Education and Industry; Jointly Create a Demonstration Model of "Three Complete Education" in Accounting —Thinking and Practice of Ocean University of China

Wang Zhuquan, Sun Ying & Wang Yuanzhuo

(*Management School of Ocean University of China, China Business Working Capital Management Research Center*)

Abstract Facing the challenges brought by new technology, new environment and new requirements, how to implement the fundamental task of establishing morality and cultivating people in the Accounting education has become the focus in the practical and theoretical circles. The Accounting major of Ocean University of China, on one hand, relies on its own years of experience in higher education brand specialty, and on the other hand, benefits from the "double first-class leadership" that the Accounting major of high-level universities has achieved. In 2018, the management college was selected by the Ministry of Education as the first batch of comprehensive reform pilots of "three complete education" in China, creating a demonstration model of "three complete education" in Accounting which is of the characteristics of "double first-class leadership, integration of thinking, specialty and innovation, and collaboration of science, education and industry". Till now, it has achieved remarkable results in practice. On the basis of in-depth analysis of the challenges and difficulties in the training of Accounting professionals, this paper takes the characteristic practice of Ocean University of China as a specific case, and analyzes in detail the practice and innovation of the model of "three complete education" in Accounting, with a view to providing reference for similar universities to explore the integration mode of science and education and deepen the comprehensive reform of scientific research institutions.

Key words Accounting Major of Ocean University of China; "Three Complete Education" Model; Double First-class Leading; Integration of Thought, Specialization and Innovation; Collaboration of Science, Education and Industry

中国会计研究与教育
第 11 卷第 1 辑

China Accounting Research and Education
Vol.11, No.1

财务管理课程思政建设：
教学体系、元素挖掘与实现路径*

何　瑛① 张瑜晶② 张子怡③

（北京邮电大学经济管理学院）

摘　要　随着经济的迅速发展、信息技术的迭代、理论的变革创新以及需求的个性化和多元化，企业财务正在由"以核算为主要内容的传统财务"向"以资源整合、决策支持和价值管理为主要内容的战略财务"转型。实践先行要求对传统财务管理课程进行改革，并坚持做到"思政引领、科技赋能、融合创新"。财务管理作为企业管理的重要组成部分之一，在完善资本市场并助推企业实现高质量发展中起着十分重要的作用。本文着眼于"立德树人"新要求，基于引领端、核心端、需求端构建"三端互促、六维共进"的财务管理课程思政教学体系，深入挖掘蕴含于专业知识中的思政元素，进而从"学、研、产、创"四个维度探讨财务管理课程思政建设的实现路径，以期在课程思政融入教育教学和人才培养方面有所助益。

关键词　财务管理　课程思政　思政元素　教学改革　新文科建设

21 世纪以来，以新技术、新模式、新制度、新文化为核心内涵的新经济时代驱动着经济和管理领域的巨大变革（何瑛等，2020），企业开始在新兴生产元素与传统财务管理的协调与融合中改变价值创造方式来实现可持续发展。然而，中美贸易摩擦、新冠肺炎疫情冲击不断，信息泄露、财报造假事件频频发生，肩负强国使命和引领价值重塑成为新文科建设中财务管理课程改革的新命题。因此，重视工具理性而忽视知识本身具有价值理性的传统教学范式亟须改变，囿于传统框架和范式内的财务管理课程亦需更新。

"德为人才之魂，树人必先立德。"我国正处于发展的历史新方位，强国新征程呼唤教育新变革，人才需求随之由"以才为先，能力为重"的专业化人才转向"以德为先，德才兼备"的复合型、创新型人才。为全面优化高校人才培养体系，教育部在 2020 年印发的《高等学校课程思政建设指导纲要》中提出要"深度挖掘提炼专业知识体系中所蕴含的思想价值和精神内涵，科学合理拓展专业课程的广度、深度和温度"。这为财务管理课程思政

　*　教育部新文科研究与改革实践项目"思政引领、科技赋能、融合创新：新文科建设与工商管理专业综合改革与实践"（2021050008）。

　①　何瑛，北京邮电大学经济管理学院副院长、教授、博士生导师，研究方向为公司财务与资本市场。
　②　张瑜晶，北京邮电大学经济管理学院硕士研究生，研究方向为公司财务与资本市场。
　③　张子怡，北京邮电大学经济管理学院硕士研究生，研究方向为公司财务与资本市场。

建设指明了重点和方向,逐步智能化、信息化的教学环境则为其提供了创新思路和技术条件,助推财务管理课程依托自身特色和优势,全方位、多角度深入挖掘思政元素,感知专业知识背后的价值意蕴。因此,在奔涌而至的信息化浪潮下,财务管理课程应提升价值引领性和时代导向性,积极弘扬关心国际、心系家国、目及长远的国家道德观念,倡导回馈社会、崇尚法治、勇于创新的社会道德观念,引导学生正确认识自身与企业、社会和国家之间的关系并秉持正确的职业道德和价值理念,从而为国家和社会培育出德智体美劳全面发展的具有创新能力和国际竞争力的创新型、复合型管理人才。

一、财务管理课程思政教学体系设计

课程思政并非作为一种独立的课程存在,它必须与具体的课程教学内容相融合,才能由表及里、环环相扣,发挥思想教化和价值引领作用(高德毅、宗爱东,2017)。深刻理解财务管理课程思政的时代内涵,既需要把握课程思政的一般性原则,也需要立足于财务管理课程特色,以教师和学生为核心,突出国家和社会的价值引领,聚焦企业、政府部门、行政事业单位的现实需求,将引领端、核心端、需求端串联为一体,重构"三端互促、六维共进"的财务管理课程思政教学体系,培养出信得过、靠得住、用得上的综合性卓越专业人才(图1)。

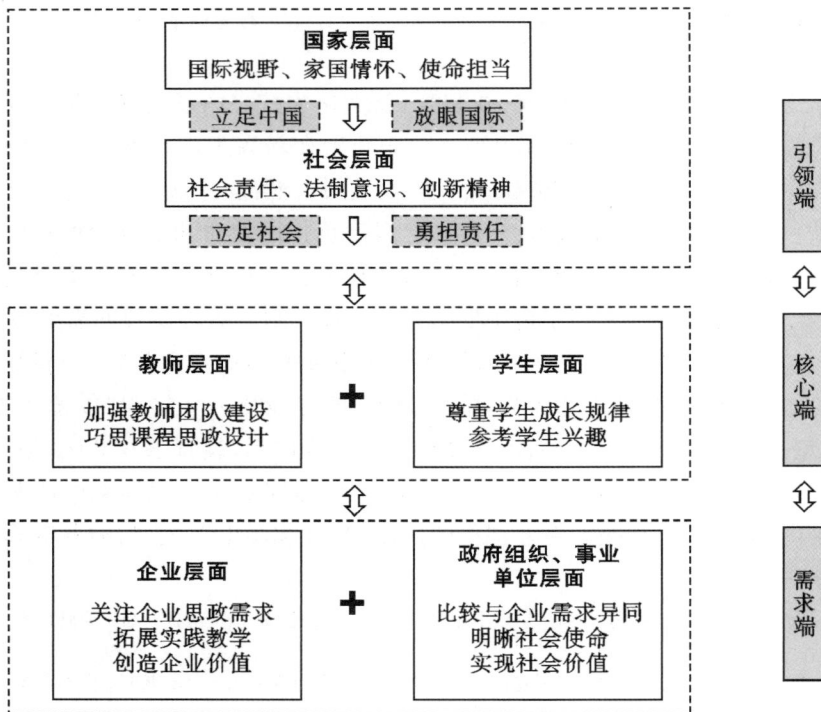

图 1 "三端互促、六维共进"的财务管理课程思政教学体系

（一）引领端：顶层牵引，突出价值引领

作为课程思政教学体系设计的首要组成部分，引领端突出价值塑造，既是顶层牵引，又指明了学生培养的最终目标，为财务管理课程思政建设指明方向，引导教学体系的各维度、各要素、各环节，进而构建成熟完备的教学体系。

1. 国家层面：立足中国，放眼国际

我国资本市场自 1990 年建立至今，实现了从审批制到核准制再到注册制的转变，仅用 30 多年的时间走过了成熟资本市场百年走完的路程并取得历史性突破与跨越式发展，这离不开对西方先进财务理论和优秀实践经验的学习吸纳。通过对比中国与世界其他国家资本市场和公司治理发展路径的异同，可以使学生明晰国际形势与中国特色，正确认识中国与西方国家相比存在的优势与差距。所以，财务管理课程思政教学体系设计首先应遵循"应对变化、塑造未来"的原则，拓展学生的国际视野，明确国家专业领域与国际先进水平之间的差距，如通过分析戴尔公司的"零库存"管理来学习轻资产运营模式，通过分析伯克希尔·哈撒韦公司的价值投资来树立正确的风险意识。然而，科学技术的新发展和产业革命的新趋势对我国战略发展和人才培养模式都提出了改革新需要，实践证明，西方理论也并非完全适用于中国市场的独特情景。尤其是在我国国际影响力、经济实力、科技实力等领域亟须发展提高的背景下，美国从政策和技术方面加紧对中国企业施压，所以在培育国际视野的同时，还应立足中国国情，引导学生深入探索财务管理专业与国家发展趋势之间的联系，逐步剖析财务知识和关键技术应用中蕴含的责任与使命，并向以华为为代表的锐意进取、不畏艰难的民族企业学习，增强学生人才兴国、科技报国的家国情怀和使命担当。

2. 社会层面：立足社会，勇担责任

中国的资本市场只经历了 30 多年的发展就成为全球最大的资本市场之一，但在规模迅速扩张、上市公司数量快速增加的背后，会计造假、内幕交易、虚构利润等丑闻不断浮现，信息安全、共享数据等隐患也日益成为人们关注的焦点。瑞幸咖啡因财务造假在刷新了全球 IPO 最快纪录的同时迅速退市，并直接导致了美国资本市场对中概股的排斥，对其他中国企业后续赴美上市产生持续恶劣的影响。近年来，我国开始日益重视利益相关者权益保护、环境保护、隐私保护等社会责任相关问题，越来越多的企业积极向社会披露年度报告和社会责任报告，因此，立足于社会层面，财务管理课程思政教学首先应强化学生对蕴含于新兴产业、科技领域和商业模式中的道德、安全、社会、生态等相关问题的认识（贾启君，2021），引导学生培养高度的社会责任感和法制意识，避免迷失于资本市场利益的漩涡。但在强调"守正"的同时，"创新"作为企业发展的动力源泉，将始终成为企业财务管理理论研究的主题（李心合，2018）。因此，在财务管理课程思政教学设计中，无论是课堂学习还是课后科研，都应鼓励学生在培养法治意识的同时做到主动思考、

探索未知,增加探索性和试错性的教学内容,培养学生的辩证思维和平和心态,从而提高学生的创新思维能力。

(二)核心端:教育落实,实现教学相长

课堂教学作为学生获取知识、培养能力的主要途径,是财务管理课程思政教学的主要渠道和阵地,教师和学生则共同构成了其核心两端。党的十八大以来,党中央多次强调"把教师队伍建设好"。教育部高等教育司司长吴岩在出席第二届全国高校教师教学创新大赛闭幕式时也提出要"锻造中国'金师'",并指出"教师是人才培养的决定力量"。从"金专"到"金课",再从"金课"到"金师",可见,加强财务课程教师队伍建设并提升教师端整体素质水平显得尤为迫切。同时,唯有转换视角,以学生为中心,遵循学生成长规律和思维认知规律,通过课堂教学主渠道与多渠道相结合、传统教学方式与现代技术相融合,才能在教师端实现教书与育人相统一,并在学生端实现潜心问道与关注社会相统一。

1. 教师层面:加强教师队伍建设,巧思课程思政设计

教师作为课程提质、思政提效的关键,在教学实践中应主要抓住两大环节:一是打造"团队化"教学队伍。要形成"有理想信念、有道德情操、有扎实学识、有仁爱之心"的高校思政课教师团队(黄蓉生等,2018),并形成课程组教师自我成长与集体成长相结合的团队思政锻造机制,构建课程思政的"四个统一"体系,即统一政治思想认识、统一研究制定思政教学大纲、统一使用思政教学素材、统一设置思政考核要点,并充分发挥教授名师思政引领作用,加强师风师德建设并提升教师团队的综合素质水平,切实担负起学生健康成长指导者和引路人的责任。二是以学生为中心采取"融入式教学",巧思课程设计。首先,系统思考思政元素与财务管理课程核心元素之间的相互联系,将思政内容有机融入并贯穿到教学目标设计、教学环节设计、教学知识点设计、学生评价设计的全过程;其次,通过创新改革财务管理课程思政教学方式,将现代化技术融入课程教学,充分利用"线上+线下"双渠道,主动创新并加强案例式、讨论式、互动式等教学方法,引导学生自主关注并积极思考资本市场的前沿动态。

2. 学生层面:参考学生兴趣,精选思政题材

要让课程内容有深度、课堂氛围有温度、思政教育有力度,需要充分把握学生身心发展规律,遵循学生成长成才规律,一切"围绕学生、关照学生、服务学生",切实增强思政课教学的针对性。在对学生采取"融入式教学"实践过程中,应以贴合学生日常生活为主,关注当代学生的兴趣爱好,贴近社会现实、贴近学生思想实际,精选具有中国特色、行业特色的热点和焦点问题,并以生动的案例为突破口实现财务管理专业知识和课程思政的自然融合。例如,引入京东、胖东来等案例引导学生关注生命、健康及环境等企业社会责任元素,在潜移默化中增加学生的社会责任感和民族使命感;处于互联网时代的浪潮下,

通过分析互联网企业特色报表使学生增加信息强国情怀,通过分析报表披露质量,引导学生坚持"诚信为本、操守为正、坚持准则、不做假账"的职业道德,关注可持续发展问题。所以,财务管理课程思政教学设计应立足学生端,充分利用课程思政的思维模式来引导学生,帮助学生找到贴合自身的学习方式,并通过课程思政的教育价值引导学生进行探究式学习(陈志勇等,2021),使学生在专业学习中无形地浸润于思政教育氛围,使思政教育更加"润物细无声"。

(三)需求端:人才输出,对接社会需求

推进财务管理领域人才培养需着力强调产教融合,协同外部用人新需求和内部课程改革新方向,实现核心端和需求端双向对接,构建以需求为导向的长效育人机制(何瑛等,2021)。财务管理课程思政教学改革绝不是高校单枪匹马的战斗,而是上接引领端、对焦国家和社会需要,下接需求端、协调各方力量,充分依托以企业为代表的营利组织和以政府组织、事业单位为代表的非营利组织等多方平台,形成教学合力,推动高校财务管理课程教学发展的"质量革命"迎来再一次升级。

1. 企业层面:关注企业需求,拓展实践教学

企业是高校人才就业的第一大主体。对接企业思政需求并将其渗透在课堂案例设计、科研反哺教学、拓展专业实践等方面,是教学体系设计的重要一环。①通过校企合作共建案例库并开展案例教学。高校应灵活运用并盘活社会资源,在诸如财务共享、业财融合、区块链等与新技术紧密结合的课程单元中,邀请相关领域的高科技企业给予学生专业指导和资源支持,提供真实的交叉项目企业案例来帮助学生深入情境,并邀请优秀企业家为学生开设讲座传递积极价值取向,延展课程思政范围。②基于企业新需求开展科研反哺教学。在研究生教学阶段,高校可以充分利用企业的先进技术和充足资金,实现学校人才资源和科研力量与企业项目的充分对接,推动科研成果就地转化。新时代的经济管理类人才需要具备更综合的知识、能力和素质结构(董必荣、刘海燕,2019),在科学研究和企业项目协同配合中,有效引导学生了解财务管理学科发展前沿、财会相关产业发展前沿、科学技术发展前沿,并在"三大前沿"问题驱动下,明晰科研、企业和产业的发展新需求。③通过校企联合共建实践基地拓展实践教学。提升学生实践能力是财务管理金课建设的重要目标,高校应联合企业为学生提供实践资源平台和技术支持平台,以实现财务管理前沿教学与行业发展的同步性,锻炼学生将专业知识与新技术结合并应用于企业实务分析的技能。同时,充分改善学校教育和企业需求脱节的现状,提高学生职业素养和底线意识,并为未来就业积累相关的实践管理经验。

2. 政府组织、事业单位层面:比较企业需求,明晰社会使命

与以企业为代表的营利性组织不同,政府部门、事业单位不以谋求资金提供者的经

济利益为目的而以实现社会效益最大化为目标,其非营利性和公益性决定了非营利组织
财务管理的主要内容是资金收入与支出。然而产业化经营使得非营利组织也在逐步走
向市场,由市场活动调配各种资源并遵守市场经济发展规律,已成为非营利组织发展的
必然选择。但一直以来,非营利组织的财务管理存在着理论研究不充分和专业人才不充
足的问题(马立群,2012),高校应致力于解决这两方面的问题,积极开展教学改革。①加
大理论研究力度是基本举措。高校通过理论研究搭建起非营利组织的财务管理体系,明
确与企业资金周转的不同,立足财务收支平衡观念来寻找管理财务资金的方法与途径,
并探索解决非营利组织发展过程中普遍存在的资金不足等问题,深入研究融资渠道拓展
与投资组合优化等关键难题,进而构建出恰当的评价指标体系来指导非营利组织具体
的实践活动。②开展人才联合培养是重要保障。高校可以在财务管理课程体系中开
设"非营利组织财务管理"方向,并及时传递非营利组织财务管理方面的理论研究成果
和实践中形成的成熟经验。同时,应注重提高学生的专业综合能力、职业判断能力和
职业道德素养,使学生明晰潜在的问题并树立正确的价值导向。例如,非营利组织的
专项资金收入应划清与经营管理资金的界限并单独核算,做到专款专用、不得互相占
用;专项资金应严格按照计划使用,不得擅自变更用途。还应鼓励学生到非营利组织
中开展实地学习和调研,使学生充分了解其现实人才需求,从而扩展自身就业选择和
范围。

二、财务管理课程思政元素挖掘

基于"三端互促、六维共进"的课程思政体系设计,财务管理课程教学需要充分考虑
引领端与需求端,围绕人才链、产业链、创新链的深度融合,全方位挖掘蕴含于财务知识
之中的思政元素(表 1),全过程开展浸入式的价值观塑造和管理思维培育。本文将从财
务管理基本理念出发,以财务管理学的演进与发展为起点,引导学生开阔国际视野和大
局意识,正确认识中西方财务管理与资本市场的差异,辩证看待股东利益、企业价值与社
会责任之间的关系,不断培养高度的社会责任感和创新意识。以融资、投资、运营、分配
四大财务活动为主体,引领学生深入理解融资方式各样、风险各异,需诚信守法、合理布
局,投资风险常在、战略有道,需谨慎决策、融合创新;指导学生关注营运管理创新、力求
精益求精,重视企业利润分配、实现责任担当。在财务管理课程中,通过巧思思政元素融
入点、巧妙引入经典文献、聚焦相关思政案例等形式为财务管理教学增添新意、注入温
度,打造出富有特色的精品财务管理课程体系。

表1 财务管理课程思政元素挖掘表

教学模块	知识点	思政融入点	思政元素		思政案例与相关文献推荐
基础内容	财务管理概论	中西方财务管理学的演进与发展	国际视野 辩证思维	家国情怀 创新意识	案例:何瑛. 变革引领创新,转型策动价值:中国移动财务转型 论文:吴世农《公司财务的研究历史、现状与展望》
		财务管理的目标与代理问题	大局意识 利他主义	长远眼光 社会责任	案例:何瑛. 厚积薄发:从华为看民族高科技企业价值创造; 论文:何瑛《新经济时代跨学科交叉融合与财务管理理论创新》
		财务管理的环境	国际视野 创新意识	企业家精神 风险意识	案例:何瑛. 双雄"出海":三一重工和中联重科的海外并购之路 论文:何瑛《宏观经济环境与跨国公司财务策略》
	财务管理的价值观念	货币的时间价值与投资的风险价值	风险意识 法律意识	理性投资 严谨求实	案例:何瑛. 增值"翼"有道,投资领风骚:中国电信投资管理 论文:林立成《多因共振下的校园贷整治难题》
		证券估值	风险意识 理性投资	收益权衡 国家政策	案例:何瑛. 众人称象,价值几何:中国移动价值评估 论文:肖正再《金融定价理论与财务估值理论之比较》
	财务分析	财务报告分析	信息强国 诚实守信	创新精神 法制素养	案例:何瑛. 拥抱信息化建设浪潮,解读互联网企业财报 论文:黄世忠《"资不抵债"迷雾下的共享价值创造——星巴克财务报告和ESG报告分析》
融资管理	长期融资方式	债权、股权与混合融资	诚信守法 国家政策	商业伦理 忧患意识	案例:何瑛. 积羽沉舟,独木难支:华晨信用债券违约 论文:刘宗明《"政府—企业"双重债务违约风险与财政政策有效性》

(续表)

教学模块	知识点	思政融入点	思政元素		思政案例与相关文献推荐
融资管理	资本结构决策	资本结构与资本成本	杠杆风险 国企混改	合理布局 市场理性	案例:何瑛. 化"散"为整,"药"纳百川:国药集团混合所有制改革与并购 论文:郑志刚《分权控制与国企混改的理论基础》
投资管理	投资决策	投资理念与投资战略	决策机制 辩证思维	风险意识 长远眼光	案例:何瑛. 乐视危机:多元化战略是把"双刃剑" 论文:言若森《数字经济时代下中国运营商数字化转型的战略分析》
	证券投资	价值投资	价值投资 风险意识	双赢思想 融合创新	案例:何瑛. 股神巴菲特:伯克希尔·哈撒韦公司的价值投资 论文:柯原《基于价值投资理论的最优证券投资组合探讨》
营运资本管理	短期资产管理	现金、应收账款及存货管理	创新精神 精益求精	系统思维 服务意识	案例:何瑛. 精益求精:海底捞的成本管控之路 论文:何瑛《亚马逊价值链成本管控分析》
	短期筹资管理	短期借款与短期融资券管理	成本意识 商业信用	风险意识 高质量发展	案例:巧借东风,速度至上:苏宁营运资金管理之道 论文:张瑞丽《"存贷双高"、会计信息质量与公司治理》
利润分配管理	股利理论与政策	现金股利与股票股利、股票分割与股票回购	价值引领 大局意识	责任担当 风险意识	案例:何瑛. 从格力电器股利风波看投资者利益保护 论文:李海英《双重股权结构下的中小投资者利益保护——基于 Facebook 收购 WhatsApp 的案例研究》

三、财务管理课程思政建设的实现路径

财务管理课程改革在服务经济高质量发展中发挥着举足轻重的作用,而新一轮科技和产业革命为财务管理课程提供了变革方向和良好契机,着眼于课程思政建设已然成为课程改革的必然方向。课程思政的目标在于深入挖掘课程和教学方式中蕴含的思政资源(董必荣,2022a),因而其建设的重点和难点应在于如何实现思政元素与专业课程的有机融合。基于此,财务管理课程思政需要在优化课程设计中筑牢基础,借助科研力量、聚焦产业需求、激发创新动能等方面,深入推进并逐步提升财务管理课程思政建设质量(图 2)。

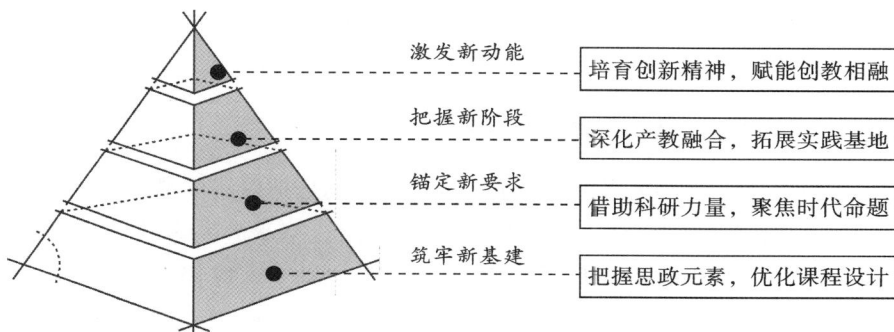

激发新动能 ———— 培育创新精神,赋能创教相融

把握新阶段 ———— 深化产教融合,拓展实践基地

锚定新要求 ———— 借助科研力量,聚焦时代命题

筑牢新基建 ———— 把握思政元素,优化课程设计

图 2　财务管理课程思政的建设思路

(一)优化课程设计,筑牢思政基础

课程思政并非对专业知识与思政内容做简单的加法运算,需要更新教材内容并运用新兴技术来优化课程设计,为传统严谨却稍显枯燥的财务管理课程增添些许"人情味",有效推动思政元素与专业内容相融合。首先,进行财务管理课程教材修订,为课程思政的开展构建教材平台。一方面应在传统"基础内容+四大财务活动"基础上,充分融入本文第二部分所挖掘的思政元素,体现学科发展前沿并适应产业动态调整;另一方面应更多关注与相近课程的融合以及其他课程的交叉,财务管理课程既要与经管类其他课程融合,又要与法学、计算机类专业交叉,培育既懂经营管理又懂会计实务、既能知法守法又能精通技术的业财融合型专业人才和守正创新型复合人才(董必荣,2022b)。其次,运用科学创新的教学方法,为课程思政的开展打造技术平台。通过充分利用人工智能、区块链、云计算、大数据等"ABCD"技术,财务管理课程能够依托翻转课堂、智慧课堂、慕课等开发线上平台,运用案例分析、小组讨论等方法丰富线下教学,通过"线上+线下"双渠道开展财务知识教学并促进思政元素吸收。

(二)借助科研力量，聚焦时代命题

随着国内科教协同育人的深入开展，科研作为一项更为系统、更具前沿性的教学，结合时代需求、强化科研育人，已然成为落实"立德树人"新要求的必然选择。课堂教学注重夯实基础知识，科学研究则强调关注前沿知识。聚焦"财务管理学科发展、产业发展、科技发展"三大前沿问题，将最新进展纳入财务管理教材、嵌入教学活动设计，可以实现基础知识与前沿知识的有效衔接(许光文等，2022)。基于引领端，结合国家重大需求和社会发展需要，深入研究我国资本市场的发展并树立科技强国、创新兴国的担当意识；基于需求端，系统钻研企业业财融合、区块链应用、ESG投资等前沿专题，并逐步破解政府、事业单位等非营利性组织当前财务管理存在的难题。以教学促进科研，以科研引领教学，引导学生培养跨章节、跨学科的知识应用能力和系统分析能力，最终实现知识链、科研链与创新链的融会贯通。

(三)深化产教融合，拓展实践基地

提升学生实践能力是课程思政建设的重要目标，也是把握我国经济高质量发展新阶段的必然要求。深化产教融合、开展校企联动，一方面让企业走进学校、引最新技术进课堂，另一方面让学生走出校园、将所学知识用于实践，协同内部课程思政改革和外部社会需求变化，双向对接以教师、学生为代表的"核心端"和以企业、政府为代表的"需求端"。结合当下财务管理课程思政建设的指导方向，科技前沿和关键领域相关企业更加有利于建设人才实践基地，协助高校开展智能财务、金融科技等前沿交叉课程。以北京邮电大学财务管理课程思政为例，财务管理课程思政建设紧密围绕学校办学定位，瞄准经济管理学院引领信息产业发展的愿景，将课程中重要知识点与信息通信产业中的丰富经济现象和复杂业态相结合，并与百度、腾讯等企业合作开展科技企业游系列活动，引导学生在实践基地深入挖掘并领悟思政元素，感悟数字时代进程并强化科技强国意识。

(四)培育创新精神，赋能创教相融

从我国现代化建设全局中更加明确创新的核心地位到技术创新中不断强化企业的主体地位，高校课程思政必然需要围绕"创新"进行建设，以创新激发新动能并与实践循环推进，层层递进、久久为功。创新精神和创业意识在跨学科交叉融合、人才培养模式改革方面具有不可替代的作用(柯勤飞，2021)。在教师方面，通过创新教学工具、教学内容、教学方法和教学模式优化基础教学，同时引入产业动态、技术革新、企业需求等新问题拔高专业教学，并将科研与教学工作相融，始终保持思维的灵活性和创新性。在学生方面，首先应走出创新创业行为可有可无、仅限于少数学生的认知误区，切实培养全体学生的创新精神、批判意识和创业能力，鼓励学生积极参加以"互联网＋"大赛为标志的双

创大赛,以赛促学,实现课堂知识的应用和思政元素的贯通。最后,创教融合的开展不应是高校单枪匹马的战斗,政府、企业同样作为多元创新主体,应与高校合作、多方联动共同搭建产学研平台,使得学生无论是在课堂中、科研中还是在企业实地实习中都可以随时进行灵感碰撞、激发创新行为,从而赋能思教相融。

总之,课程思政是新文科课程改革和卓越人才培养的创新型探索和重要手段。围绕着世界经济新变化、国家战略新需求和传统教学模式新转变,作为教育领域中与宏观经济发展和微观市场需求联系紧密的学科,财务管理课程思政需要立足价值引领,巧思课程设计,持续优化教学内容和方式,在高校、企业、政府多维联动下,将思政教育有机融入育人全过程,坚持做到"思政引领、科技赋能、融合创新",培养以建设信息强国为己任、具有社会责任感、坚守职业道德的复合型、创新型管理人才。

参考文献

[1] 何瑛,杨琳,张宇扬. 新经济时代跨学科交叉融合与财务管理理论创新[J]. 会计研究,2020(03):19-33.

[2] 高德毅,宗爱东. 课程思政:有效发挥课堂育人主渠道作用的必然选择[J]. 思想理论教育导刊,2017(01):31-34.

[3] 贾启君. 新工科课程思政建设的实践逻辑[J]. 中国大学教学,2021(05):50-53.

[4] 李心合. 企业财务理论研究40年:回望、反思与前瞻[J]. 会计研究,2018(07):3-12.

[5] 黄蓉生,崔健,唐斌. 党的十八大以来思想政治理论课教学改革的实践探索与经验启示[J]. 中国大学教学,2018(08):12-18.

[6] 陈志勇,叶桦畅,张笑钦. 计算机类专业的课程思政:核心元素、基本原则与实施策略[J]. 中国大学教学,2021(04):34-38+65.

[7] 何瑛,郭家荣,苏欣. 跨学科交叉融合与新文科人才培养路径:基于商科的视角[J]. 商业会计,2021(19):11-16.

[8] 董必荣,刘海燕. 会计学一流课程建设的思考与实践[J]. 中国大学教学,2019(10):75-79.

[9] 马立群. 我国非营利组织财务管理问题研究[J]. 探索,2012(05):105-108.

[10] 董必荣. 论课程思政的本质与内涵[J]. 财会通讯,2022a(12):21-26.

[11] 董必荣. 思政引领下的新文科人才培养模式探析——以会计学专业为例[J]. 财会通讯,2022b(18):35-41.

[12] 许光文,李漫红,于三三,等. 高校与科研院所科教融合协同育人探索[J]. 中国高等教育,2022(01):41-43.

[13] 柯勤飞. 高水平地方应用型高校人才培养的创新与实践[J]. 教育发展研究,2021,41(11):53-58.

Ideological and Political Construction of Financial Management Curriculum: Teaching System, Element Mining and Realization Path

He Ying, Zhang Yujing & Zhang Ziyi

(*School of Economics and Management of Beijing University of Posts and Telecommunications*)

Abstract With the rapid development of economy, the iteration of information technology, the reform and innovation of theory and the individuation and diversification of demand, the enterprise finance is transforming from "traditional finance with accounting as the main content" to "strategic finance with resource integration, decision support and value management as the main content". So it is urgent to reform the traditional financial management curriculum in advance of practice, and adhere to the "ideological and political leadership, technology enabling, integrated innovation". As one of the important parts of enterprise management, financial management plays a crucial role in improving the capital market and boosting enterprises to achieve high-quality development. This paper focuses on the new requirements of "cultivating virtues and cultivating people", builds the ideological and political teaching system of financial management course based on the leading end, the core end and the demand end. This article digs deeply into the ideological and political elements contained in professional knowledge, and then discusses the realization path of ideological and political construction of financial management course from the four dimensions of "learning, research, industry and innovation". It is expected to be helpful in integrating ideological and political education into teaching and personnel training.

Key words Financial Management; Curriculum Ideology and Politics; Ideological and Political Elements; Teaching Reform; Construction of New Liberal Arts

线上线下混合式教学质量
评价体系的构建研究 *

黄贤环①

（山西财经大学会计学院）

摘　要　实现"立德树人"的根本目标,打造"金课"需要有一套科学合理的教学质量评价体系作为牵引和准绳。本文着重阐述线上线下混合式教学的内涵、特征及其演进,从课程建设、课程实施、课程结果三维度构建线上线下混合式教学质量评价体系,同时从政策层面、组织层面、机制层面、评价层面、经费层面以及实施层面有针对性地提出提升线上线下混合式教学质量的保障措施。本文是对线上线下混合式教学质量评价体系构建的有益尝试,对提升线上线下教学质量和强化线上线下教学质量评价都具有较好的现实意义。

关键词　混合式教学　金课　教学质量　评价体系　立德树人

一、引言

2018 年 6 月 21 日,教育部召开了改革开放以来第一次新时代中国高等学校本科教育工作会议,提出对大学生要有效"增负",要提升大学生的学业挑战度,合理增加课程难度,拓展课程深度,扩大课程的可选择性,真正把"水课"转变成有深度、有难度、有挑战度的"金课"。2018 年 8 月,教育部又专门印发了《关于狠抓新时代全国高等学校本科教育工作会议精神落实的通知》(教高函〔2018〕8 号),提出"各高校要全面梳理各门课程的教学内容,淘汰'水课'、打造'金课',合理提升学业挑战度、增加课程难度、拓展课程深度,切实提高课程教学质量"。同时,中共中央要求"高等教育要努力发展新工科、新医科、新农科、新文科"。而打造"金课"和实现"新文科",教育教学方法和手段尤为重要。伴随互联网信息技术的发展以及教学主体越来越不满足于传统"教"与"学"关系带来的授课与学习体验,越来越多的高校教师积极尝试开展线上线下混合式教学。混合式教学作为打造"金课"、实现"新文科"的重要手段,学术界和实务界着重关注线上线下混合式教学设

---

　*　2021 年山西省高等学校教学改革创新项目"线上线下混合式教学质量评价体系的构建研究与实践"(J2021303)。

　①　黄贤环,山西财经大学会计学院副教授、博士、硕士研究生导师,研究方向为集团财务与公司金融。

计、理论基础、影响因素以及教学体系构建等，鲜有文献涉及线上线下混合式教学质量评价指标体系的构建。然而，构建科学合理的线上线下混合式教学质量评价体系对教学管理部门、教师、学生和线上教学平台开发商都具有非常重要的实践意义。本文从课程建设、课程实施、课程结果三维度构建线上线下混合式教学质量评价体系，并从政策层面、组织层面、机制层面、评价层面、经费层面以及实施层面有针对性地提出提升线上线下混合式教学质量的保障措施。

本研究的创新性在于：首先，能够丰富线上线下混合式教学的相关理论研究，为后续混合式教学质量评价的研究奠定理论基础；其次，构建全过程、全方位的线上线下混合式教学质量评价指标体系，为混合式教学质量评价提供系统的理论方法；再者，能够为高校教学管理部门科学、有效地评估线上线下混合式教学质量提供比较合理的评价指标体系，推进高校混合式教学质量的评价，同时为任课教师提升线上线下混合式教学的效果提供着力点和努力的方向，为广大学生提升线上线下混合式教学的学习体验提供了理论参考，为线上教学平台开发商如何进一步完善和开发线上教学平台的功能提供决策参考。

二、文献综述

混合式教学作为学术界和实务界关注的重要话题，已有文献对其进行了比较持续深入的研究。汤勃等（2018）以"MOOC＋微课"在线平台、翻转课堂平台及实践教学平台三大平台构建了"在线教学、课堂教学和实践教学"的混合式教学模式，同时，认为混合式教学模式由课前、课堂和课后三个教学阶段构成，教师、学生和师生交互紧密联结从而完成教学过程。冯晓英等（2019）从认识论和方法论的角度，探讨了混合式学习的学习理论基础与教法学基础，并探究社区模型和混合式教学动态支架模型，共同为混合式学习提供了教法学基础，为教师如何有效设计混合式学习、促进混合式学习提供了理论与方法框架。罗映红（2019）围绕以学生为中心的教学理念和现代信息技术融入教育教学，构建了"二维三位一体"的混合式教学模式，并创造了课前、课中、课后和线上线下相结合的八阶段混合式教学过程。李逢庆（2016）基于对混合式教学的概念界定，将掌握学习理论、首要教学原理、深度学习理论和主动学习理论作为混合式教学的理论基础，构建了 ADDIE 教学设计模型，阐释了混合式课程的教学设计，并对混合式教学实施过程中课前、课中、课后三个阶段的师生活动进行了深入探讨。王晶心等（2018）通过对 386 名选修过基于 MOOC 的混合式课程的北京大学在校生进行问卷调查，统计结果显示，基于 MOOC 的混合式教学对大学生学习成效有正向促进作用，教师对混合式教学的态度、准备和应用模式均对学生的混合学习成效产生显著影响，且大学生的动机信念在混合式教学和学习成效之间起到显著的正向强化作用。邹燕等（2020）聚焦于混合式教学的兴起与发展，以

《ERP 模拟经营沙盘》为例,基于线上慕课与线下模拟经营的有机融合,探索了课程设计与应用,并以一学期 258 名学生作为研究对象,通过线上平台自动统计和问卷调查形成样本数据,从线上、线下和混合实施三个方面对教学设计与应用效果进行了研究。胡科等(2021)聚焦于两门混合式教学的课程,关注课堂中的生师互动情况,研究发现教学环境(如教室环境)为师生互动提供了空间和便利,教师采用的混合式教学类型及教学策略、学生学习动机和学习投入均会影响师生互动及其质量。邢丽丽(2020)研究发现,学生对混合式教学设计满意度较高,精准教学使学习效率更高、师生互动更频繁;在线学习行为与学习成绩正相关;该模式能显著提升学生"分析""综合"等高阶思维能力,在促进学生自主学习、独立思考、协作探究等方面起着积极的作用。张策等(2018)提出了以 MOOC 为代表的在线开放课程的本质属性和引发的创新性,进而剖析了 MOOC 带来的演绎性;通过 MOOC 与其他网络教育课程比较,得出 MOOC 教学的优势所在,给出了重塑教学组织和教与学关系的线上课堂与线下课堂结合的混合式教学范式。马一(2020)研究认为,信息技术与传统课堂相融合的混合式教学模式则汲取了网络教学与传统教学各自的优点,提高了教学的实效性,增强了学生思政课获得感。

综上,现有研究更多地集中于混合式教学的理论基础、混合式教学设计、混合式教学的影响因素以及混合式教学对学术学习体验的影响等方面,鲜有文献考察信息技术发展背景下,线上线下混合式教学的质量评价体系。基于此,本文基于当前我国线上线下混合式教学的理论研究和实践,构建科学合理的混合式教学质量评价体系,并从政策层面、组织层面、机制层面、评价层面、经费层面以及实施层面提出线上线下混合式教学质量提升的保障措施。

三、线上线下混合式教学质量评价的理论基础

(一)混合式教学的内涵、特征及演进

1. 混合式教学的内涵

混合式教学是指将线上与线下教学相结合的教学模式,该模式是随着信息化技术和互联网技术的发展探索并形成的一种新的教学模式。目前尚未形成对混合式教学模式内涵的一致定义。综合已有研究和实践,本文认为,线上线下混合式教学模式是以行为主义和建构主义学习理论等为指导,借助现代教育技术、互联网技术和信息技术等多种技术手段对教学资源进行优化组织、整合、呈现和运用,将传统面对面的课堂教学、实践实操教学与网络在线教学进行深度融合,以寻求两者优势互补,从而实现最佳教学效率和效果的一种教学模式。

2. 混合式教学的特征

总体来看,混合式教学主要包含课程平台功能的混合性、线上资源建设的混合性、学生学习方式的混合性、教学过程的混合性、考核方式的混合性等五个方面的特征。

①课程平台功能的混合性:混合式教学平台能将平台资源的呈现功能与使用反馈功能有机结合起来,集成在线网上教学、师生互动、网上答疑和教学管理等功能,不仅能提供多样化、结构化、层次化、系统化的教学资源,还可对学习者利用资源学习的过程和行为进行数据化统计和监控。同时,可进行师生在线答疑互动讨论、实现深度学习。因此,将资源、学习、互动、监控、评价和管理等教学要素有机融合是混合式教学平台功能的最大特征。②线上资源建设的混合性:线上资源建设的混合性就是将各类资源进行混合,使其形成相互关联和辅助的学习链。例如,完成有关任务、学习有关知识、看指导性资源、做单元测试等。③学生学习方式的混合性:混合式教学模式要求学生在学习的方式上要摒弃以往在统一安排的时间和地点内,只能由教师讲、学生听的被动接受知识的单一学习方式。混合式教学模式要求学生线上学习与线下学习相混合、自主学习与集中学习相混合、个人学习与小组学习相混合、网络学习与课堂教学相混合、理论学习与动手实践相混合、学生自学与教师指导相混合,学生在学习时间和地点的选择上具有更大的自主性和灵活性。④教学过程的混合性:混合式教学要求充分发挥线上和线下两种教学的优势,并进行有机混合来改造传统教学,改变在课堂教学过程中过分使用讲授方式而导致学生学习主动性和积极性不高、认知参与度不足、不同学生的学习结果差异过大等问题和不足。因此,混合式教学要求重构传统课堂教学结构,把传统教学的时间和空间进行扩展和延伸,"教"和"学"不一定都要在同一时间、同一地点发生。同时,混合式教学过程突出应用性和实践性,故其强调做与学的混合。⑤考核方式的混合性:混合式教学的考核方法与传统教学单一的考核方法不同,它不仅关注学习的结果,而且更关注学习的过程。因此,在考核方法和方式上要求将线上学习考核与线下学习考核相结合、学习过程考核与学习结果考核相结合、校内教师考核和校外实践师傅考核相结合、理论学习考核与实践应用考核相结合、个人自评与小组考评相结合、系统平台考核与教师考核相结合。

3. 混合式教学的演进

混合式教学经过了三个阶段的演变:①第一个阶段是技术应用阶段(20世纪90年代末—2006年)。自2000年开始,混合式教学已开始引起国内外学者和实务界的关注,该阶段对混合式教学的定义主要强调其物理特性。例如,美国斯隆联盟认为,混合式教学是面对面教学与在线教学的结合,糅合了传统的面对面教学与在线学习的教学模式。在教学特性上,此阶段的混合式教学主要被理解为一种新的学习方式,重点强调技术在教与学中的核心作用。在这个阶段,学者和实践者都将混合式教学看作是纯面授教学与纯在线教学之间的过渡阶段,是二者基于信息技术的简单结合。②第二个阶段是技术整合阶段(2007年—2013年),随着研究与实践的发展,混合式教学定义逐渐清晰化。一方面,在物理维度开始尝试更加清晰的在线与面授的比例界定,从而把混合式教学真正与纯面授、"纯在线"教学分离开来,将其作为一种独立的教学模式,而不是一种过渡性的教学模式来看待。另一方面,此阶段对混合式教学在教学特性维度的界定有了重要发展。学者们开始更多地从教学策略、教学方法的角度界定和关注混合式教学,关注在线与面授相结合的混合式学习环境下的教学设计。在这个阶段,混合式教学概念重点关注"交互",关注混合式学习环境给交互带来的变化,以及相应的教学设计改变。③第三个阶段是"互联网+"阶段(2013年至今),混合式教学的研究与实施更为注重学生的体验。随着互联网与移动技术的迅猛发展,特别是"互联网+"时代的到来,混合式教学的概念也有了新发展。在物理特性维度,移动技术的应用被正式纳入混合式教学的概念中。混合式教学的概念由"在线教学与面授教学的混合",正式演变为"基于移动通信设备、网络学习环境与课堂讨论相结合的教学情境"。在教学维度,混合式教学被重新理解为一种新的"学习体验",这个阶段的混合式教学强调"以学生为中心"。

(二)线上线下混合式教学的理论基础

1. 面向全体学生的掌握学习理论

如果教学是一种有目的、有意识的活动而且富有成效,那么学生的学习成绩就应该是一种偏态分布,即绝大多数智力正常的学生的学习成绩能达到优良甚至优秀。基于上述认识,布鲁姆提出的掌握学习理论认为,只要给予足够的时间和适当的教学,几乎所有的学生对几乎所有的内容都可以达到掌握的程度。掌握学习理论提出后,世界各国教育界进行了大规模的掌握学习实验,但由于受当时条件的限制,还不能彻底解决统一教学与学生个别学习需求之间的矛盾,尤其是优秀学生的学习需求无法得到满足,而使该理论的发展处于停滞状态。时隔半个多世纪后的今天,信息技术对于满足学生学习需求的天然优势得以彰显,掌握学习理论为混合式教学尤其是课前知识传递阶段的学习提供了坚实的理论基础。

2. 以问题为中心的首要教学原理

Merrill在2002年提出了以问题为中心的"首要教学原理",认为当学生解决真实世界中的问题时,其学习会得到促进。围绕面向真实问题的解决,Merrill提出了有效教学的四个阶段:激活、展示、运用和整合。其核心思想是,只有当教师的问题设计是面向真实世界且给学生提供相应的问题解决指导的时候,学生的有效学习才会发生,教师的教学效能才会得到提升。这一理论的提出,将教学推向了更加复杂广阔的真实世界,不仅强调教学设计要关注学生真实世界劣构问题的设计及问题解决方面的指导,而且要求教师转变讲授式教学理念,从知识的传递者转变为学生学习过程中的指导者、协助者、促进者。

3. 关注高阶思维养成的深度学习理论

布鲁姆将认知过程的维度分为六个层次：记忆、理解、应用、分析、评价和创造。观察当前的课堂教学可以发现，教师的大部分教学时间仍然停留在如何帮助学生实现对知识的记忆、复述或是简单描述，即浅层学习活动。而关注知识的综合应用和问题的创造性解决的"应用、分析、评价和创造"等高阶思维活动，并没有在当前的课堂教学中得到足够重视。深度学习理论研究者正是在对孤立记忆与机械式问题解决方式进行批判的基础上，提出教师应该将高阶思维能力的发展作为教学目标的一条暗线并伴随课堂教学的始终。

4. 促进记忆保留的主动学习理论

依据信息加工理论，所有的学习过程都是通过一系列的内在心理动作对外在信息进行加工的过程。美国加州大学圣芭芭拉分校心理学教授梅耶正是从这个观点出发，讨论了学习过程模式中新旧知识之间的相互作用。近年来，认知科学家的研究表明，主动学习是促进知识由短期记忆转化为长期记忆的最佳方式。结合戴尔的"经验之塔"理论可以发现，被动地接受教师教学中传递的抽象经验和观察经验，学生的记忆保留时间较短，学习效率低下；由于做的经验能以生动具体的形象直观地反映外部世界，故主动参与性的学习活动能够促使记忆长期保留。正由于此，为促进学生的记忆保留，在混合式教学中通过教师的协助和指导，学生以自主学习和合作探究的学习方式参与到真实问题解决的实践活动中，并与同伴协同完成实践活动。

(三)线上线下混合式教学质量评价的起点和落脚点

线上线下混合式教学质量评价的起点和落脚点总结起来就是：围绕"立德树人"的基本要求，通过教学质量的提升，实现人才培养质量的提升。具体来说：线上线下混合式教学归根到底是教育的一种方式，而教育的本质在于培养人，而"立德树人"这一命题是对"培养什么样的人、如何培养人以及为谁培养人"这一根本问题的科学解答。而线上线下混合式教学归根到底是教育的一种方式，因此要坚持以"立德树人"为根本，在围绕着"立德树人"这一根本要求的基础上提升教学质量。

而"立德树人"思想为何处在如此重要的地步，主要考虑到：第一，"立德树人"是中国共产党教育思想的核心理念。习近平总书记在全国高校思想政治工作会议上指出："我国有独特的历史、独特的文化、独特的国情，决定了我国必须走自己的高等教育发展道路，扎实办好中国特色社会主义高校。"独特的历史是立德树人的底气，中华民族拥有五千多年的历史，是世界上独一无二的历史悠久的"文明型国家"，在这五千多年的历史长河中，"立德"在文明赓续和血脉传承中起着无可替代的作用，"立德树人"是中国共产党教育思想的核心体现。第二，"立德树人"是中国传统教育思想的理论精髓。"立德树人"思想由来已久，是中国传统文化中一以贯之的价值取向和理论精髓。《礼记》中讲道，"大学之道,在明明德,在亲民,在止于至善",强调教育的目标在于通过确立和弘扬"光明正大"的德行,塑造人格,树立精神,培养知行合一、德才兼备的人才。可以说"立德树人"思想以传统价值观为精神滋养,是贯穿于中国传统教育思想的一条主线。由此我们可以看到,"立德树人"思想产生于中华文明的沃土,来源于传统文化的滋养。因此,今天我们强调"立德树人",既是对中华传统教育思想精华的弘扬,也是回应当今时代社会发展而作出的与时俱进的创新。第三,"立德树人"是国际高等教育改革的共同潮流。放眼全球,高等教育改革方兴未艾,"立德树人"并不是一个中国独有的概念,它是"中国话",同样也是"世界语"。可以说,培养出德才兼备、全面发展的人才是 21 世纪高等教育改革的共同潮流,"立德树人"的教育理念属于人类文明的共同体。可以说,"立德树人"是在充分借鉴和吸收国际高等教育的理论总结与实践经验基础上提出的教育理念。中国有句古话,"德不孤,必有邻"。很多专家、学者都是国内外知名的教育家、教育工作者、研究者,是共同致力于培养德才兼备、全面发展的建设者。为人类更加美好的未来提供人才支撑,这是时代赋予我们的共同使命。

四、线上线下混合式教学质量评价体系构建

(一)线上线下混合式教学质量评价体系构建的基本原则

根据线上线下混合式教学的实践经验以及现有文献关于线上线下混合式教学的评价研究,本文认为线上线下混合式教学质量评价体系构建应遵循课程评价与实施评价相结合、过程评价与结果评价相结合、内容评价与形式评价相结合、评价主体和评价指标多元化、静态评价和动态评价相结合、全面评价与动态评价相结合等原则。

1. 课程评价与实施评价结合

混合式教学质量评价体系必须从课程这一源头抓起,高水平的课程是保证混合式教学质量的前提与根本。在对课程进行评价的基础上,开展混合式教学实施与反馈的评价,抓住了混合式教学中课程这个根本要素,形成了基于全过程的混合式教学质量评价体系,提高了教学质量评价指标点的覆盖范围。

2. 过程评价与结果评价结合

以学生为中心的教学理念要求针对混合式教学质量的评价一方面要注重过程评价,另一方面还要关注结果评价。过程评价需要从师生互动、生生互动以及教学内容等维度进行重点考虑,其形式包括在教学平台桌面端和移动端的学习行为评价、线下学习行为评价、阶段性作业等;结果评价的形式包括试卷、论文、答辩等。

3. 内容评价和形式评价结合

由于混合式教学中的课程建设与组织实施过程相对复杂,其质量评价需要考虑的内

容将更加全面和细致,既要注重对课程建设情况进行全方位考察,又要注重传统线下教学过程中提问、测试、作业等内容的评价,同时还要考虑对线上教学过程中的视频观看、章节测试、主题讨论等内容的评价。在评价方式方面,可以借助线上桌面端与移动端APP 教学平台的数据随时进行评价,也可以根据课程教学进度开展阶段性评价和滚动动态评价。

4. 评价主体和评价指标多元化

混合式教学既包括灵活的线上桌面端教学与移动端 APP 教学,也包括传统的线下教学,授课教师和学生都深度参与了教学活动全过程,尤其在混合式教学的课程建设中,教师对课程的整体设计对教学质量产生了重要影响。因此,在评价主体选择时,应将教师、学生、校内外专家、教学平台等均纳入评价主体,并且注重教学平台桌面端和移动端学习行为数据的应用,同时在评价指标方面,要坚持定性指标和定量指标相结合,客观数据和主观判断相结合的多元化设计。

5. 静态评价和动态评价结合

静态评价是以指标体系或者标准化量表作为评价依据而进行的评价,另一方面,还要关注学生长期的学习态度和行为等的变化,即静态评价。线上学习平台则能根据学生的学习进展实时采集各种信息,灵活地对教师的教学和学生的学习提供动态数据支持,以便了解学习者行为的变化和特点,提供并实施个性化的实时监控与诊断,以有助于针对学生出现的问题及时进行干预与调整,促进学习者学习效率的保持和行为习惯的养成。

6. 全面评价与突出重点结合

传统的评价方式以期末考试成绩作为主要的评价依据,导致大部分学生不参与学习过程,不重视平时表现,严重缺乏学习动力。混合式教学质量评价不但要引入过程性评价,还要提高其权重占比,突出过程学习的重要性。混合式教学包括课前、课中、课后三个学习环节,全过程评价也体现在这三个学习环节的量化评价。混合式教学质量评价在引入全面评价的基础之上,也应突出影响混合式教学质量评价的重点内容,也即全面评价与突出重点相结合。

(二)线上线下混合式教学质量评价体系构建

有效推动线上线下混合式教学的发展,提高育人效果,合理的教学质量评价体系是准绳和牵引。基于线上线下混合式教学的实践经验以及现有文献关于线上线下混合式教学的相关理论研究,本文从课程建设、课程实施、课程结果三维度构建了线上线下混合式教学质量评价体系。表1为初步构建的线上线下混合式教学质量评价体系。

表 1　线上线下混合式教学质量评价指标体系

一级指标	二级指标	三级指标	权重
课程建设指标	课程准备	课程目标	
		课程内容	
		课程团队	
		课程历程	
		……	……
	教学准备	教学设计	
		教学资源	
		教学环境	
		教学平台	
		……	……
	……	……	……
课程实施指标	课前学习	线上平台活跃度	
		线上发帖、回帖次数	
		线上视频观看时长	
		线上视频观看次数	
		线上作业完成情况	
		线上章节测验	
		线上签到率	
		线上任务点完成情况	
		……	……
	课堂学习	师生互动次数	
		生生互动次数	
		课堂翻转次数	
		线上平台使用次数	
		思政元素涉及次数	
		案例教学次数	
		……	……
	课后学习	线上课后作业、测验完成情况	
		线下课后作业、测验完成情况	

(续表)

一级指标	二级指标	三级指标	权重
课程实施指标	课后学习	社会实践调研次数	
		成果展示	
		……	……
课程结果指标	期末考核	学生期末考试平均成绩	
		学生学期累计平时成绩	
		学生期末卷面不及格率	
	学习心得	学生学习心得次数	
	读书笔记	学生读书笔记次数	
	品德修养	参与志愿活动次数	
		与思想品德有关的学习心得次数	
		与思想品德有关的读书笔记次数	
		参与的与思想品德有关的专业竞赛次数	
	……	……	……

各指标的内涵及其评价主体详见表 2:

表 2 线上线下混合式教学质量评价指标的内涵及其评价主体

一级指标	二级指标	指标内涵	评价主体
课程建设指标	课程准备	(1)课程目标:符合学校办学定位;符合专业培养目标;覆盖知识、素质、能力三个维度;体现创新性、高阶性与挑战度 (2)课程内容:表述清晰;达成度可测量、可量化、可评估;落实课程思政建设要求;体现前沿性与时代性;体现多学科融合;符合教学目标 (3)课程设计:秉持学生中心、产出导向、持续改进的理念;教学改革意识强烈、教学能力突出;分工明确、相互协作 (4)课程历程:全面分析学习内容、学习者以及学习环境;覆盖知识与技能、教师与学生、过程与方法、情感态度与价值观等多个方面	校内外专家

（续表）

一级指标	二级指标	指标内涵	评价主体
课程建设指标	教学准备	(1)教学设计：线上、线下教学学时安排合理；线上、线下教学内容交叉互补；线上、线下教学活动紧密衔接 (2)教学资源：教学资源建设符合教学目标；教学资源丰富；形式多样；教学资源更新及时、周期性短 (3)教学环境：软、硬件配置满足教学需求；网络环境稳定；支持新技术、新工具 (4)教学平台：平台操作方便、快捷；运行稳定；即时性监控、反馈、统计；师生、生生交互方便；形式多样；支持测试、考核、直播等多种功能；有利于教师个性化设计与学生个性化学习	校内外专家
课程实施指标	课前学习	(1)学生平台登录次数、学生参与活动次数 (2)学生发帖与回帖次数 (3)学生观看视频时长 (4)学生观看视频的次数及其完整性 (5)学生线上作业完成度 (6)学生线上章节测试成绩 (7)学生线上签到率 (8)学生完成任务点比例	教师
	课堂学习	(1)教师课堂提问次数以及学生课上回答问题或提问问题的情况 (2)学生积极参加学习小组讨论，提出学习过程中的问题、展示学习成果情况 (3)教师组织课堂翻转次数 (4)教师线上平台发帖次数以及答疑次数 (5)教师上课过程中思政元素涉及次数 (6)教师课堂组织案例教学次数	教师和学生
	课后学习	(1)学生线上课后作业、测验的成绩 (2)学生线下课后作业、测验的成绩 (3)学生参与社会实践调研次数及其完成质量 (4)最终呈现成果的完整性、创新性	教师

(续表)

一级指标	二级指标	指标内涵	评价主体
课程结果指标	期末考核	(1)学生期末考试平均成绩 (2)学生学期累计平时成绩 (3)学生期末卷面不及格率	教师
	学习心得	学生学习心得次数以及完成度	教师
	读书笔记	学生读书笔记次数以及完成度	教师
	品德修养	(1)参与志愿活动次数 (4)与思想品德有关的学习心得次数 (3)与思想品德有关的读书笔记次数 (4)参与的与思想品德有关的专业竞赛次数	教师

(三)线上线下混合式教学质量评价的实施过程

基于线上线下混合式教学相关研究,遵循体系构建的基本原则,本文提出混合式教学质量评价基本流程。具体地,混合式教学质量评价体系构建的关键是评价指标的选择与确定,本文分别确定了课程建设指标、课程实施指标和课程结果指标三个一级指标的混合式教学质量评价指标体系。第一,在混合式教学课程建设指标方面,结合课程包含的特定要素,关注课程是否符合基本建设标准,同时又具备混合式教学的基本特征。具体地,从课程准备、教学准备等两个二级指标进行综合评价,此外,还从课程目标、课程内容、课程团队、课程历程、教学设计、教学资源、教学资源、教学平台等多个三级指标进行综合评价。第二,在混合式教学课程实施指标方面,以提高互动性为目标,基于"教"与"学"过程中的交互关系,构建教师和学生互评的混合式教学实施过程评价指标体系。这主要包含课前学习、课堂学习和课后学习等三个二级指标。第三,在混合式教学课程结果指标方面,同时结合线上教学与线下课堂的教学成效进行综合判断。具体地,从过程考核和结果考核两个维度考虑,设计期末考核、学习心得、读书笔记、品德修养等四个二级指标以及多个三级指标,然后根据确定的线上线下混合教学质量的指标,确定其相应的评价主体以及各级指标的权重。

(四)线上线下混合式教学质量评价结果的运用

合理的混合式教学设计和质量评价体系对学习质量具有积极作用。本文基于全过程的混合式教学质量评价体系研究,一方面构建了更加细致的混合式教学质量评价指标体系,其应用价值得到了验证,另一方面在相关院校推广应用混合式教学质量评价体系时,需要做到因地制宜。首先,突出高质量课程评价的引领作用。相关院校在进行混合式课程建设评价时,要重视其对建设高质量混合式课程的引领作用,尤其是高度重视对课程内容的评价功能,进一步体现课程思政与专业知识协同育人。其次,应发挥教学实施指标的带动作用。混合式教学实施过程的评价对"教"与"学"能够起到双向带动作用。相关院校可以结合自身定位和特色,同时克服以往忽略对教师进行过程评价的不足,将教师和学生的线上与线下结合起来,从而带动教师授课的激情和学生学习的热情。最后,应重视教学结果指标的反馈作用。充分发挥混合式教学效果评价的反馈作用是实现以评促教目标的关键,对提升混合式教学质量具有重要作用。相关院校可以结合混合式教学的实际实施情况,建立相应的评价反馈机制,形成完善的混合式教学质量保障闭环。

五、线上线下混合式教学质量提升的保障措施

(一)政策层面

近年来,教育部先后出台《教育信息化 2.0 行动计划》(2018)等政策文件,召开"新时代全国高等本科教育工作会议"(2018),政策及会议精神均明确提出高校务必积极建设各类课程的在线资源。2019 年 2 月,中共中央、国务院印发《中国教育现代化 2035》,提出:"积极推进'互联网＋教育'……,促进教育信息化从融合应用向创新发展的高阶演进。"2019 年 10 月,教育部发布《关于一流本科课程建设的实施意见》,提出一流本科课程"双万计划",各地高校积极建设线上、线上线下、线下各种"金课",探索开展各种教学课程改革。由此可知,伴随着教育部相关政策的出台,积极建设线上课程资源,大规模开展混合式教学很可能成为未来教学课堂的主流模式。因此,政府应出台相应政策,积极组织教学资源并重视线上线下混合教学课程的建设,为线上线下混合式教学的发展提供保障。其次,线上线下混合式教育的发展并不成熟,相关部门可以出台相应的政策引导规则,例如混合式教学的建设任务、建设要求,为线上线下混合式教学质量的发展提供政策指引。不容忽视的是,信息安全化也是线上线下混合式教学的重要内容之一,故应完善教育数据立法、重视教育知识产权保护。

(二)组织层面

想要实现线上线下混合式教学,必须合理组织涉及混合式教学改革的相关人员和部门。具体地,学校在推进混合式教学模式改革时涉及管理人员、教师、学生、技术支持人员等,同时也涉及教务处、教师发展中心、教育技术中心、网络中心等部门。要想有效地开展混合式教学模式改革,需明确各相关部门的职责并有效组织各部门的运转。因此,

要想有效推进高校混合式教学模式改革,应成立混合式教学模式改革领导小组,组长由主管教学的副校长担任,成员包括教务处处长、教师发展中心主任、网络中心主任、各学院分管教学的院长等,领导小组办公室设在教务处。其中,在相关职能部门中,教务处作为各项教学活动的组织部门在其中起到了关键的推动作用,不仅能够推动传统数学教学模式的改革,保证创新后的教学模式能够取得良好效果,还能及时推出相关政策和相应的教学规范。

(三)机制层面

应建立完善的线上线下混合式的反馈机制和奖励机制。首先,加强教学评价反馈机制。注重督导专家意见反馈,根据听课、看课情况,提出针对课堂教学及线上教学的指导意见,帮助授课教师丰富线上教学手段、提升线上教学质量,有效发挥二级学院在教学组织上的主体作用,实现听课全覆盖,全面了解授课教师线上教学情况;收集学生意见和建议,及时反馈、督促、改进、落实;实时了解学生线上学习情况,解决学生线上学习中遇到的困难,全面掌握学生线上教学过程中的困惑,及时掌握任课教师在课堂授课时的情况,了解学生意见反馈,切实做到教学—评价—改进的有效反馈机制。其次,改革奖励机制,激励教师开展混合式教学改革。奖励机制可以激励更多教师进行混合式教学改革,高校对教师的激励可以从内在和外在两方面入手。高校在内在激励方面可以定期举办培训活动,提高教师混合式教学的意识和能力,培养教师混合式教学的责任感;在外在激励方面给予教师混合式教学改革的支持,并评选优秀的混合式教学作为教师可持续发展的基础。

(四)评价层面

评价体系是对教育的效果进行有效监测和客观评价,科学合理的教育评价指标是保证高校课程质量的前提,故构建多层次、开放性的混合式教学评价体系十分重要。在混合式教学流程改进的情况下,每个人学习的内容、方法、过程并不相同,教学评价应更注重考查学生在一门课程各阶段下的多层次表现,考量学生能够完成什么(不局限于论文或期末考试),能够动手解决什么问题,教师也应该注意到学生在各环节学习状态的前后比较,注重个性化差异。从单一的方面来说,线上学习要求对基础知识掌握不牢固的学生根据其知识薄弱点进行巩固学习,对基础较好的学生则更多采取拓展与延伸性学习;线下课程中则对不同的学生进行分组,安排不同类型的讨论与作业形式。混合式教学模式中教师可以更大程度地去细化学生类别开展教学,并根据不同类型的学生制定不同的评价体系,重构线上与线下的平时成绩比例。与传统的线下教学相比,混合式教学强调的是自主学习及小组合作式的学习任务,因此对混合式学习的评价应非常重视学习者的自我评价与同伴评价,体现评价的全面性、开放性和差异性。未来将基于学习产出的教育模式（OBE），注重学生学习成果为导向，引用 OBE 教育理念、构建学生教育效果为导向的指标体系，对照课程培养目标的达成度，从学生主体、成果导向、持续改进三个方面构建一套科学合理、操作性强的评价指标。

（五）经费层面

混合式教学中线上教学网络技术的支持是关键，因此，为了提高专业课程的线上线下混合式教学新型模式课堂教学效率，应批准足够的教育经费支持线上教学硬件设施的建设、研发和升级，以建设信息化、智能化的混合式教学设施。首先，高等教育投入主体是政府，也就是说国家财政拨款是教育经费来源的主渠道。因此，各省级教育部门应提高教育经费占财政支出的比例，并进一步提高混合式教育所需经费占总经费的比例，以促进混合式教学方式不断发展。其次，各地市政府应该加大对新升格地方学校的支持力度，如提供宽松政策，其中最主要的还是要提供足够的资金投入，以保障新升格地方高校的健康发展。再次，要加大中央政府财政转移支付力度，进一步明确中央财政和各地方财政分担的比例和责任，加大用于财政教育投入的教育转移支付力度，充分保证教育发展所需经费。与此同时，要在中央政府的政策引导下建立各级政府责任制，同时建立统一的转移支付机制，保证中央政府、地方各级政府在义务教育经费转移支付过程进行专款拨付，对教学硬件设施等进行专项支付。最后，各学校应充分利用教育经费，例如可用于完善硬件或软件设施，保证实施线上线下混合式教育教学的网络通畅。

（六）实施层面

在线上线下混合式教学的实施过程中，学校、教师和学生需要相互配合。首先，从学校层面看，应做好宏观引导，为混合式教学提供保障。学校要认识到混合式教学改革的重要性，规范高校混合式教学管理。学校可以成立混合式教学课程改革管理机构，协调教师、技术人员、学生等人员之间的关系，筛选适合进行混合式教学的课程，鼓励教师进行混合式教学改革。其次，从教师层面看，应设计教学活动，不断优化混合式教学，转变角色定位，引导学生参与混合式教学活动。例如，教师可以在教学设计方面增加与学生的互动交流，帮助学生有效参与到教学活动中，引导学生以主体地位进行高效的混合式学习。此外，教师还应转变教学理念，认清角色定位，有效运用信息技术全方位地评价学生。最后，从学生层面看，学生应发挥主体作用，逐步适应混合式学习。学生应转变学习理念，认识到教师因材施教是为了更好地培养学生而不是放弃部分学生；学会全面看待、辩证分析混合式教学的价值，不断优化混合式教学环境下自身的学习行为。除此之外，学生还应落实学习行动，主动参与混合式教学。学生一定要发挥自己的主观能动性，在教师的调动或引导下全身心投入学习中。无论是线上自主学习，还是线下展示汇报，学生均要保持良好的学习状态，维持积极的学习动机。

六、研究总结

为满足互联网、大数据等信息技术环境下的教学需要和顺应新时代本科教学的规律,线上线下混合式教学已经得到了比较广泛的运用,现有文献也较多地研究了混合式教学的理论基础、混合式教学设计、混合式教学的影响因素以及混合式教学对学生学习体验的影响等方面。混合式教学质量评价体系的构建对于保障混合式教学活动的可持续发展具有重要意义和价值,但却鲜有文献研究信息技术发展背景下线上线下混合式教学的质量评价体系。本文基于当前我国线上线下混合式教学的理论研究和实践,从课程建设指标、课程实施指标、课程结果指标的全过程视角,构建了线上线下混合式教学质量评价体系,从政策层面、组织层面、机制层面、评价层面、经费层面以及实施层面提出了提升线上线下混合式教学质量的对策建议。

参考文献

[1] 汤勃,孔建益,曾良才,等."互联网+"混合式教学研究[J]. 高教发展与评估,2018(03):90-99.

[2] 冯晓英,孙雨薇,曹洁婷."互联网+"时代的混合式学习:学习理论与教法学基础[J]. 中国远程教育,2019(02):7-16.

[3] 罗映红. 高校混合式教学模式构建与实践探索[J]. 高教探索,2019(12):48-55.

[4] 李逢庆. 混合式教学的理论基础与教学设计[J]. 现代教育技术,2016(09):18-24.

[5] 王晶心,原帅,赵国栋. 混合式教学对大学生学习成效的影响——基于国内一流大学 MOOC 应用效果的实证研究[J]. 现代远距离教育,2018(05):39-47.

[6] 邹燕,冯婷莉,王业億. 混合式教学课程设计与应用——以《ERP 模拟经营沙盘》为例[J]. 会计研究,2020(07):181-189.

[7] 胡科,刘威童,汪潇潇. 混合式教学课堂中生师互动的影响因素分析[J]. 高教探索,2021(03):72-79.

[8] 邢丽丽. 基于精准教学的混合式教学模式构建与实证研究[J]. 中国电化教育,2020(09):135-141.

[9] 张策,徐晓飞,张龙,等. 利用 MOOC 优势重塑教学实现线上线下混合式教学新模式[J]. 中国大学教学,2018(05):37-41.

[10] 马一. 线上线下混合式教学行动研究——信息技术与思政课教学融合创新[J]. 教育学术月刊,2020(07):97-105.

Research on the Construction of Online and Offline Hybrid Teaching Quality Evaluation System

Huang Xianhuan

(*School of Accounting of Shanxi University of Finance and Economics*)

Abstract To realize the fundamental goal of "building virtue and cultivating people" and to build "Golden Course", a scientific and reasonable teaching quality evaluation system is needed as the traction and criterion. This paper focuses on the connotation, characteristics and evolution of blended online and offline teaching, and constructs the quality evaluation system of blended online and offline teaching from the three dimensions of curriculum construction, curriculum implementation and curriculum outcome. At the same time, targeted measures to improve the quality of online and offline blended teaching are put forward from the policy level, organization level, mechanism level, evaluation level, funding level and implementation level. This paper is a beneficial attempt to construct a hybrid online and offline teaching quality evaluation system, which has good practical significance for improving the quality of online and offline teaching and strengthening the quality evaluation of online and offline teaching.

Key words Blended Teaching; Gold Class; Teaching Quality; Evaluation System; Strengthen Moral Education and Cultivate People

中国会计研究与教育
第 11 卷第 1 辑

China Accounting Research and Education
Vol.11, No.1

能力培养导向的高级财务会计学
授课策略分析 *

花双莲①　刘静宜②　刘英姿③

（山东科技大学经济管理学院）

摘　要　论文分析了会计学专业学生所需具备的多层次能力，设计问卷并调查了 57 所高校的高级财务会计学课程在师资、授课对象、教材选取、内容设置、授课目标、授课观念以及授课策略等方面的现状；结合教学实践探讨了该课程教学的授课目标和合理的课堂授课观念，探讨了教师讲授主策略辅以自主讲课、案例分组搜寻和讲解、"头脑风暴"式课堂讨论等授课策略，从而培养学生的多层次能力。

关键词　能力　高级财务会计学　授课策略

为了适应会计岗位和社会人才需求的不断衍变的现状，会计学专业学生需要具备多方面的能力。这些能力的培养可以通过课程学习、科研活动、实践活动等不同渠道进行，如会计学专业课程的学习、非会计学课程的学习、社团活动、社会实践等等，其中会计学专业课程的学习是重要渠道。高级财务会计学课程属于会计学核心课程，也是财务会计课程体系（初级、中级和高级财务会计）中相对复杂的课程，它以专题的形式讲授企业合并、企业合并报表、衍生金融工具（或套期会计）、物价变动会计、所得税会计、租赁会计、非货币性资产会计、外币与报表折算会计等内容。与其他课程相比，该课程内容更直接对接企业的会计综合岗位以及财务经理、财务总监等高管岗位的财务会计及准则知识需求，更能促进学生各方面能力的培养。

本文分析了会计学专业学生所需具备的多层次能力，设计问卷，调查了 57 所高校高级财务会计学课程的教学现状；结合课程性质以及特点，探讨了能力培养导向的课程教学提升方法，以期为该门课程的教学研究和实践优化提供一些思路。

---

* 本文是山东科技大学群星计划"能力培养导向的《高级财务会计学》课程教学提升（QX2018M31）"的阶段性成果，同时受山东省研究生教育质量提升计划项目（SDYAL20059）支持。
① 花双莲，博士，山东科技大学副教授、硕士生导师，注册会计师（非执业），山东省会计高端人才（学术类）。
② 刘静宜，山东科技大学会计学 2020 级研究生。
③ 刘英姿，硕士，山东科技大学讲师、山东省十大魅力教师。

一、文献回顾

会计学专业毕业生的职业能力可以划分为通用能力和专业能力。美国会计教育改革委员会（AECC）指出，会计教育是让学生准备在将来成为职业会计师，而不是马上成为职业会计师，就业前的会计教育应该为学生的"终生学习能力"奠定基础。会计学本科阶段，通用能力更凸显重要性，同时一定程度上与专业能力相互贯通。为分析会计学专业学生应该具备的能力，学者构建了能力体系（王曙光、李兰，2013；霍影，2016；时军、曹晓雪，2022）或能力框架（周宏等，2007；杜剑、魏涛，2014；李芸达等，2015），开展了分层次能力分析（孟焰、李玲，2007；张月玲等，2008）。而有关能力培养导向的会计学教学分析，有宏观视角的研究，也有微观视角的研究。宏观方面不限定具体课程，而是针对会计学专业展开讨论，这些讨论也有助于高级财务会计学课程的教学策略分析。宏观的研究，主要表现在一些会计职业团体和一些学者（AAA，1986；ECC，1990 IFAC，2007；Richard，2009；刘永泽、池国华，2008；何玉润、李晓慧，2013；杨政等，2012；刘金彬等，2018；姚利民2010）强调教学以培养能力为主，呼吁教学过程转变观念，注重综合职业能力的培养，将"授人以鱼"转变为"授人以渔"的教学方法，认为启发式教学更有利于发挥学生的主观能动性，以"教师课堂授课"为主转变为以"学生自学和体验"为主，并建议采用案例教学方法、专题研讨、角色扮演、团队合作、自我管理等多种授课策略鼓励学生参与学习过程，从而培养学生创新能力、团队合作能力、人际交流能力、职业能力等通用能力；还有研究者推荐了其他一些授课策略，如"三个课堂"联动教学（刘永泽、池国华，2008）、网络支撑的师生互动系统教学（邵瑞庆，2009）、探究讨论式教学（张金学、张宝歌，2011）、启发式教学（何玉润、毛新述，2012）、辐射性教学（栾甫贵，2013）、翻转课堂教学（董江丽等，2022）、PBL 和 TBL 教学（曾明、徐晨，2011）等。

文献中有关高级财务会计学课程微观层面的研究，主要集中在探讨课程定位、教学方法和教学策略改进、教学优化、思政建设等方面。其中，刘颖斐、黄梦云（2010）提到，在高级财务会计学教学过程中，应该引导学生建立经营导向的会计思维能力，同时注重对会计理论知识的深入了解，使学生除学会财务知识外，同时具备风险识别及管理知识、沟通协调等能力，使该课程成为培养高素质的企业高层财务人员的分水岭。张旭尧、徐达宇（2016）以翻转课堂方式进行了高级财务会计教学的实践。李海玲（2016）分析高级财务会计课程的特点，认为课程本身难度大、内容多，但课时比较少，就要根据时点串联业务、绘制简易线索示意图、寻找案例间的共同点等方式优化教学，以达到事半功倍的效果。邵俊波、李俊林（2017）探讨了线上线下混合式教学的 SPOC 授课模式。周达勇、路国平（2017）以南京审计大学会计学院试点"大班授课、小班研讨"教学模式为研究背景，以高级财务会计课程为研究对象，采用自然实验的研究方法，对该教学模式的应用效果进行了检验。研究发现,该教学模式加深了学生对课程知识的理解,提高了学生的知识应用能力,加强了学生的学习积极性和团队合作意识;同时还发现小班研讨课更适用于问题式、探究式的教学方式,而对知识点的掌握主要还依赖传统的课堂教学模式。黄中生等(2022)以《高等学校课程思政建设指导纲要》为导向,探讨了课程中融入思政元素和思政素材的思路。

上述文献为本文的研究提供了一些思路,我们将结合会计学专业学生所需能力以及通过调查问卷了解的高校教学实际,做出能力培养导向的高级财务会计学课程教学策略的探讨。

二、会计学专业学生所需能力的多层次分析

传统的会计执业重心正经历由以核算为主的财务会计转向参与战略管理和流程优化的管理会计为主的过程,这一演变体现了经济社会的变革以及社会对人才的需求。从知识水平到能力水平的变化,使得会计职业的角色功能必须做出必要的改变和重新定位(Albrecht and Sack,2000)。《会计行业中长期人才发展规划(2021—2025)》指出,要构建包括知识、技能、价值观等在内的会计人才能力框架。因此,有必要在反映社会需求的基础上,勾勒出会计学专业学生应该具备的能力和素养,以满足新产业、新业态、新模式职业环境的要求。

根据前期的研究①,我们认为这些能力包括学习能力、实践能力、创新能力、沟通能力、组织协调能力、写作能力、语言表达能力、人际交往能力、外语能力等等。为了理清它们之间的关系,以及出于设计相应的授课策略的考虑,我们分层整合能力,划分为核心层(学习能力)、环绕层(包括沟通能力、组织协调能力、写作能力、语言表达能力、人际交往能力、外语能力)、推进层(实践能力,包括理论应用能力、职业判断能力、综合决策能力、管控能力等)、方向层(创新能力,具体表现在学生的创新意识、研究式思维方式和独立发现问题、解决问题的能力上)等不同的层次(图 1)。上述不同层次的能力之间是相互依存的。其中,处于核心层的学习能力是基础,是其他所有能力的依托,也会渗透影响其他能力;环绕层的各种能力是学生应该具备的基本能力,是其他能力的一种能力环境,环绕层的能力越强,越有利于学习能力的提升;推进层的实践能力,是理论联系实践这一经典方法论的应用,是各种能力相互融合渗透的桥梁;创新能力是延伸能力,是各种能力一起努力的方向。同时,兼顾多层次能力与社会道德因素的契合(即"德"与"能"的协同),通过将思政元素和思政素材融入高级财务会计学课程中,贯穿在课程的学习中、实践中,使学生具备正确价值导向能力,具体表现为学生树立遵纪守法、实事求是的价值观、道德观,

---

① 参见论文:花双莲,张月玲,付莉. 能力培养导向的会计本科授课观念与授课策略[J]. 高等财经教育研究,2012(02):26-31.

并以此为指引贯穿未来的学习工作中。因为会计学专业学生只有具备的多层次能力与正确的社会道德因素相互契合，才能成为德才兼备的社会人才。

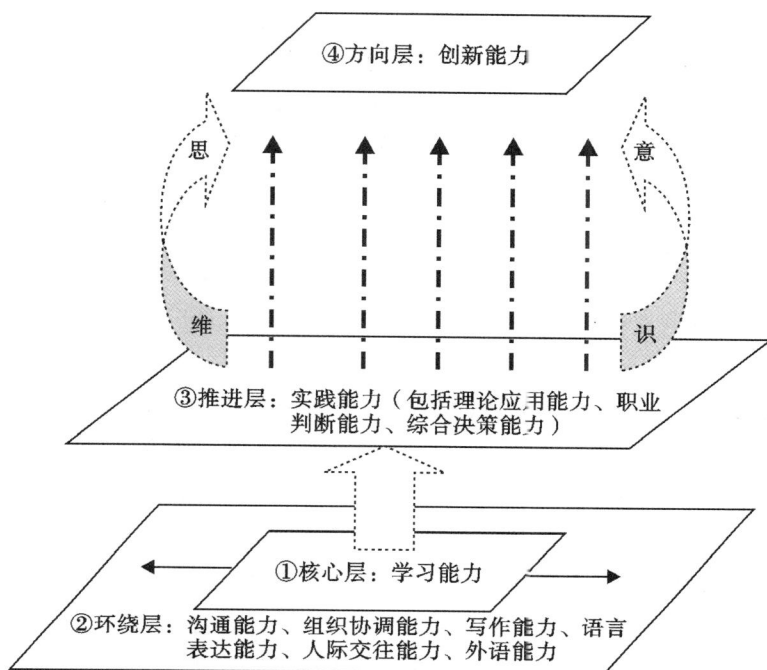

图1　会计学专业学生应具备能力的层次分析①

三、高级财务会计学课程分析

(一)课程性质

高级财务会计学是会计学专业的专业核心课。该课程主要讲解中级财务会计所没有涉及的问题以及在中级财务会计中虽有涉及但研究不深的问题。与初级会计学和中级财务会计学共同构成了"大财务会计"课程群，处于课程群的最高层次。高级财务会计学涉及"高、特、新"业务，即相对高难的会计问题、特殊业务会计、修正原理论或创建新理论三类业务。主要包括四方面内容，具体如下：

第一，跨越单一会计主体的会计业务。主要涉及大型企业、企业集团、跨国公司内的特殊业务，如合并报表、外币报表折算。

---

① 花双莲,张月玲,付莉. 能力培养导向的会计本科授课观念与授课策略[J]. 高等财经教育研究,2012(02):26-31.

第二,仅存于某类企业的特殊会计业务。主要涉及企业中某类特殊的业务,而非普遍的业务,如期货、期汇、远期、互换、外币、租赁业务等——非一般业务。

第三,基于某一特定时期或事件发生的会计业务。主要涉及企业某个特殊时期,而非每个会计期间,如企业债务重组、发生较大物价变动和非货币性交换业务。

第四,一些特殊经营行业企业的会计业务。主要涉及一些特殊类型的行业企业,而非通常的制造企业,如租赁公司、期货公司、经纪人公司。

(二)课程特点

高级财务会计学课程名字中的"高",可以理解为业务的复杂性和会计处理的综合性,随之而来的是学习之难,这是该课程不可回避的特点。

该课程一般分专题设计内容,每个专题都有一定或相当的学习难度。例如租赁会计专题难在最低租赁付款额、最低租赁收款额和租赁内含利率等概念的理解以及会计处理。所得税会计专题难在会计税法差异的处理方法,尤其是对资产负债表债务法的理解,特别是学生对于应纳税还是可抵扣所得额的理解容易出现困惑。物价变动会计专题难在对物价变动理论的基础——资本保全的理解以及修正计量基础、计量单位形成的现行成本会计与一般物价水平会计这两种方法操作的理解。衍生金融工具专题难在期货、期权、远期和互换的业务复杂以及现金流量套期会计与公允价值套期会计的区分。企业合并以及合并报表专题难在权益结合法和购买法的掌握以及会计处理和报表编制上的体系性、综合性强。另外该课程很多知识点需要跟中级财务会计相衔接,例如合并财务报表的编制中将长期股权投资的成本法调整为权益法,其中成本法与权益法就属于中级财务会计知识,这类知识点的衔接也带来一定的学习难度。因此,教师需要做好知识点的回顾和衔接工作,以考虑学生遗忘知识的可能情形以及学生可能存在的知识盲区。

四、高级财务会计学课程教学现状分析

为全面探讨能力导向的课程教学,我们通过"问卷星"微信小程序向全国 57 所高校会计教师调研了高级财务会计学的教学现状①,了解了这些高校在师资、授课对象、教材选取、内容设置、授课目标、授课观念以及授课策略等方面的现状。问卷设计的主要内容包括:①课程基础信息:开设该课程的学期、学时、授课对象、课程包含的内容专题;②师资情况:授课教师人数、学历、职称、是否有过企业实践、是否有足够机会参加新准则培训、是否发表过教学类或准则类论文或独立承担过教研项目,是否有产业专家参与教学等;③课程授课目标、授课观念与授课策略等。共计收回有效问卷 85 份,85 位受访者中

---

① 感谢会计学术联盟——中国高校会计教师联盟和山东高端会计人才班(学术类)以及其他会计教师们提供的问卷支持。

77 位来自普通本科院校(占比 90.59%),来自职业院校和其他类院校的仅占 9.41%;85 位受访者中主讲过高级财务会计课程的有 42 位,约占一半(49.41%)。

(一)课程基础信息

根据问卷结果,57 所高校中,课程开设时间选择最多的是大学第 5 学期(表 1),即大三上学期(占比 32.94%),这主要是由初级会计学和中级会计学这两门前置课程的时间安排而定的。课程学时以 48 学时(占比 47.06%)为主,授课对象主要是会计学本科专业学生(占比 92.94%)。课程教材使用最多的是人大版(占比 40%)和东财版(占比 35.29%)(表 2)。课程内容排名依次是企业合并报表(占比 96.47%)、企业合并(占比 91.76%)、外币与报表折算会计(占比 82.35%)、所得税会计(占比 78.82%)、租赁会计(占比 78.82%)、非货币性资产交换(占比 70.59%)、衍生金融工具会计(占比 56.47%)、物价变动会计(占比 40%)和其他(占比 10.59%)。

表 1 课程基础信息问卷结果统计表 1

开设时间	小计(人)	比例(%)	课程学时	小计(人)	比例(%)	授课对象	小计(人)	比例(%)
大学第 4 学期	4	4.71	36 学时	9	10.59	会计学本科专业学生	79	92.94
大学第 5 学期	28	32.94	48 学时	40	47.06	会计学本科辅修专业学生	19	22.35
大学第 6 学期	30	35.29	54 学时	20	23.53	会计学研究生	15	17.65
其他	23	27.06	其他	16	18.82	其他	4	4.71
样本数	85	100	样本数	85	100	样本数	85	—

表 2 课程基础信息问卷结果统计表 2

课程教材	小计(人)	比例(%)	课程内容	小计(人)	比例(%)
中国人民大学出版	34	40	企业合并	78	91.76
东北财经大学出版	30	35.29	企业合并报表	82	96.47
厦门大学出版	0	0	衍生金融工具会计	48	56.47
上海财经大学出版	1	1.18	物价变动会计	34	40
自编教材	12	14.12	所得税会计	67	78.82
其他	8	9.41	租赁会计	67	78.82

（续表）

课程教材	小计(人)	比例(%)	课程内容	小计(人)	比例(%)
			非货币性资产交换	60	70.59
			外币与报表折算会计	70	82.35
样本数	85	100	其他	9	10.59
			样本数	85	—

(二)师资情况

根据我们的调查结果,问卷结果(表3)显示任课教师为3人以上占比不足30%,博士3人及以上仅占比约15%,教授3人及以上占比不足4%,副教授3人及以上仅占比约18%。总体看,与高级财务会计学课程的高难度、高强度的教学特点不相称的是师资力量凸显不足。

表3　师资信息问卷结果统计表1

项目		1人	2人	3人	4人	5人	其他	样本数
任课教师人数		9(10.59%)	32(37.65%)	18(21.18%)	10(11.76%)	11(12.94%)	5(5.88%)	85
教师学历	博士	29(34.12%)	18(21.18%)	6(7.06%)	2(2.35%)	5(5.88%)	25(29.41%)	
	硕士	35(41.18%)	21(24.71%)	13(15.29%)	4(4.71%)	2(2.35%)	10(11.76%)	
教师职称	教授	37(43.53%)	11(12.94%)	1(1.18%)	1(1.18%)	1(1.18%)	34(40%)	
	副教授	34(40%)	24(28.24%)	11(12.94%)	4(4.71%)	1(1.18%)	11(12.94%)	
	讲师	35(41.18%)	17(20%)	1(1.18%)	1(1.18%)	0(0%)	31(36.47%)	

我们还统计了任课教师参与企业实践的情况,以及是否引入产业专家进课堂的情况。其中,回答"有机会实践,机会很多"的仅有8人,占比9.41%。70%以上的受访者回答"有机会实践,机会一般和很少有机会",接近20%的受访者回答没机会。85份问卷中73人(占比85.88%)回答没有产业专家参与教学。由此看出,高级财务会计课程的实践性教学从师资培养和引入产业专家方面都有待改进,唯有这样,才有可能更好地促成学生实践能力提升。

同时,我们调查了课程教学遇到的困难与挑战,调查结果显示,最主要的是面临需要持续更新学习新准则知识以及其他业务知识的挑战(占比87.06%),其次是备课工作量大(占比76.47%)和内容多、学时少(占比67.06%),再次是上课消耗精力大(占比

49.41％)和师资数量不足(占比 44.71％)。有关准则大范围修订的挑战是长期现实,2006 年 2 月我国财政部颁布《企业会计准则—基本准则》和 38 项具体会计准则之后,财政部发布了 15 项企业会计准则解释、7 个年报通知及若干会计处理规定和复函,2014 年后大幅度修订或新出台具体准则,其中 2014 年修订 5 项、新出 3 项,2017 年修订 6 项、新出 1 项,2018 年修订 1 项,2019 年修订 2 项。针对这一准则颇繁变动挑战,问卷结果(表4)显示任课教师学习准则的方式主要是自我研究(占比 91.76％)和网络听课(占比 49.41％),接受现场培训仅占 35.29％,一定程度上反映了任课教师现场接受准则培训的机会不多,主要靠自我钻研。任课教师的教研情况也不甚理想,我们统计任课教师发表过教学类或准则类论文或独立承担过教研项目的情况,结果显示平均每人 3 篇论文或 2 个校级以上项目的,仅占 11.76％。该课程教师压力大,任务重,机会少;此种情形下,为了培养学生的多层次能力,格外需要理清授课目标、明确授课观念,设计和选用合适的授课策略。

表 4 师资信息问卷结果统计表 2

任课教师是否有过企业实践	小计(人)	比例(％)	准则学习方式	小计(人)	比例(％)	教研情况	小计(人)	比例(％)
有,机会很多	8	9.41	自我钻研	78	91.76	很多(平均每人 3 篇论文或 2 个校级以上项目)	10	11.76
有,机会一般	27	31.76	接受现场培训	30	35.29	一般(平均每人 1 篇论文或 1 个校级以上项目)	49	57.65
有,很少有机会	34	40	网络听课	42	49.41	很少	26	30.59
无	16	18.82	其他	4	4.71			
样本数	85	100	样本数	85	—	样本数	85	—

(三)授课目标

授课目标是课程本身要实现的具体目标和意图,是一门课的导引。我们调查了受访者,他们依次赞成以下授课目标:①掌握灵活处理"高、特、新"业务的能力(85.88％);②学习适应未来岗位和深造所需基本理论(83.53％);③培养正直、专心、稳健、向上的专业素养(58.82％)。这三个目标基于能力培养,贯以道德素养,基于理论知识,是适宜高级财务会计学课程的授课观念和授课策略形成的导向性指引。

(四)授课观念

教师的授课观念直接影响着授课行为,多层次能力的培养应该是以学生为主体的,教师的正确引导为辅,因此能力培养过程中要着重体现学生的主动性。我们就以往授课过程中总结出的能力培养导向的高级财务会计学课程授课观念,征询了受访者的看法,依次被认可的是树立培养学生多层次能力的目标(91.76%)、鼓励学生参与团队式学习组织(74.12%)、识别学生的个体差异(49.41%)、传导正义感和社会责任感等社会道德(48.24%)和营造兴奋而紧张的学习气氛(36.47%),这五项体现教师带动学生主动性的授课观念。

(五)授课策略

授课目标和授课观念需要授课策略支持实现落地。我们问询了主讲过高级财务会计学课程的受访者,他们对课程授课策略提出了相关建议,包括教师主讲时尽量降低难度,让学生听懂;企业财务专家参与教学;注意吸引学生学习兴趣;注重实际案例引入;理论结合实践等。受访者提到的这些措施进一步表达了会计学专业教师对该课程特点以及其实践意义的认识,在能力培养导向的课程授课观念与策略讨论中将予以着重考虑。

同时,针对能力培养导向的高级财务会计学的辅助授课策略,我们分析了受访者的意见,问卷结果显示,依次赞同的授课策略分别是案例分组搜寻和讲解(92.94%)、学生参与自主讲课(60%)、"头脑风暴"式课堂讨论(60%)和"世界咖啡屋"式团队学习(32.94%)。

五、高级财务会计学课程教学现状总结

本文研究的是课程教学,看似微观,但因为高级财务会计学课程在会计学核心课程体系中举足轻重,教学难度又大,同时其内容与其他课程相比,更直接对接于企业的综合岗位和财务经理、财务总监等财务高管岗位的财务会计及准则知识需求,所以研究该门课程教学改进的重要性不言而喻。通过上述问卷,我们了解了这些高校在师资、授课对象、教材选取、内容设置、授课目标、授课观念以及授课策略等方面的现状。综合看来,调查的多数学校师资凸显不足,培训机会也不是很多;对任课教师而言,面临该门课程备课工作量大、上课消耗精力大、需要持续更新学习新准则知识以及其他业务知识等挑战。教材选取和内容设置上选择多样,核心的知识点,如企业合并、企业合并报表和外币与报表折算会计选择一致性较强。受访者对以能力培养为导向授课目标和授课观念认可度比较高。这些情况对教师的授课策略提出了较高要求。

六、能力培养导向的高级财务会计学授课策略探讨

(一)总体原则

基于该课程自身的特点,学生在课程学习中需要消耗足够精力以运用学习能力(理解并记忆知识点)、实践能力(理解各业务专题的原生业务,依据会计准则进行职业判断和决策分析)、创新能力(分析每个专题会计准则规定的会计处理带来的经济后果等)、沟通能力和语言表达能力(将掌握的知识点清晰表达并与人沟通)、人际交往能力(与他人进行工作交流时树立良好形象,便于工作推进)。与此同时,学生的学习过程也会锻炼到各个层面的多层次能力。

基于课程特点、学生特性和多层次能力的锻炼需要,高级财务会计学教学适合遵循量体("课程特点、学生特性")裁衣("授课策略")的总体原则,丰富授课策略,在教师主讲课程同时,提高学生的课程参与度,鼓励学生主动思考,让学生能够挑战彼此,甚至质疑教材与教师,培养学生多层次能力。

(二)明确目标

能力培养导向的高级财务会计学授课策略的目标是以创新能力培养为主导,发挥学生自主学习的主体作用,注意激发学生的潜能,提升能力层次的核心层——学习能力,采取多种方式提高学生的推进层能力——实践能力,提升环绕层能力,培养学生的方向层能力——创新能力,同时传递和培养道德观。

(三)具体授课策略

高级财务会计学课程中多数知识点理解难度大,综合考虑各种因素,教师讲授是主导策略,其他具体授课策略可以穿插在不同专题教学过程中配合教师讲授主策略采用。

1. 教师讲授主策略

(1)"业务—会计"相结合。这一策略主要基于两个层面的考虑。一是对于会计人员或者财务经理、财务总监,熟悉业务是做好本职工作的基础,因为财务会计核算的最终目的是通过核算提升和管控业务。二是结合业务,能促进会计准则学习。一方面,业务容易激发学生学习的兴趣点;另一方面,结合业务,学生能更好地理解会计准则的各项规则,理解规则制定或规则改革的原因,为将来就业打下扎实的专业基础。具体的做法是:教师可以将实际业务作为背景展现,或作为引出某一专题的前导,进而提出相应的会计问题(如物价变动会计,可以通过播放视频展现物价变动对企业影响);或者结合业务流程,讲解会计处理(如期货会计,可以结合企业在期货交易所成为会员、开户、交纳保证金

等业务讲解会计核算过程);如果有机会让学生进企业财务部实地感受业务更好。这一方式能促进学生更好地理解实务并提高理论应用能力、职业判断能力、综合决策能力等一系列实践能力。

(2)"理论——实务"相结合。财务会计实务基于会计准则,会计准则对应相关理论。只有透彻理解理论,进而理解每一个专题会计准则处理要点的背景与动因,才能更好地掌握相关知识。会计准则经常修订,只有做到理论和实务相互映衬、深刻理解,才能以不变应万变,跟进新准则。这一策略下,授课老师可以采取精讲、深讲的方式将相关理论分析透彻,把每一个准则知识要点背后的"为什么"及其原理解释给学生,从而帮助其更好地理解和记忆。这一做法将有利于学生提升核心层能力——学习能力,同时在理论推理和分析中提高方向层能力——创新能力。

2. 辅助策略

授课教师将会计学专业授课观念贯穿于专题教学中,选择安排学生参与自主讲课、案例分组搜寻和讲解、"头脑风暴"式课堂讨论、"世界咖啡屋"式团队学习等形式,全方位培养学生多层次能力。例如,所得税会计专题授课辅助策略可以采取学生自主讲课,以培养和发挥学生的核心层能力为主;根据租赁、债务重组专题特点,辅以案例分组搜寻和讲解形式,以培养学生的核心层能力和推进层能力为主;合并报表专题适用头脑风暴式课堂讨论,以培养学生的方向层能力;世界咖啡屋式团队学习形式适用于衍生金融工具(套期会计)专题,以培养学生的环绕层能力。具体举例见图2。

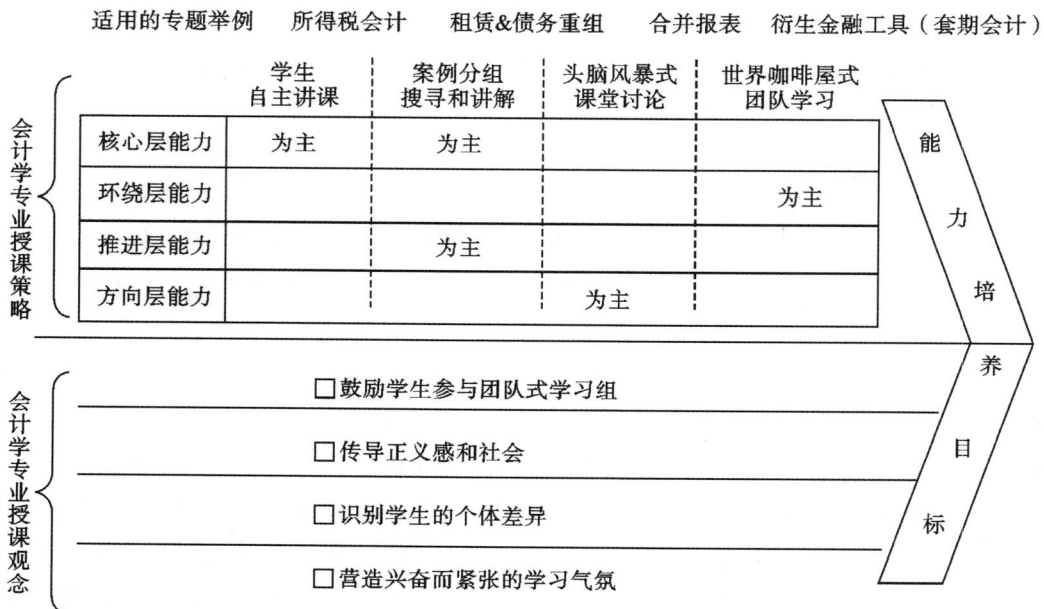

图 2　能力培养导向的高级财务会计学授课观念和授课辅助策略演示图

（四）探讨课程考核和师资提升，以配合和促进能力培养导向

1. 课程考核配合能力培养导向

课程考核体系的构成对学生的学习行为有明显的导向作用，总成绩计算要体现能力培养导向，避免学生重考试分数、轻能力锻炼。课程论文成绩、自主讲课环节得分、案例讲解环节得分、"头脑风暴"式分组讨论环节得分、"世界咖啡屋"团队学习环节得分等促进能力培养的环节都要考虑进课程总成绩的计算，比例关系视课程性质和学校管理要求而定。同时，教师还应加强与其他院校老师的交流，互相学习授课模式和授课策略（不局限于以上所列举的那几种授课策略）并运用到本校的教学中。

2. 课程师资提升促能力培养导向

师资数量和师资水平的提升有利于能力导向的实现。其中，针对前期初步调研中发现的一些高校该门课程师资不足的问题，为提升课程与实务融合水平，促进学生能力培养，我们提出以下具体措施：①同城（乃至全省）跨校际师资调配，教师错开档期服务于不同学校，教师工作量提请各学校协调；目前在网络教学环境相对成熟条件下，全国师资融合也成为可能。②返聘讲授该门课程的精力充沛的已退休教师。③视情况引入产业教授参与部分专题教学，如邀请会计师事务所的项目经理讲解租赁会计等内容的经典案例，在衍生金融工具会计专题可以邀请期货交易所等金融企业专家参与；提请教务管理部分提供学时协调和外请人员报酬方面的方便等。

七、结论

学生的多层次能力是决定其未来是否适应岗位和社会需求的关键因素。高级财务会计学的课程课堂教学中，教师主讲主策略辅以自主讲课、案例分组搜寻和讲解、"头脑风暴"式课堂讨论等授课策略，将有助于全方位培养学生的多层次能力。教育部在《高等学校课程思政建设指导纲要》中明确指出：每门课程需发挥育人作用。教师在能力培养过程中，通过言传身教、职业道德案例的穿插，并在高等财务会计学课程内容中融入思政要素，可使学生立"德"，力争使其"德才兼备"。

任课教师面临该门课程备课工作量大、上课消耗精力大、需要持续更新学习新准则知识以及其他业务知识等挑战；很多高校还面临师资不足的困境。我们希望能研以致用，为教师接受挑战、解决教学困境、提升教学水平提供帮助，更为会计学专业学生通过该门课程获得多层次能力的培养做出实践性努力。

参考文献

[1] 王曙光,李兰. 高等院校财政学专业能力培养的问题及对策研究[J]. 黑龙江高教研究,2013,31 (12):167-170.

[2] 霍影. 高等学校卓越会计人才培养体系研究——基于"德、知、行、思"四维度[J]. 财会月刊,2016 (06):126-128.

[3] 时军,曹晓雪. 高等院校会计专业人才培养研究——基于"互联网+智慧教学"背景[J]. 财会通讯, 2022(15):160-165.

[4] 周宏,张巍,宗文龙,等. 企业会计人员能力框架与会计人才评价研究[J]. 会计研究,2007(04):83-89.

[5] 杜剑,魏涛. 国际化会计人才能力培养路径探析——以贵州财经大学为例[C]//中国会计学会会计 教育专业委员会 2014 年年会暨第七届会计学院院长论坛论文集. 北京:中国会计学会,2014.

[6] 李芸达,陈国平,范丽红,等. 现代职业教育背景下会计技能教学改革与创新[J]. 会计研究,2015 (02):87-92+94.

[7] 孟焰,李玲. 市场定位下的会计学专业本科课程体系改革——基于我国高校的实践调查证据[J]. 会 计研究,2007(03):55-63.

[8] 张月玲,韩沚清,花双莲,等. 基于渗透理念的会计学本科学生多层次能力的培养[J]. 财会通讯(学 术版),2009(09):92-94.

[9] Accounting Education Change Commission (AECC). Objectives of Education for Accountants: Position Statement No.1[J]. *Accounting Education*,1990,5(02):307-312.

[10] 刘永泽,池国华. 中国会计教育改革 30 年评价:成就、问题与对策[J]. 会计研究,2008(08):11-17.

[11] 何玉润,李晓慧. 我国高校会计人才培养模式研究[J]. 会计研究,2013(04):26-31.

[12] 杨政,殷俊明,宋雅琴. 会计人才能力需求与本科会计教育改革:利益相关者的调查分析[J]. 会计 研究,2012(03):25-35.

[13] 刘金彬,赵蓓,曹明才. 以能力培养为导向的会计学专业人才培养体系探索与实践[J]. 财快月刊, 2018(20):99-105.

[14] 姚利民. 打破教学改革坚冰 创新高校教学方法[J]. 中国高等教育,2010(08):40-42.

[15] 刘永泽,池国华. 中国会计教育改革 30 年评价:成就、问题与对策[J]. 会计研究,2008(08):11-17 +94.

[16] 邵瑞庆. 我国会计本科教育应确立的理念与改革思路[J]. 会计之友,2009(18):62-65.

[17] 张金学,张宝歌. 构建探究讨论式教学 提升课堂教学质量[J]. 中国高等教育,2011(23):32-34.

[18] 何玉润,毛新述. 会计学专业创新人才培养模式研究——基于以培养目标为核心的教学改革[J]. 商业会计,2012(24):110-112.

[19] 栾甫贵. 论会计教育理念[J]. 会计研究,2013(04):20-25.

[20] 董江丽,周群,何志巍,等. 运用"翻转课堂"教学法推动教与学系统性改革[J]. 中国高等教育,2022 (09):56-58.

[21] 曾明,徐晨. 深化教学方式方法改革　探寻创新人才培养新路[J]. 中国高等教育,2011(Z3):47-48.

[22] 刘颖斐,黄梦云. 基于高层次财会人才培养的教学理念与方法——以《高级财务会计》为例[J]. 财会通讯,2010(11):31-32.

[23] 张旭尧,徐达宇. 基于翻转课堂的"高级财务会计"教学改革研究[J]. 黑龙江教育(高教研究与评估),2016(08):10-11.

[24] 李海玲. 高级财务会计教学之优化[J]. 财会月刊,2016(12):124-126.

[25] 邵俊波,李俊林. SPOC 模式在"高级财务会计"教学中的应用[J]. 财会月刊,2017(15):88-90.

[26] 周达勇,路国平. "大班授课、小班研讨"教学模式应用效果研究——基于"高级财务会计"课程的自然实验证据[J]. 高等教育评论,2017(06):97-109.

[27] 黄中生,董必荣,凌华. 高级财务会计课程思政建设研究[J]. 财会通讯,2022(22):37-41.

Analysis of Teaching Strategies of Advanced Financial Accounting Oriented by Ability Training

Hua Shuanglian, Liu Jingyi & Liu Yingzi

(*School of Economics and Management of Shandong University of Science and Technology*)

Abstract This paper analyses the multi-level abilities required by students majoring in accounting, and investigates the current situation of advanced financial accounting course in 57 universities in terms of teachers, teaching objects, selection of teaching materials, content setting, teaching objectives, teaching concepts and teaching strategies. Combining with the teaching practice, this paper holds that setting up a reasonable concept of classroom teaching, in the teaching of Advanced Financial Accounting, the teacher's main teaching strategy, supplemented by independent lecture, case grouping search and explanation, brainstorming classroom discussion and other teaching strategies, will help to cultivate students' multi-level abilities in an all-round way.

Key words Ability; Advanced Financial Accounting; Teaching Strategies

财经法规与会计职业道德课程思政的
建设实践 *

王伟红①

（山东财经大学会计学院）

摘　要　财经法规与会计职业道德课程是法治与道德的有机统一，财经法规的内容是法治的体现，会计职业道德的内容是道德的体现。本文以该课程为例，探索思政元素与专业教学的融入点，通过引入三段式教学和混合式教学实施课程思政，既丰富课程教学内容和教学形式，又可内化思政意识，为有效实施课程思政教学提供坚实的支撑。

关键词　财经法规与会计职业道德　课程思政　建设实践

财经法规与会计职业道德课程是财会类学生的专业基础课，主要包括四个财经法规模块和会计职业道德模块。财经法规的内容是法治的体现，会计职业道德是道德的体现，因而该门课程既是专业课，更是思政课，是法治与道德的有机统一，旨在引导学生掌握基本的财经法规，从学法到懂法再到守法，强化自身职业道德修养，自觉运用财经法律和道德约束自我行为，提升职业能力和职业素养。根据课程思政建设要求，本文构建将思政教育融入专业课程的教学资源，旨在丰富课程内容，内化思政意识。

一、课程思政设计

实现专业知识和思政元素的有机契合和融会贯通，而非生硬地套入思政内容，是课程思政的重中之重。根据课程思政建设目标，结合学科专业人才培养实际，本文探索以下思政元素与专业知识教学的融入点（表 1 为部分示例），将思政的"盐"融入专业的"水"。

---

*　本文为国家社会科学基金项目"国企混改促进价值链重构的机制、效果与推进策略研究"（22BGL100）、山东财经大学"课程思政示范课程培育项目"（kcsz202278）和校级示范课程团队培育项目的阶段性研究成果。
①　王伟红，管理学博士，山东财经大学会计学院副教授、硕士生导师。

表1　课程部分思政内容设计部分示例

章节	思政元素嵌入方式	预期思政目标
会计法律制度	1. 视频案例：《麦道夫骗局》 2. 人物系列：刘姝威 3. 小组讨论：欣泰电气舞弊案例	通过警示教育，引导学生执法守法，树立正确的人生观、世界观和价值观
支付结算法律制度	1. 视频：如何保证支付安全 2. 讨论：移动支付结算改变了什么 3. 情景模拟：创设情境，"支票填写和结算"任务驱动	增强数字时代信息判断和处理能力，养成良好的责任感和工作态度，培养诚信意识和程序规范意识
税收法律制度	1. 案例分析：明星偷逃个税 2. 情景模拟：当内部审计遇到税务局 3. 小组讨论：消费税改革与"绿水青山就是金山银山"的科学论断	掌握税收的风险点，树立税收遵从行为的责任意识，引导学生树立正确消费观念和生态环保理念
财政法律制度	1. 案例：政府"阳光工程" 2. 视频：如何实现国库集中支付 3. 讨论：中国特色社会主义背景下中国梦教育与财政预算的融合	洞察数字时代的变革，注重培养多学科思维融合，培养学生法制、自律意识
会计职业道德	1. 案例：国家自然科学基金出纳挪用公款 2. 辩论：财经法规重要还是职业道德重要 3. 视频：全国先进会计工作者事例	了解"立信精神"，渗透爱国敬业诚信的价值引导，深化职业理想与职业道德观念，培养责任意识、担当意识

1. 会计法律制度涉及的思政元素

（1）关于会计法律制度的构成。以我国的会计发展历史为出发点，使学生知晓我国悠久的会计制度和核算方法，培养学生的会计热情及爱国情怀，从而增强文化自信；剖析《会计法》的三次修正背景及其主要变化，引导学生了解法规的变化过程，培养学生积极进取、终身学习的坚韧品质；结合瑞幸咖啡财务造假、欣泰电气和康得新舞弊等案例，引导学生认知市场经济是法治经济的理念，增强受托责任意识，强化会计责任担当。

（2）关于会计核算和监督。通过展示做假账、账外设账的视频案例，引导学生意识到会计人员保证会计资料真实性和完整性的重要性，融入求真的思政元素；解读《会计改革与发展"十四五"规划纲要》，结合当前业财融合、智能会计的时代背景，引导同学讨论：面对会计核算职能弱化时应如何与时俱进？如何加强财务的预测和决策职能？如何增强自身技能,以顺应未来趋势?启发学生求知探索、不断进取的拼搏精神。

(3)关于注册会计师及会计师事务所。启发学生关注并思考法务会计这一新生职业产生的由来;结合西方国家利用举报作为社会监督的有效方式,引导学生强化会计监督意识;结合现实案例,理解注册会计师为什么被称作不穿制服的"经济警察"。通过震惊世界的麦道夫巨额欺诈案,引导学生关注三位一体的监督防线如何失守,注册会计师应如何增强执业的法律效力与社会责任,提高学生遵纪守法的职业素养。

(4)关于会计机构和会计人员。通过录制视频,在角色扮演中加深对会计工作移交、接交、监交的深切理解,明晰会计工作中规范流程、厘清责任的意义所在;结合具体案例,明确会计人员回避的法律意义;引入职来职往等著名求职栏目视频以及51job对财务人员的招聘要求,助力学生了解职场规则,提高业务素养。

2. 支付结算法律制度的思政元素

(1)票据概述。采用视频播放、影视剧回顾等轻松愉悦的学习方式,为学生全面客观地展现以唐代、清代为代表的中国票据发展历程,解读传统票号的精神内涵,感受中国传统商业文明及票据文化的源远流长,树立文化自信;通过近现代中西方票据文化发展结局的对比分析,以学史鉴今的庄重历史观,剖析近代中国落后挨打的制度原因、技术原因等,鼓励学生辩证取舍,争当民族复兴的"筑梦人"。

(2)现金管理。明确对公现金收支和对私现金收支的不同规定,夯实职业底线;通过俞敏洪创业初期遇险的视频案例,明晰恪守现金、银行存款管理制度,筑牢守法意识、合规意识。

(3)具体票种。该部分主要引入任务驱动创设票据结算情境,如在票据行为的知识点中,通过情景模拟自己动手填写空白票据、画付款流程等活动,在实操中加深理解,明确规范使用票据的意义;通过引入实例讨论,明确现金严格管理的意义所在,明晰银行本票和银行支票的区别;通过视频直观演示票据欺诈,引导学生诚信、规范使用票据结算。

(4)银行结算账户。通过对网上支付流程、常用的身份认证方式及安全视频的学习,熟悉当前网上支付存在的风险,提高风险防范意识,对个人征信安全保持谨慎;探讨科技创新所带来的支付宝、微信等移动支付方式的使用,树立民族振兴意识,增强民族自豪感。

3. 税收法律制度的思政元素

(1)税收概述。结合上市公司会计违法行为以及社会责任履行的案例,讨论国家税收为什么存在;通过数据列示,了解依法纳税给国家公共卫生、基础设施及教育等带来的诸多好处,增强学生自觉纳税、诚信纳税、遵纪守法的税收伦理,树立制度自信。

(2)主要税种。具体讲解时应将税种与不同的思政教育元素匹配。例如,在讲解消费税时,理解"绿色税收"的性质,解读消费税征收范围的变迁及其政策导向,融入勤俭节约的传统美德,引导学生保护生态环境、建设生态文明;在讲解企业所得税时,结合疫情防控,通过所得税的税收优惠政策,感悟减税降费新政,引导学生树立制度自信;理解环保低碳取向的税收优惠体系,增强社会责任意识;讲解个人所得税时,结合明星阴阳合同偷税漏税事件,分析其涉及的违反税法规定的行为对国家财政收入及个人职业发展的影响。

(3)税收征收管理。从法治意识、社会责任、个人价值三个层面挖掘和提炼思政元素。视频展示纳税申报的操作指南,明确如实申报纳税,解读偷税漏税与税收筹划的区别,培养学生遵纪守法、合法纳税的法治意识;了解税收政策的与时俱进,鼓励学生关注社会经济、企业发展,增强社会责任意识;引导学生关注创业创新方面的税收优惠、学习个人所得税改革,培养创业意识,提高创业品质,实现个人价值。

4. 财政法律制度的思政元素

(1)预算法律制度。通过案例,明确影响我们生活的方方面面,如教育、医疗、交通、科技创新、产能调整和环境治理等与国家预算息息相关;观看视频,明确新《预算法》的修订之路,解读新《预算法》亮点;通过中央政府和地方各级政府财政预算数据展示,明白如何规范政府钱袋子,如何在脱贫攻坚、抗击疫情等方面发挥财政预算支出作用等,增加民族自豪感;感受国家预算在中国站起来、富起来、强起来的发展历程中,在实现中国梦、强国梦的过程中,扮演了何种角色。

(2)政府采购法律制度。通过文件解读,明晰如何对政府采购行为进行法制化管理,从经济源头杜绝行政腐败;通过政府采购流程及违法案例的展示,了解市场竞争机制与财政支出管理如何实现有机结合;引导学生关注企业如何参与政府采购活动,增强学生公正、法治的价值观念。

(3)国库集中收付制度。引导学生思考并讨论国库集中收付制度如何体现其提高资金使用效率的制度优势及价值取向,如何体现中国特色社会主义建设的制度优势,以增强民族自信,激发学生爱国主义精神。

5. 会计职业道德的思政元素

(1)道德与法律的关系。引入哈佛公开课《公平与正义》开篇的内容,引发学生思考并展开道德与法律关系的讨论,形成守法虽易、做道德高尚的人不易的意识;引入近年来美方对中国的技术掣肘,感悟市场经济运行中遵守规则意识和道德意识的重要性。

(2)会计职业道德规范。通过展示会计人员违法行为的视频案例,展开小组讨论,强调职业道德是社会道德的重要组成部分;通过案例,引发思考如何在工作中坚守会计职业道德;开展财经法规重要还是会计职业道德重要的辩论,引导学生树立正确的职业道德观。

(3)会计职业道德教育与修养。通过近年来全国先进会计工作者的事迹,展示明晰遵守职业道德的职业要求对会计工作岗位的意义,引导学生将外在的职业道德约束转变为内在的个人素养和修为;结合央视"感动中国"的案例,思考如何将社会主义核心价值观融入会计职业教育,升华会计职业道德建设目标,营造良好的社会风气和环境氛围,净化会计生态。

二、课程思政的实施

作为一门强实用性的课程,课程应寻求理论与实务的最佳平衡,对财经法规的逻辑解读和对案例映射问题的挖掘与分析是教学重点,教学中着重培养学生对法规的理解和应用能力,塑造会计守法意识和诚信观念。

(一)融合思政教育与专业知识,确保课程思政有广度、有内涵

从"思政课程"到"课程思政",是一种质的全新变化。课程思政具有知识传授、能力培养和思政教育的多维功能。结合课程特点构建翔实的资料库,包括视频、音频、新闻、图片、拓展阅读材料以及丰富的自建案例库。根据课程中各知识点的特点,采用隐形嵌入式、热点导入式以及专题嵌入式等不同思政元素嵌入方式,在不同的模块根据课堂知识点设置不同的思政元素,使得课堂更贴近企业实际,让学生在了解企业真实情况的前提下,增加理论自信、制度自信、文化自信。如在会计法律制度模块,除了课本基础知识点之外,结合资本市场爆发的会计违法违纪案例,可引导学生思考并讨论以下问题:康得新会计舞弊的动因是什么? 康得新非道德行为诱发的机理是什么? 康得新会计舞弊的经济后果有哪些? 如何事先识别其职业道德风险? 再比如,在瑞幸咖啡案例分析中,可引入以下思考问题:基于数据驱动商业模式的会计舞弊行为主要有哪些特征? 瑞幸事件导致了失控的道德代价吗? 瑞幸事件为什么会引发第二次中概股危机? 如何评估公司的会计职业道德风险? 哪些环境因素系统地诱发了瑞幸的会计职业道德风险? 安永华明事务所是否审计失败? 将案例嵌入思政课程,描述思政元素的嵌入方式与方法,结合案例讨论相关专业知识点,能够引导学生反思遵守财经法规的重要性,树立正确的是非观念及职业道德观念。

(二)三段式教学设计,课程思政建设路径清晰可复制

该课程融合职业能力和职业素养两部分内容,采用任务驱动法,通过"课前系统预习—课中突破重难点—课后强化提升"的三段式教学设计,打破传统课堂教学时间和空间的局限性,倡导学生利用丰富的网络教学资源自主学习,实现寓道于教、寓德于教、寓教于乐。

课前预习阶段,教师利用已建设的教学资源库和优质精品 MOOC 资源,通过网络课程平台组织自主预习课程内容,设计学习任务;考虑到财经法规模块的四部分内容在前

期的先修课程已有涉及，不宜重复讲解，实行"入门考"。布置课前必学任务，通过学习通平台推送单元练习题，检查学生对于基础知识的掌握情况，也便于对后续的课堂教学设计做出调整。

课堂面授中，首先利用思维导图梳结构、理脉络，系统化梳理课前预习的知识，让学生对课前零散的、碎片化知识有一个系统认知，厘清思路并实现对知识的统筹整合；其次，利用课前学习通的成绩反馈，将课堂面授知识划分为学生掌握比较容易的基础知识和学生理解有障碍的重难点知识两类，课堂授课精准落点于"重难点突破"。学习法规重要的是"知其然，知其所以然"，课堂注重挖掘对法规原理的解释，明确法规的制定逻辑，知道是什么更要明晰为什么，通过理解制度原理强化记忆，达到事半功倍的目的。最后，发挥课堂育人主战场的作用而非教师"一言堂"，重在培养学生的主动思考、语言表达和团队协作能力。设置视频展示、案例讨论、情景模拟、角色扮演、绘制对比表、绘制流程图等各种活动，通过知识运用激发学生对知识的理解，带领学生实现知识的内化和素养的提升，既能"温故而知新"，又能学有乐趣。

课后提升阶段，通过布置课后思考题、撰写案例分析报告，或布置与课程内容相关的资料收集、视频拍摄等任务巩固理论知识；通过网络课程平台发布练习题，检测学生课堂重难点的理解和掌握情况，学生可针对自身学习的薄弱点进行课后提升训练和拓展学习，分数较低的同学可以利用学习通平台反复多次强化练习实现课后复习；设置与现实紧密结合的思考题，引导学生关注我国当下的社会变革，关注知名企业会计违法违纪等重大事件，增强学生的社会责任感，思考我国企业发展前景，对比国内外企业发展，弘扬民族自豪感，实现学习效果师、生可控。

(三)混合式教学激发学习活力

思政教育需要教师充分利用"互联网＋"跳出专业误堂的局限，采取混合式的教学手段、多元化的方式渗透思政教育。在课堂教学中灵活引入视频展示、案例教学、情景模拟、任务驱动教学等教学方法，促进课堂内外的联动，实现课上课下、线上线下的无缝衔接，提高学生专业综合素养。

1. 案例式分析、浸润式交流

运用项目教学和案例教学等方法，模拟或者创设经济事例情境，引导学生从被动学习到主动学习，从倾听者的角色变为设计者和参与者。如，部分章节模拟企业的真实财务场景实行角色扮演，将理论知识融入实践中，培养学生的独立思维、批判性思维；课堂上渗透贴近实际、贴近生活、贴近学生的实例，如瑞幸咖啡造假事件、人物系列之刘姝威等，采围绕网络报道的现实问题讨论，让学生从过去的只可"意会"转变成可以"言传"与"实操"，将职业道德教育内容与专业教育紧密相连，使枯燥的专业知识立体化、形象化、可视化，使课堂真正"活"起来。

2. 启发式讲授、探究式讨论

借助现代教学技术搭建的混合式教学方式,课堂上以喜闻乐见的形式表现教学内容,引入学生感兴趣或广泛关注的社会热点话题作为专题或者讨论素材,如生态文明、智能会计、业财融合、绿色税收,与学生交流分享并启发思考,将价值塑造和能力提升潜移默化于专业知识的传授过程中,充分发挥课堂多元化教学的协同效果,增强教学课堂的内容和活力。通过课堂内容的精心设计,将教师与学生紧密联结,变革改造传统教学模式,增强学生的课堂参与度,实现全方位育人目标。

三、小结

课程思政建设是培养高质量人才的应有之义和必备内容,推进思政教育融入财会类专业课程不仅是新时代所需,也是财会类专业学生形成良好思想政治素养和职业道德修养的要求。高素质人才的培养是一个长期的过程,应集德育、才育于一体,汇聚整体合力,尊重教育和人才成长规律。这不仅需要高校自身重视思政教育,因事而化、因时而进、因势而新,同时还需要教师不断挖掘知识技能与德育相融合的案例等,实现对学生知识引领和价值引领的统一,为培育德才兼备的高素质应用型人才奉献力量。

参考文献

[1] 教育部. 关于印发《高等学校课程思政建设指导纲要》的通知[EB/OL]. (2020-06-01)[2021-12-3]. http://www.moe.gov.cn/ srcsite/A08/s7056/202006/t20200603_462437.html.

[2] 李扣庆,张各兴. 在高端会计人才培养中开展"大思政课"的探索与建议[J]. 财务与会计,2021(12):4-7.

[3] 龚一鸣. 课程思政的知与行[J]. 中国大学教育,2021(05):77-84.

Ideological-Political Construction Practice of Financial Regulations and Accounting Professional Ethics

Wang Weihong

(School of Accounting of Shandong University of Finance and Economics)

Abstract　The course Financial Regulations and Accounting Professional Ethics is the unity of law and morality. The content of financial regulations is the embodiment of law, and the content of accounting professional ethics is the embodiment of morality. This paper explores the integration of ideological-political elements and professional teaching, implements ideological-political education through the introduction of three-stage teaching and blended teaching, which not only enriches the course content and teaching form, but also internalizes ideological-political awareness. thus providing a solid support for the effective implementation of ideological-political education.

Key words　Financial Regulations and Accounting Professional Ethics；Ideological-political Education；Construction Practice

会计专业硕士(MPACC)的
"CO-OP:带薪实习合作教学"培养模式研究 *

武　辉① 朱玉坤②

(山东财经大学会计学院)

摘　要　为推动会计专业硕士培养模式和理论体系完善与创新,本文借鉴国外经验并结合我国实际,提出"CO-OP:带薪实习合作教学"培养模式。该培养模式以工学交替、适量薪金为基础,强调高校、企业、学生多元参与,为消除理论知识与社会实践之间的隔膜提供了新方向,有助于正确认识并推动会计专业硕士的培养,满足新时代我国社会经济高质量发展对高级应用型会计人才的需求,是一种为社会输送理论、能力"双高"的高端财会人才的新型创新培养模式。

关键词　"CO-OP:带薪实习合作教学"　会计专业硕士　合作培养

一、引言

专业学位硕士教育是研究生教育体系的重要组成部分,是培养高层次应用型专门人才的主要途径。我国自1991年开始实行专业学位教育制度,经过20多年的努力和建设,专业学位教育迅速发展,标志着我国学位与研究生教育发展轨迹的历史性调整,也是适应知识经济发展的必然要求。随着我国研究生教育制度改革的推进以及现代化财会事业发展对会计专门人才的迫切需求,会计专业硕士的培养在经管学科研究生教育中的地位越来越突出。但现阶段会计专业硕士教育仍存在培养模式单一、课程设置不合理、缺乏实践、学费负担较重等诸多问题,阻碍了会计硕士教育的发展。

实践是培养应用型会计专业硕士的核心要素。教育部、国家发展改革委、财政部《关于加快新时代研究生教育改革发展的意见》指出,要强化产教融合育人机制,加强专业学位研究生实践创新能力培养。实施"国家产教融合研究生联合培养基地"建设计划,重点

---

　　* 本文系山东财经大学研究生能力提升项目"会计硕士(MPACC)的'CO-OP:带薪实习合作教学'培养模式研究"的阶段性成果。
　　① 武辉(通讯作者),会计学博士,山东财经大学会计学院教授、博士生导师。
　　② 朱玉坤,山东财经大学会计学院硕士研究生。

依托产教融合型企业和产教融合型城市,大力开展研究生联合培养基地建设,着力提升实践创新能力。同时,我国会计专业硕士学费高于其他专业硕士,每年学习费用达2万至15万不等,学生历经本科教育已付出4年时间成本,加之研究生处于半只脚踏进社会的尴尬局面,学生在研究生教育过程中带薪实习,既能激发学生的实习积极性,又能缓解一部分经济压力。在此背景下,"CO-OP:带薪实习合作教学"培养模式将成为一项有益尝试,积极探索高端财会人才的创新培养模式,为社会输送更多的既能系统掌握财会知识,又有较强实际问题解决能力的高层次、应用型专门人才,满足我国社会经济发展对高级会计人才的需求。

二、会计专业硕士培养存在的问题

山东省从2007年开始招收会计专业硕士,历经10多年时间,在对会计专业硕士培养单位调研中发现普遍存在缺乏系统的理论研究、配套的教育设施和教育机制不健全、培养模式没有较大突破等问题,会计专业硕士培养仍是传统模式。同时,专业硕士的培养易受学术型研究生"重科研轻实践"培养模式的影响,MPACC教育的发展遇到诸多困难,培养效果和预期目标之间存在较大差距。

(一)培养模式单一,缺乏完备的校外实践基地,未突出专业硕士特色

会计专业硕士的培养目标是系统掌握现代会计学、审计学、财务管理以及相关领域的知识和技能,充分了解会计稽查、财务管理等高级会计实务并熟练掌握其分析方法与操作技能,具有较强解决实际问题能力的高层次、应用型会计专门人才。会计专业硕士培养应注重其会计实务的应用性,但当前的培养模式受"重科研轻实践"观念影响,未突出专业硕士特色。

专业硕士与学术硕士的导师队伍重合度高,专业学位研究生教育的学术化倾向比较严重,教学方式课堂化、课程设置理论化、质量考核学术化等均体现出倾向于学术型硕士的培养模式。会计专业硕士应该是同时具备专业会计知识又可以将知识运用于实践的新型会计人才,这就需要学生除了在学校认真学习掌握理论知识,更要有对口的合适的实习基地,将在学校学到的理论知识运用到实践中,能够在工作岗位上解决实际会计问题,形成一种良性的"理论—实践—理论—应用"的培养模式。但是现在的会计专业硕士既没有合适的校外导师的指导,又缺乏合适的实习地点,不能很好地将理论知识运用到工作中。"纸上得来终觉浅",缺少实习经验,学到的理论知识得不到实践的检验,大部分研究生只能"纸上谈兵"。

出现这一问题的首要原因就是学校缺乏长期合作单位。现在的财政部门、会计师事务所或企业更注重完成工作任务,提高绩效。他们更多地认为在校实习生为本单位创造

的价值不大,不感兴趣,或者即使学校有意合作,但现有条件对这些单位来说并不具有吸引力。因此,全国除了几个声望特别高的财经类院校每年会有社会单位主动招收实习生外,大部分财经类院校并没有长期合作实习基地。而且,即使学生自己找到了实习单位,但大都与会计专业相关性不高,或者根本没有机会接触到会计实务操作,培养期间的实习环节的作用大打折扣。此外,校外导师在实习期间也理应发挥关键作用,但是很多院校的校外导师制仅是一种"口号","双导师"制培养方式并未真正实施。大部分校外导师由具有丰富工作阅历及财经领域极具代表性的行业精英担任,但未能发挥校外导师的作用。没有校外导师的指导与引荐,学生也很难找到心仪对口的实习单位与工作岗位。

(二)课程设置混乱,偏重基础理论,专业实践课占比小

现阶段由于对会计专业在实际业务操作中缺乏全方位的理解与把握,再加上会计专业本身涉及的知识面较宽,会计专业硕士学位的课程设置必然会存在一些不合理的地方,课程设置随意性较大,课程之间的前后衔接关系比较混乱,对专业知识结构难以把握。这就造成学生在接受教育过程中无法找到侧重点,"全方位、宽领域"的培养势必会造成"学而不精"的局限。同时,从大部分财经类院校专业课程设置方面来看,仍比较重视基础理论课程的安排与学习(孙薇、张敏,2016),专业课程、实践教学课程所占比重较小,有些学校甚至在师资不足的情况下人为减少教学学时,课程安排缺乏科学性、合理性。

此外,对会计专业硕士的培养目标与方向认识不够也会造成课程设置的不合理。专硕与学硕同堂授课,专业课程内容同质化严重。根据调查,国内高校在财会学术型、专业硕士的培养方案中,几乎都开设中级宏微观经济学、会计理论与实务、高级财务管理、高级审计、公司金融等课程,这导致会计专业硕士将大部分时间用在理论知识的学习上,缺乏充足的时间将理论知识应用于实践,会计专业硕士培养的"专业性""职业性"无法充分体现。

(三)学费较高,学生及其家庭背负一定的经济负担

在我国,学生在进入研究生教育阶段之前,普遍已经经历了九年义务教育、三年高中教育以及四年高等本科教育,22 至 25 岁是大多数学生进入硕士研究生教育的年龄,在正直"青春壮年""日中之光"的阶段却未真正踏入社会而没有稳定的收入来源,增加了部分家庭的负担,在国家发放生活补助的情况下也依然面临一定的经济负担。此外,调查显示,会计专业硕士每年学习费用为 2 万至 15 万元不等,相较学术型硕士和其他专业硕士需要承担更高昂的费用,这些教育成本转嫁到学生家庭中,成为其家庭的较重支出。

三、国外专业硕士培养经验借鉴

(一)美国

美国是最早开展专业学位硕士研究生教育的国家,专业学位的发展时间较长,体系相对完备。

美国高校在授课方式上更注重实践经验的培养。让学生接受、掌握基础理论只是入门,更重要的是锻炼学生的实践运用能力,案例教学法是他们的主要课程教学方式。哈佛大学的肯尼迪政府学院拥有世界上最大的政策案教学例库,以案例教学著称。该校采用生动多样的教育教学方式,帮助学生提高实践能力,锻炼学生的实际操作能力。

受实用主义哲学和自由主义的深刻影响,实习成为专业学位硕士研究生教育中的关键环节,而且参与到实习教育中的高校和企业往往是互利互惠的。通常情况下,美国高校会要求工商管理硕士的学生到企业中实习几个月并做专题研究,在教授带领下,由3～4个学生组成小组,与企业一起合作开发某一个新产品,或者解决企业实际运行过程中出现的问题,获得与实习劳动相匹配的适量薪金。在此过程中,企业获取了价值更高的人力资本,高校实现了面向社会市场的多方发展,学生则提高了工作技能并得到一定经济补贴。

(二)日本

日本专业学位研究生招生的一大特色是面向社会招收有工作经验的在职学生,现在也渐渐接受少量本科毕业应届生,但仍以在职者为主。为了适应特定的职业领域,许多高校开设了多种与实践联系紧密的课程,综合实施多种教育方法,具体的授课方式包括模拟实验、实例研究、研讨会、实习、现场作业、角色技能培训等。与在职招生相适应的是灵活的课程安排,每个方向领域都设计了适合有工作经验学员的选修专业,学生可以通过灵活选课的方式来安排自己的学习时间,如开设远程教育体系、将授课时间安排在晚上或周末等。

日本专业学位研究生在职者身份首先满足了受教育者具备一定经济能力这一条件;其次,在职本身就是一种社会实践,学生能够更加便利地将课堂理论转化为实践经验并不断提高理论水平,彼此促进。

(三)英国

英国现代研究生教育在长期发展过程中形成了自己的特点,归纳起来有以下几点:

1. 重视跨学科的综合研究

同一课题由各学科的专家和教授集体指导,有利于发挥专长,从各自独特的专业角度进行研究工作。从专业硕士研究生的培养来看,进行综合性课题的研究有利于扩大学生的视野,在实际工作中得到锻炼,并培养团队合作的意识和能力。

2. 重视高校与工商企业联合培养

为了提高专业硕士研究生在实际工作中的能力,英国高校特别重视与企业、政府研究机构一起开展研究生的培养工作。以曼彻斯特大学的工程硕士培养为例,该校学生在学习管理课程、参加技术讲座的同时,经常与企业的专业技术人员和管理者进行交流、合作,不断提高实践能力和理论水平。英国工业界对专业硕士研究生的教育资助主要方式是与工程研究委员联合设置研究生奖学金。高校、企业联合进行专业硕士研究生的培养,有利于提高大学的科研条件和科研经费,为企业解决实际问题、提供高级专门人才,同时还有助于学生把理论应用于生产实践的能力并获得经济支持,这是一举三得的培养模式。

通过分析美国、日本、英国的专业硕士研究生培养制度与模式可以看出,他们的培养机制与模式相对成熟、灵活,并不局限于单一的理论课堂教学,更多的是开展与专业硕士研究生内涵一致的实践与应用活动,尤其是校企合作的多元培养、联合培养机制,将理论学习与实践应用高度连接,为社会培养了理论素养与实际操作能力"双高"的社会人才;同时发放实习工资、设立联合奖学金等,有效缓解学生面临的经济尴尬。这也是我国会计专业硕士学位教育中值得学习与借鉴的地方(张俊瑞、王永妍,2022)。

四、政策建议

《教育部、国家发展改革委关于下达 2015 年全国研究生招生计划的通知》强调,要重点支持适应不同需求、形式多样的协同创新模式探索和平台建设,提升高等学校创新能力、培养创新人才;重点支持专业学位研究生教育发展,扩大应用型、复合型高层次人才培养规模。随着我国经济和社会的不断发展,大量需求集中在应用型高级专业人才,尤其是会计专业人才,而传统单一的科研型研究生培养机制显然不能满足这一需求。因此,为适应我国现代化财会事业发展对会计专门人才的迫切需求,完善会计人才培养体系,提高会计人才培养质量,改进和创新会计专业硕士培养模式显得至关重要。为此,本文借鉴国外经验并结合我国实际,提出兼具会计硕士课程体系改革、高效可行实践教学基地等的新型"CO-OP 带薪实习合作教学"培养模式。

(一)"CO-OP:带薪实习合作教学"培养模式介绍

"CO-OP:带薪实习合作教学"最早在 1906 年由美国学者提出,加拿大滑铁卢大学推广(吴红雁、潘岚岚,2010),是指由高校、企业、学生多元参与,学生获得报酬,实现学生在学校系统学习理论知识、在企业将理论应用于实践的应用型人才培养合作教育模式。带薪实习合作教学通过工学交替,在"干中学、学中干",形成"理论—实践—理论—应用"的良性循环。改变了传统培养拘泥于理论教学,缺乏应用实践的单一模式体系。

(二)"CO-OP:带薪实习合作教学"培养模式的实施

从高校角度出发,需要改变会计专业硕士课程设置不合理、实践课占比小、实践效果不理想的现状。高校应充分发挥社会资源优势和人才优势,为学生实习提供必要的支持;加大校企合作力度,按照"优势互补、资源共享、互利共赢、协同创新"的原则,选择具备一定条件的行(企)业开展联合招生和联合培养。现阶段,会计专业硕士的培养一般是两年制四个学期,据此,学校选择合作企业时可以按照行业分为传统制造业、互联网相关行业、高新技术行业以及传统商业四类,每个学期安排学生到不同的行(企)业实习,使学生在实践中体验感受不同行(企)业的财务重点和差异。现有的实习教育多被安排在最后一学期或最后一学年,实习时间有限,实习目标模糊,实习效果大打折扣,而"CO-OP:带薪实习合作教学"贯穿整个专业硕士培养全过程,学生可以定期、定点、定岗到合作行(企)业实习,将理论知识应用于实践,总结理论知识的真伪以及是否能与实际结合,回到学校后再将理论知识总结升华为自己的东西,为己所用。

从企业角度出发,"CO-OP:带薪实习合作教学"强调高校、学生、企业的共生实践,企业不是被动地接受"职业新手",更不是将有实习需求的学生当作负担,而是通过与高校合作的带薪实习项目,发现新员工,实现最佳人力资源匹配,有效降低招聘成本的途径(曹高举,2011)。在带薪实习合作教学中,企业有充足的时间深入了解未来员工的特长、专业能力等综合素质,传递企业文化,输出企业价值,为企业招聘优秀员工提前建立了联系。带薪实习工资普遍较正式员工的工资低,企业通过较低的薪金提前锁定了"最适宜员工"。而且企业参与带薪实习合作教育是积极履行社会责任的外在表现,有机会享受政府的税收优惠与财政补贴。

从学生角度出发,学生的认可与参与是保证带薪实习合作教育实施效果的关键所在。带薪实习首先通过一定的薪金报酬吸引学生的兴趣,一定程度上减轻学生的经济负担,让学生积极自愿地参与到合作教育中来。学生非常关注未来自身职业的发展方向,但在职业选择之初,往往存在着对职业现实认识不清晰、沉浸于职业幻想之中等诸多问题,导致学生走向社会工作后出现心理落差,工作满意度较低、离职率较高,以巨大的时间成本和情绪价值为代价。学生通过带薪实习真正走过不同企业、不同岗位,逐渐归纳自己的工作风格,修正职场预期,有利于清楚选择今后的职业发展方向,在理性认知的基础上选择合适的企业和岗位。此外,学生课堂所学知识往往普遍存在"假大空"的现象,学生可以通过实习积累丰富的工作经验,在不同的学期或学年选择不同类型工作,掌握行业先进技术,不断增强自身求职能力(李大字等,2018)。新型的"CO-OP:带薪实习合作教学"培养模式可以让学生更早地步入工作岗位,融入社会,充分体现专业硕士的"专业性"和"职业性"。

　　前文会计专业硕士培养存在问题中指出,会计专业硕士的学费较高,使学生承担了巨大经济压力,在半踏入社会的年龄是可以期许学生自己承担一部分学习和生活开支的。"CO-OP:带薪实习合作教学"使学生能够通过实习获得报酬,将极大地激发学生的实践积极性,享受工作的获得感,提高工作满意度,利于引导学生树立积极的学习观、实习观和就业观。目前,就实习工资"谁来发、发多少"这一问题,普遍的认识是由企业向实习学生发放比正式员工工资略低的报酬。笔者认为,工资的发放不必局限于企业或高校某一方,高校在实现教学目标的同时可以承担一定比例的学生实习工资,企业在合作教育中享受最优人力资本服务,理应承担一定社会责任,因此校企双方可以共同承担学生的报酬。同时,政府可以设立实习就业基金进行资助,助力带薪实习合作教育,实现高校、企业、学生多元共生的协调长远发展。

　　总之,中国专业学位研究生教育要贯彻专业学位教育指导委员会指导、学校负责、企业参与的培养方式,以市场需要为导向,以教育质量为核心,以社会需求为依据,积极探索符合不同专业学位研究生特点的特色培养模式。在会计专业培养模式创新方面,应明确会计专业硕士培养目标(向传殿,2021),改革课程体系,真正做到学校、政府、社会力量三方面联合起来共同培养研究生,积极探索高校专业学位"CO-OP 带薪实习合作教学"等联合培养模式,探索专业学位研究生培养的供需互动机制,构建人才培养、科学研究、社会服务等多元一体的合作培养模式,全面提高专业学位研究生培养质量。

参考文献

[1] 孙薇,张敏. 会计硕士(MPACC)复合型人才培养研究_孙薇[J]. 黑龙江高教研究,2016(12):132-135.

[2] 张俊瑞,王永妍. 踔厉奋发:MPACC 人才培养经验借鉴与趋势前瞻[J]. 财会月刊,2022(04):23-33.

[3] 吴红雁,潘岚岚. 加拿大乔治亚学院带薪实习教育的经验及启示[J]. 职业技术教育,2010,31(29):89-91.

[4] 曹高举. 带薪实习的几个好处[J]. 科技导报,2011,29(13):86.

[5] 李大字,沈栋,李宏光. 问题驱动的专业硕士校企联合 CO-OP 实践[J]. 国家教育行政学院学报,2018(02):43-47.

[6] 向传殿. 新时代会计专业硕士人才培养改革探究[J]. 财会通讯,2021(03):167-171.

Study of "CO-OP: Cooperative Teaching with Paid Internship" for Master of Professional Accountancy (MPACC)

Wu Hui & Zhu Yukun

(School of Accounting of Shandong University of Finance and Economics)

Abstract   In order to promote the improvement and innovation of the training mode and theoretical system of master's degree in accounting, this paper proposes the training mode of "CO-OP: Cooperative teaching with paid internship" based on foreign experience and the actual situation in China. This training model is based on alternating engineering and appropriate amount of salary, and emphasizes the participation of universities, enterprises and students, which provides a new direction to eliminate the gap between theoretical knowledge and social practice, and helps to correctly understand and promote the training of master's degree in accounting to meet the demand for senior applied accounting talents in the new era of China's high-quality social and economic development. It is a new innovative cultivation mode to provide the society with high-end accounting talents with "double high" theories and abilities.

Key words   "CO-OP: Cooperative Teaching with Paid Internships"; Master of Science in Accounting; Cooperative Cultivation

中国会计研究与教育
第 11 卷第 1 辑

China Accounting Research and Education
Vol.11, No.1

数字时代高校经管类人才培养创新研究 *

胡耘通①   苏晓丽②   薛恬静③   陈 政④

（西南政法大学商学院）

摘　要　随着互联网、大数据等数字技术的快速发展,我国进一步迈入数字时代,高校经管类人才培养的传统模式带来挑战的同时,也面临着新形势和新思路。本文通过梳理经管类人才培养的现状,剖析在培养理念、课程体系、师资结构、实践环节和教学考核等方面存在的不足,并从转变人才培养的数字观念、充实课程体系的数字内容、提升师资队伍的数字技能、创新实践实训的数字模式、丰富评价考核的数字方式等方面,促进高校经管类人才培养更加契合数字时代特征。

关键词　数字时代　经管类人才　培养

一、数字时代对经管类人才培养的重要意义

党的十八大以来,随着新一轮科技革命和产业加速变革,我国正转变发展方式,优化经济结构,数字化和科技化随处可见且日益深入。在中国共产党第二十次全国代表大会上,习近平总书记在报告中指出:"加快发展数字经济,促进数字经济和实体经济深度融合,打造具有国际竞争力的数字产业集群。""教育、科技、人才是全面建设社会主义现代化国家的基础性、战略性支撑。必须坚持科技是第一生产力、人才是第一资源、创新是第一动力,深入实施科教兴国战略、人才强国战略、创新驱动发展战略,开辟发展新领域新赛道,不断塑造发展新动能新优势。""推进教育数字化,建设全民终身学习的学习型社会、学习型大国。"因此,面对数字时代到来,高校人才培养方式也迎来新的挑战,特别是经管类人才的培养。

---

*　重庆市研究生教育教学改革研究项目（YJG223046）；西南政法大学校级研究生课程思政示范项目。
①　胡耘通,博士,西南政法大学教授,西南政法大学法务会计研究中心主任,研究方向为审计与司法会计。
②　苏晓丽,西南政法大学硕士,研究方向为税收学。
③　薛恬静,西南政法大学硕士,研究方向为税收学。
④　陈政,西南政法大学硕士,研究方向为会计学。

(一)数字时代催生了新形势

从 WorldWideWeb、IE 等浏览器发展到如今手机上各式各样的 APP,数字技术被广泛应用于生活的每个角落。数字时代是一个运用数字技术将生活中的信息转化为 0 与 1 的时代,利用这些代码,我们可以实现高速的信息传递和共享,具有永久、即时、高效、可复制等特点,数字技术在经济社会、文化教育等领域的应用不断扩大,并取得显著效益。

例如,在国民经济方面,产业结构的逐渐向数字化发展,工农业信息化水平的大幅度提升;电子交易模式和网上购物模式进一步普及,电子商务成交额在 2021 年已经增长到 42 万亿元;45 个国民经济大类已经全面覆盖互联网,实体经济正与一些前沿的数字技术进一步融合,包括人工智能、大数据、云计算、区块链等。在文化生活方面,互联网已成为大部分人工作和社交的工具。据中国互联网络信息中心 2022 年发布的报告显示,我国网民规模已达到 10.51 亿,普及率高达 74.4%。数字时代的需求呈现出综合、多样、个性等特点,想在数字时代下发展和前行,应先融入数字时代,而新的变化和形势都表现出传统培养模式下的经管类人才已经不能完全地适应数字时代。

(二)对经管类人才培养提出了新要求

数字时代很大程度上改变了我国传统的商业模式。随着各种新兴商业模式兴起,例如 O2O、共享经济,数字时代更加需要数智人才,尤其是与数字经济关系密切的经管类专业人才(丁烈云,2022)。这些新型商业模式也对企业的财务会计人员和经营管理者提出了更高的要求:财会人员除了要掌握基础的财务知识和实际操作能力,更需要熟练进行网上操作,一方面是能够使用《金蝶》《用友》等常见的财务软件;另一方面政府也在积极打造数字化、智能化办公平台,网上报税、缴纳社保成为现在财会人员的通用技能。数字时代的企业发展不仅需要扎实的技术支持,还要求企业的经营管理者改变传统的经营思维,具备与数字时代接轨的综合能力,掌握网络营销、大数据应用管理、智能办公等数字化运营能力和领导能力(孔祥维等,2022)。因此,为满足社会和劳动力市场的需要,解决经管类人才的就业问题,高校人才培养方式也需与时俱进。

(三)为经管类人才培养提供了新思路

互联网、大数据、人工智能等技术在生活中的广泛应用使高校的硬件和软件都在不断改进,高校环境的变化也在推动着教育方式和学习方式数字化、信息化。在课堂教学方面,很多高校已经做了长期的"智慧课堂"探索,利用各种技术为课堂教学提供支持,智慧课堂也在一步步成熟(曾明星、黄伟,2017)。学生在自主学习的过程中可以获取知识的途径越来越多元,逐步脱离了常规的学校课堂和书本,通过网络平台学习知识和阅读数字化书籍已经成为普遍现象。此外,数字时代的发展产生了数字化学科专业,很多高校都根据自身条件开设网络空间安全、人工智能法等新专业,对数字时代下的高等教育进行了新探索。在数字时代下,这些学习模式和教育模式的诞生也为高校经管类人才的培养打开了新的思路。

二、数字时代经管类人才培养的不足分析

面对数字时代的迅速拓展,高校是培养经管类人才的"主力军",能够源源不断为企业生产运营和管理输送人才。而企业的生产经营离不开人才,在业财融合大背景下,很多专业基础被数字化,企业运营产生大量业务流、资金流、信息流、商流等"四流"数据,国家、行业和竞争企业也会产生大量外部数据,所以数字时代经管类人才需要能够在数据池中挖掘出有用的数据、分析有用的信息。而当前经管类人才培养的不足主要应该从高校层面着手,找出高校在经管类人才培养中存在的问题。

(一)人才培养理念不清晰

长期以来,我国其他大部分高校经管类人才培养理念往往是重知识、轻管理,重应用、轻创新,培养理念上存在着传统、不清晰的弊端(侯霁洋、李卓键,2022)。有些高校的培养方案设计更多局限于去对口那些机器人轻而易举就能解决的简单工作,大部分学校在经管类课程安排上更是以经济管理类中会计、投资、金融、管理等专业基础课程为主,没有在选修或者必修课中设置数据分析、数智工具运用、风险战略分析等数字时代需要掌握的课程,使得学生毕业后大部分也是只考取自己垂直专业的低端易考的资格证书,不利于培养经管类复合型人才和中高端人才。

但在数字时代下,经管类人才除了具备专业的业务水准,也需要拥有数字思维、新技术敏感性和管理协同等复合型综合能力。数字时代发展瞬息万变,经管类中高端和复合型人才缺口依旧比较大,传统的思维面略显狭窄的人才培养理念显然已经不利于经管类人才拓宽就业面和对数字化发展时代的适应和应对(李佩洁、王娟,2021)。例如经管类学生走入社会,很难与时俱进地利用大数据、人工智能等工具为企业或银行更准确地提供决策方案,促进企业的利润最大化。狭窄的思维面也使得有些经管类学子不会挖掘分析相关数据,不会利用数据资产,何谈成为经管类人才?

(二)课程体系设置不合理

课程体系设置决定了学生学什么、怎么学。数字时代不断纵深发展,用人单位又亟须具有数据分析决策能力、风险战略规划分析能力的人才。因此,有些高校课程体系设置不合理的弊端也就愈发凸显。

首先,很多高校的课程设置没有与时俱进,仍然比较传统。课程必修课和选修课设

置导向没有注重数智能力的培养,例如数据分析能力、数字商业能力、对新技术敏感性、协同处理能力。由此不利于提高学生的综合应用能力,不利于学生培养主动运用例如Python等数字技术、智能工具的能力。然而挖掘、清洗、分析数据,为企业决策提供精准的预测和决策,却是数字时代经管类人才必备的能力之一。

其次,在高校课程体系中,关于职业道德等理念在课程中也很少涉及,然而提升经管类学子的职业道德水平是不可忽视的。每年有无数经济类犯罪导致从业人员自己锒铛入狱的案例。最新数据显示,2021年全国共破获各类经济犯罪案件7.7万余起,挽回直接经济损失280余亿元。经济类犯罪不仅会使得经管类从业人员前程印上污点,也会造成国家经济损失。有些经济类犯罪也与税收息息相关,因此也会加大税收征管难度和稽查成本。在数字时代,随着金税四期正式上线和大数据、人工智能技术的辅助应用,经济罪犯行为很难不被发现。而高校是道德素养提升潜移默化的平台,因此更应该让学生从学习专业知识时候开始贯彻守住职业道德底线。职业道德素养的普遍提升必须成为高校经管类人才培养的努力方向。

(三)教师队伍结构不规范

师者,传道授业解惑也。经管类人才的培养离不开优秀教师的付出,正所谓严师出高徒。纵观当前高校,很多开设经管类专业,但仍存在教师队伍结构不规范的问题。首先,学科结构严重不合理,经管类专业课程的教师需求基本能够得到满足,但数字相关新兴课程的教师数量还是远远不足。而缺乏足够的能够高效运用现代数字智能工具的优秀教师,导致很多高校经管类专业没有开设这类课程或者课时很少。其次,有的高校优秀教师年龄偏大,教学方式和内容仍然比较传统,很少将基础知识与智能化信息工具进行高效融合,新老教师学术沟通不多,限制了教师专业能力的提升,不利于优秀教师队伍建设(侯霁洋、李卓键,2022)。

(四)实践实训环节偏弱

在数字时代,社会对经管类学生的综合素质能力更加看重,对"数智化"经管类创新人才需求更大。经管类人才应当是能够适应数字经济发展,契合当前社会产业数字化、智能化转型发展,擅于进行大数据分析,利用人工智挖掘数据资产和价值的人才。

然而,有些高校实践环节偏弱(仇怡等,2022)。首先,虽然大部分高校会开设实践性的教学课程,但课程占据的比重不大,大多是课堂授课,学生被动灌输以及实践积极性不高。这容易导致学生走出校园后实践动手能力不强,信息化技能掌握不透彻,不足以满足学生职业发展和现实需要。其次,有些高校的经管类实验室建设条件需要完善,例如实践课程支持系统严重落后,设施不够齐全,实操项目不能紧跟时代步伐。而当前数字经济时代,技术、工具、数据资产更新迭代甚快,校内实践不能充分满足学生们的社会需求,这也不利于经管类人才的培养。再者,很多高校经管类校外实训基地比较缺乏,学生缺乏去校外实习实践机会,这对于学生了解企业整体运营以及和培养专业整体宏观认知是非常必要的,例如会计岗位不应该只是局限于自己的岗位,也应该深入一线生产制造,从厂供销等各大环节思考如何为企业创造更大价值。如果缺乏充足的实践,没有知行合一在实践中利用所学,那么就不利于提升应用信息技术和数理统计分析工具能力,不利于提升数字技术与专业融合的实践动手能力,最终也会影响数字时代经管类人才的培养。

(五)评价考核方式单一化

为了适应数字经济时代的发展趋势,促进经管类学生的全面发展,还需要健全教学评价考核方式。但是当前在有些高校的经管类专业课程的教学过程中,传统的教学评价考核方式依旧比较单一。例如很多高校的考核局限于日常考勤、知识层面的考试或者期末论文的形式,而没有构建合理的综合测评考核体系,而没有把课外读书报告、课上案例分析能力与讨论积极性、数智实践平台训练水平纳入考核标准中来,这就可能造成唯卷面分数的单一评价机制(邵培德,2013),不利于倒逼学生对数据分析能力、创新思维等的培养,也不利于数智化背景下的学习积极性和创新性水平提升。

三、数字时代经管类人才培养的创新思路

(一)转变人才培养的数字观念

长期以来,我国大多数高校培养经营管理人才的理念倾向于重知识、轻管理,重应用、轻创新,存在着传统和不明确的弊端。在数字经济时代,企业和管理人才的部分功能被数字软件所取代,自动化的软件具有更准确、更高效的执行效果,一些按照传统教学理念培养的企业和管理人才则会被淘汰。同时,数字时代的技术创新对企业的经济运行和发展产生了巨大影响,市场上海量的数据信息给经管类人才带来了新挑战,需要拥有更专业的数据分析能力、数字商业能力、协同处理能力等综合能力才能满足时代需求。例如,西南财经大学在财务管理、审计学专业设置了大数据方向,工商管理开设了大数据与管理光华实验班,专门开设了大数据管理专业,在经管类人才培养中不断渗透大数据内容。

为适应数字时代的快速发展,高校经管类人才培养理念应更注重以下三个方面:第一,注重培养经管人才的互联网思维以及数据分析和应用能力。互联网思维要求经管工作实现由事后向事前、事中转变,由静态化向动态化转变(段洪波等,2022)。在数字时代,企业和管理人员不仅要看公司的内部数据,还要关注行业状况和经济环境,对所有数据进行透彻分析,为公司提供有价值的信息。为了全面地使用数据,还必须能够收集、分

析和应用数据,以便正确有效地使用数据。第二,注重培养经管人才对新技术职业的敏感性。科学技术日新月异,经管人才应保持对新兴技术的关注,如区块链技术、财务云技术,积极思考新技术的发展将对企业和行业带来什么变化,提前做好应对挑战的准备。同时,应具备主动了解、主动学习新技术的态度,学会使用新技术,更好地帮助企业做出科学的决策。第三,注重培养经管人才的战略管理能力。在数字时代,传统的财务会计任务将大大减少,日常财务工作的处理将由计算机系统和智能机器人取代,对管理人员的需求将逐渐从常规活动转向非常规活动,管理人员需要提高他们的战略管理能力。因此,在培养经管人才时,需要帮助他们在不断变化的外部环境中找到自己的角色,把他们培养成数字时代的多维人才,以满足当今时代发展的需要。

(二)充实课程体系的数字内容

培养创新型商业和管理人才的关键在于改变传统的课程内容和框架,创建真正满足数字经济需求的课程,实现充分就业(王红梅,2022)。数字化时代的经管工作需要在海量数据的基础上为企业制定前瞻性的业务解决方案,并根据实施结果,以及外部环境的变化进行及时和准确的调整。这些都要求经管人才具有专业的知识、优秀的数据分析能力和战略管理能力。因此,工商管理人才培养课程必须将基础学科知识与数据分析处理能力和战略管理能力相结合,将基础理论、案例和学科前沿联系起来,让学生从一开始就了解行业动态,确保培养出适应经济、社会和技术变化的人才。例如,安徽财经大学以打造"金课"、淘汰"水课"为目标,建设五门"金课",加强跨学科知识的重叠与融合,以数字智能推动课程体系的重构,将互联网、大数据、云计算、人工智能等信息技术融入课程体系,促进专业的重叠与融合。

具体措施如下:一是高校在开设专业基础课的同时,应该增加开设大数据、数理统计、智能软件运用等课程,尽可能将其由选修转为专业必修,适当减少一部分拘于课本的落后课程,科学合理地构建课程计划;还可以增设编程、数理建模、互联网思维等专业选修课,让学生及时了解新兴技术应用,提升综合竞争力。二是丰富课程内容和教学方法,提高小组合作、商业策划、风险管理等课程内容的比重,从而促使学生提高合作能力、战略管理能力。三是继续贯彻经管人才职业道德培养的课程教学。随着金税四期正式上线和大数据、人工智能技术的辅助应用,对经济罪犯行为的打击力度不断加大,需从教学源头开始树立良好的职业道德,使经管类人才明确职业道德底线,彻底打消经济犯罪的一切念头。

(三)提升师资队伍的数字技能

目前大部分高校的经管专业教师队伍缺少数据分析与处理等相关新兴课程的教师,导致经管类人才的培养缺少相关教学,不利于学生的能力培养和未来就业竞争力的增强。数字经济时代对经管专业的教学提出了新的要求,教师队伍既要有高水平的经管专业知识,又要具有大数据分析知识且能高效运用现代数字化智能工具,以此来满足数字时代经管人才培养的要求(侯霁洋、李卓键,2022)。例如,玉溪师范学院响应数字时代的要求,积极与校内的数字与信息技术学院合作,利用信息技术学院在"互联网+"大数据领域的优势,结合两院的优质师资,打造一流的商业和管理课程。高素质师资与先进技术的整合将有助于解决经管人才学习资源不足的问题,为数字时代培养商业和管理人才。

首先,实现教师资源多元化,丰富教师队伍(方霞等,2022)。人才培养需要整合不同学科的师资资源,建立跨学科的师资队伍将有助于促进经管人才的培养。经管专业可以引进更多从事数据分析和处理的人才,以改善目前经管专业教师数量一边倒的局面。例如,可以聘请数据科学领域的专家和研究人员作为导师,参与学生的专业技术课程教学、论文工作等;可以在院系层面建立合作机制,聘请大数据相关院系的教师作为校内导师,实现学科融合。其次,加强教师的实践能力。部分教师可能存在不了解数字经济时代商业和管理的实际工作的问题,这不利于指导学生跟上数字时代的具体工作要求。高校可以与企业建立合作关系,将校内教师派往企业担任兼职人员或顾问,并与企业和机构合作进行项目研究,以提高实践能力,丰富教学案例。最后,要缩小各年龄段教师教学水平的差距,促进新老教师的学术互动,建设一支可信的经管人才培养队伍。

(四)创新实践实训的数字模式

在数字时代,高校需要利用最新的知识和最前沿的实践来培养企业需要的经管人才,使其不仅具备专业知识,还要拥有优秀的实践能力。很多高校仍然面临着实践课程占比小、实训基地缺乏等问题,而经管专业往往需要结合实践教学,特别是由于数字智能技术日新月异,使得课堂教学难以适应信息技术的变化,推动校企一体化合作培养人才有助于解决上述问题(陆建英,2020)。例如,中南财经政法大学不断加大对经管类课程的投入,不仅开设各类课程,还在校外设立各类实习中心,在校内设立各类实验中心,以加深学生对专业知识的理解和渗透,提高学生分析和解决社会实际问题的能力,努力培养"应用型、融通型、开放型"的经管人才。

具体而言,高校应立足于企业数字化发展转型中对人才的新需求,将产业链、区域经济与人才链连接起来,不断完善人才培养体系,不断推进跨学科领域的改革,与国内知名的行业企业开展合作,为实训和开展课程奠定基础。通过校内院院合作、校企合作,解决学科发展中面临的短板,例如缺乏财政资源、师资不足等。努力改善大数据在经管领域的实验条件,对学生进行商业和大数据管理人才专业技能的专项培训,选拔优秀学生组成大数据实验班,与行业企业共同建设和教授课程,进一步提高经管人才的专业素质。

(五)丰富评价考核的数字方式

为了适应数字时代的趋势,倒逼学生提高数据分析和处理能力、培养创新思维,人才培养方案的评价机制不能仅仅只围绕人才培养模式来构建,更要检查培养目标和质量评价机制是否符合社会和学生的观点。传统的评估模式只考虑到考试和论文的结果,已经不能满足数字时代经管人才培养的要求,需要重构评估和评价系统,以评估学生的学习过程、技能和成果,并优化综合质量评估机制。

结合数字时代下经管人才的培养目标,可以具体从以下三个方面来调整现有考核方式。首先,应该加大学生实践实训成绩的比重。数字时代对经管人才实际数据操作能力提出了更高的要求,课程成绩的考核方式可以增设对新技术应用学习、数据实践平台训练等考核项目,同时,对于学生平时自主参加的实训予以一定比重的加分,从而推动学生参加实习、主动了解大数据等相关知识。其次,高校应该加大课外比赛加分的比重。参加比赛可以很好地检验人才培养成果,也可以促进学生增长实践。"以赛赋能"可以让学生快速适应社会要求,主动掌握新技能。目前大部分高校对于比赛加分的政策主要体现在学年末综合素质测评上,但加分比重不够高,不利于鼓励学生参加相关比赛。可以适度增加比赛加分比重,在专业上提高经管人才对实际问题的应对能力和决策能力,同时丰富学生的比赛经历,提升其就业竞争力。最后,高校应增加课堂讨论环节的参与程度占成绩的比重。数字时代下经管人才要求具有更高的创新思维和表达能力,而积极参与课堂讨论是提升相关能力的重要方式,增加这一比重可以达到倒逼学生参与讨论、提高课堂专注度以及锻炼发散思维等目的,进一步提升学生的综合素质。

四、结论

随着新一轮科技革命和产业加速变革,我国步入数字时代,而数字时代需要数字人才,经管类人才培养创新意义重大。经管类人才培养面临数字时代的新形势,同时也被给予了新要求和新思路。本文主要运用理论分析的方法,通过分析现有的经管类人才培养模式教学观念、课程体系、师资结构和考核方式等方面可能存在的问题,针对这些问题提出创新思路,并得出结论:高校进行经管类人才培养时应当注重加强学生的互联网思维、数据应用能力和战略管理能力,完善数字时代经管类课程体系,做好经管类师资队伍建设以及校企实践培养模式,此外还可以通过丰富评价考核方式来激励学生主动融入数字时代。

参考文献

[1] 丁烈云. 面向数字经济的复合型人才培养探讨[J]. 高等工程教育研究,2022(06):1-4+24.

[2] 孔祥维,王明征,陈熹. 数字经济下"新商科"数智化本科课程建设的实践与探索[J]. 中国大学教学,2022(08):31-36.

[3] 曾明星,黄伟. "互联网+"背景下创客教育与专业教育融合的路径探索[J]. 现代远程教育研究,

2017(03):67-75.

[4] 侯霁洋,李卓键. 数字经济时代投资理财专业人才培养的问题与对策探究[J]. 产业创新研究,2022 (17):184-186.

[5] 李佩洁,王娟. 高校数字人才培养体系建设现状与展望[J]. 社会科学家,2021(08):156-160.

[6] 仇怡,胡慧,吴建军. 创新型人才定位下地方高校经管类专业实践教学问题与对策研究[J]. 当代教育理论与实践,2022,14(02):136-141.

[7] 邵培德. 高等院校经管类人才培养问题的若干思考[J]. 佳木斯教育学院学报,2013(07):168-169.

[8] 段洪波,王映竹,赵宏月. 数字时代财务人才培养的探索[J]. 财会通讯,2022(07):171-176.

[9] 王红梅. 数字化环境下财经类职业院校人才培养路径探析[J]. 中国职业技术教育,2022(26):88-91.

[10] 方霞,张云,赵平. 数字经济时代金融人才数据素养培养困境与对策研究[J]. 中国大学教学,2022 (09):23-27.

[11] 陆建英. 数字经济时代企业运营虚拟仿真实验的思考[J]. 会计之友,2020(17):147-149.

Research on Innovation in Cultivating Talents of Economic and Management in Universities in Digital Era

Hu Yuntong, Su Xiaoli, Xue Tianjing & Chen Zheng
(*Southwest University of Political Science and Law*)

Abstract With the rapid development of Internet, big data and other digital technologies, our country further enters the digital age. While the traditional mode of training economic and management talents in colleges and universities brings challenges, it also makes the training of economic and management talents in colleges and universities face new situations and new ideas. By combing the current situation of economic and management personnel training, this paper analyzes the shortcomings in training concept, curriculum system, teacher structure, practice links and teaching assessment. Then, this paper puts forward some suggestions on transforming the digital concept of talent training, enriching the digital content of the curriculum system, improving the digital skills of teachers, innovating the digital mode of practical training, and enriching the digital methods of evaluation and assessment, so as to promote the cultivation of economic and management talents in colleges and universities to better fit the characteristics of the digital era.

Key words Digital Era; Talents of Economic and Management; Cultivating

政府审计能够改善资本错配吗?

——来自 A 股上市公司的经验证据

贾凡胜[①]   王晗笛[②]   齐丹辰[③]

（中国海洋大学管理学院）

摘　要　为更好地发挥政府审计的治理作用,提供经验证据,优化政府审计制度,兼顾公平与效率,实现企业和国家的良好治理,本文以 2010—2018 年中国 A 股上市公司为样本,实证检验政府审计对企业资本错配的影响。结果发现:加强政府审计能够显著改善企业资本错配,每亿元 GDP 的审计报告数增加 1 个,上市公司资本错配改善 33.3%。机制研究发现,政府审计主要通过提高城市营商环境进而改善企业资本错配。进一步研究发现,政府审计的治理作用与以法制化程度、市场化程度为代表的外部制度环境,以及以审计师来源、媒体监督为代表的市场监督机制呈替代关系。此外,政府审计的治理效应需要以较好的内部监督机制为基础,即在公司内部治理水平高时更强。

关键词　政府审计　治理作用　资本错配

一、引言

推进国家治理体系和治理能力现代化是全面建设社会主义现代化国家的客观要求(张来明,2022),政府审计则是提高国家治理能力的重要制度保障(池国华等,2019)。习近平总书记曾指出:"政府审计在推动党中央政令畅通、助力打好三大攻坚战、维护财经秩序、保障和改善民生、推进党风廉政建设等方面发挥了重要作用。"根据审计署公告数据显示,"十三五"期间,政府审计已累计审计 50 多万个单位,促进增收节支和挽回损失共计 2.2 万多亿元,推动建立健全规章制度 3.7 万多项,移送重大问题线索 3.9 万多件,表明政府审计在国家治理体系中发挥着越来越重要的作用。

在中国上市公司中,由于资产结构不合理(黄少安、张岗,2001)、会计信息质量差(任春艳、赵景文,2011)、管理层代理问题(李鑫、李香梅,2014)、商业腐败(申宇、赵静梅,

---

①　贾凡胜,中国海洋大学管理学院教授,研究方向为公司治理与公司金融。
②　王晗笛,通讯作者,中国海洋大学博士生。
③　齐丹辰,中国海洋大学硕士生。

2016)、政府干预(覃家琦、邵新建,2015)等原因,企业资本错配现象普遍存在,严重阻碍企业的持续发展。改善微观企业的资本错配,不仅对企业个体的未来发展有着至关重要的影响,而且也是构建新发展格局、实现经济高质量发展的重要依托。理论上,政府审计产生于公共受托经济责任关系,是国家治理的重要组成部分。政府审计通过行使其监督权力,提高财政资金运行效率,激发了市场的长期经济活力(刘家义,2015),保障合理有序的行政、法治秩序,提升企业外部的营商环境。良好的商业环境是企业持续经营的必要条件,能够改善企业所面临的政企关系和商业关系,有助于建立稳定和长期的贸易伙伴关系(朱婕、任荣明,2018),缓解不确定性冲击、保障企业经营活力(于文超、梁平汉,2019),进而提高上市公司治理效率(蔡利、马可哪呐,2014),抑制非效率投资(王兵等,2017)。目前鲜有文献深入探讨政府审计对改善上市公司内部经营和投资活动间资本错配的作用。鉴于此,本文尝试探讨政府审计这一国家治理能力的基础性制度安排对企业资本错配影响。

现实中,政府审计也已成为构建新型政商关系的重要工具。如四川省审计厅将促进优化营商环境作为政策跟踪审计的重要内容,聚焦"放管服"改革、降费减负、援企稳岗和清理拖欠民营企业中小企业账款等政策目标开展监督①。针对审计揭示援企稳岗企业申报办理程序多、时间长、流程复杂等问题,简化经办流程,完善部门协同会审,缩短申报时间,助力困难企业及时享受到政策支持。研究政府审计与企业资本配置效率间的关系,不仅有助于优化国家行政治理体系,提高行政治理能力,还有助于兼顾效率与公平,保证国家良治的同时提升企业发展质量。

现有企业资本配置效率的评价体系存在对企业投资行为关注度不够、无法对营业活动回报率恰当计算的缺陷。为此,本文借鉴王竹泉等(2017)构建基于营业活动重新分类视角下的资本错配指标,以 2010—2018 年 A 股上市公司为样本,实证检验政府审计强度如何影响企业资本配置效率,挖掘中介机制路径,并进一步探讨政府审计在改善企业资本错配方面,与其他企业治理机制之间的关系。研究发现:①加强政府审计能够显著改善企业资本错配,每亿元 GDP 的审计报告数增加 1 个,上市公司资本错配改善 33.3%,政府审计通过改善地区营商环境提升企业资本配置效率;②外部监督机制与政府审计之间呈现替代作用,政府审计对上市公司资本错配的影响在外部监督机制不完善时更强;③内部监督机制与政府审计之间呈现互补作用,内部控制质量越高的公司,政府审计改善资本错配状况越显著。

相比于现有研究,本文的贡献在于三个方面:

第一,本文扩展和丰富了政府审计经济后果的研究,不同于以往研究仅关注政府审计对公司治理效率(池国华等,2019;蔡利、马可哪呐,2014)、产能利用率(张曾莲、赵用雯,2019)、企业创新(郭檬楠等,2021)、企业金融化(陈文川等,2021)的影响,本文研究政府审计对企业资本配置效率的影响,并发现提高政府审计强度可以改善企业资本错配,为理解政府审计的功能提供了更多证据。

第二,本文扩展和丰富了企业资本配置的研究。一方面,不同于以往研究将资源错配的原因归结为产业集聚(季书涵等,2016)、企业进出口(祝树金、赵玉龙,2017)、资本市场扭曲(刘宗明、吴正倩,2019)、政府干预(靳来群等,2015)等因素,本文关注到政府审计这一国家治理机制对企业资本错配产生的影响。另一方面,我国实体经济"融资难""融资贵"和"脱实向虚"等问题逐渐显现并引起社会各界广泛关注,现有绩效评价体系无法合理评估资金效率与财务风险信息。本文借鉴王竹泉等(2017)在营业活动重新分类视角,重新构造企业资本错配指标,估计政府审计对企业资本错配的影响,为政府促进中国实体经济发展状况提供了重要参考依据。

第三,本文扩展了政府审计与其他治理机制和正式制度间联系的研究。不同于已有研究仅关注单一治理机制对企业资本错配的影响(王跃堂等,2006;李万福等,2011),本文在检验政府审计对企业资本错配影响的基础上,分别检验在不同外部制度环境、监督机制与企业内部公司治理机制下政府审计对企业资本错配的差异化影响,以期为在实践中多种治理机制高效协调提供理论支撑。

余下部分如下:第二部分为制度背景、文献综述与理论分析;第三部分为实证研究设计;第四部分为实证结果分析;第五部分为进一步分析;第六部分为结论与政策启示。

二、制度背景、文献综述与理论分析

(一)制度背景

政府审计的产生和发展源于国家治理,政府审计在特定历史条件下随着国家治理的目标、任务、重点和方式的转变而转变,始终与国家治理紧密相连(刘家义,2015)。1982年,《中华人民共和国宪法》正式确立我国审计监督制度,规定国务院设立审计机关,对政府、财政金融机构和企业事业组织的财政收支进行审计监督。次年9月,我国最高审计机关——审计署正式成立,标志着政府审计工作逐步开始实现法制化、规范化。随着中国经济的快速发展和经济管理体制的深化改革,中国审计管理体制也在不断进行相应的改革和调整。党的十八大以来,在"五位一体"重大部署的背景下,中国政府审计工作得到快速发展,以"推进法治、维护民主、推进改革、促进发展"作为出发点和落脚点,保障国家经济社会的健康运行、推动完善国家治理的作用。2014年,国务院发布《关于加强审计工作的意见》,推动国家重大决策部署和有关政策措施的贯彻落实,更好地服务改革发展,维护经济秩序,促进经济社会持续健康发展。2015年,中央办公厅和国务院办公厅联合颁布《关于完善审计制度若干重大问题的框架意见》及三个配套文件,通过健全依法独立行使审计监督权的审计管理体制,建立政府审计人员管理制度,对公共资金、国有资产、国有资源和领导干部履行经济责任情况实行审计全覆盖,到 2020 年,基本形成与国家治理体系和治理能力现代化相适应的审计监督机制,更好地发挥审计在保障国家重大决策部署贯彻落实、维护国家经济安全、推动深化改革、促进依法治国、推进廉政建设中的重要作用。党的十九大提出"改革审计管理体制",对现有政府审计中存在的问题进行纠正,2018 年成立了中央审计委员会,加强党对政府审计监督重大事项的领导,增强监督合力,使我国政府审计体制和运行机制更加符合新时代党、国家和人民对审计监督的要求。

(二)文献综述

1. 政府审计

政府审计是强化政府责任的一个重要工具和手段,实质是对受托经济责任履行结果进行独立的监督(秦荣生,2004)。刘家义(2012)提出了"国家审计免疫系统论"这一重要观点,指出"应充分发挥审计保障国家经济社会健康运行的'免疫系统'功能",凭借其独立性、全面性、专业性的监督特点,发挥预防、揭示和抵御风险,维护治理秩序,防控治理风险,提升治理效能。实证研究发现,政府审计通过对公共受托责任的监督和鉴证,促进公开和充分披露政府公务信息(张立民、聂新军,2019),能够显著抑制地区行政腐败(李明辉,2014),减少财政收支违规行为(黄溶冰、乌天玥,2016),提高政府效能、政府执政的文明程度和治理效率(谢柳芳等,2019)。对于国有企业而言,政府审计作为一种外部监督,加强了管理层的问责机制,能够对管理层权力形成有效制约和监督(刘瑾等,2021),减少高管的超额在职消费(褚剑、方军雄,2016),避免了企业中存在的违法、违规和不廉洁的行为(池国华等,2021)。

2. 资本错配

根据 1958 年 Modigliani 和 Miller 提出的 MM 理论,在理想的情况下,企业在进行投资决策时投资额度仅取决于投资机会。Wurgler(2000)提出资本应当流向效率更高的行业(项目),才能实现资本配置的帕累托最优。此后学者认为,企业的资本配置决策受到代理问题和信息不对称的深刻影响(Stein,2003)。基于信息不对称理论,管理层存在逆向选择问题,将导致企业内部资本配置处于非效率状态(George,1970)。管理层以牺牲未来潜在投资者的利益为代价,偏袒现有股东(Asquith、Mullins,1986),优质投资项目或急需要新资本的公司,内部资源稀缺,存在融资约束无法筹集到足够资金,造成投资不足;反之,劣质项目或资金充裕的公司,融资成本较低,又将过度投资(Mikkelson、Partch,1986)。基于信息不对称理论,股东和债权人之间存在道德风险问题,也将导致企业内部资本错配(Jensen,1999)。拥有风险债务的企业,由于投资收益大部分可能归属于债权人,因此股东不接受净现值为正的投资项目,造成投资不足(Stewart、Nicholas,1984)。企业内部的代理问题同样造成公司资本错配。管理者帝国建设偏好导致了企业过度使用内部资源,造成投资过度(Jensen,1993)。管理者从管理大型企业帝国中获得了私人利益,某些特定类型的投资对管理层特别有吸引力。管理层倾向于多元化,降低帝国倒闭的风险(Amihud、Lev,1981)。管理者将特别热衷于投资需要其特定人力资本的项目,增强自身在企业中的不可替代性,从而巩固其商业帝国(Shleifer、Vishny,1989)。管理层出于短期股价或个人声誉的担忧,牺牲股东长期利益,导致投资扭曲。

资本在经营活动、投资活动之间的配置主要依赖于管理层的决策。然而,我国公司治理尚不完善,资本在营业活动间的配置不是经过管理层理性评估后产生的结果,而是经理人自身利益最大化的结果,这必然导致资本错配。完善公司治理机制能够抑制管理层的道德风险和逆向选择,缓解企业内部代理问题所导致的资本配置扭曲行为(黄少安、张岗,2001)。公司治理机制能够显著减少控股股东隧道挖掘效应,缓解投资过度,提升降低资本配置效率。高质量的会计信息能够缓解信息不对称,减少逆向选择和道德风险,督促管理层为了公司价值最大化,减少"自利"动机和行为,提升资本配置效率(曾颖、陆正飞,2006)。高质量会计信息能通过改善契约和监督,降低道德风险和逆向选择,来提高公司投资效率(李青原,2009),且高质量的审计监督能够进一步加强会计信息的这种作用(窦炜,2015)。

(三)理论分析

资本的本性是逐利避险。同等的财务风险水平下,资金逐利避险的本性将驱使资金流向资金效率更高的企业、行业或部门。企业的固定资产经营活动与金融资产投资活动呈现出互相"挤占"的特征(黄贤环、王瑶,2021)。资金效率与财务风险是影响资本配置的重要因素,在同等的资金效率水平下,资金逐利避险的本性又会驱使资金远离财务风险高的企业、行业或部门。根据公共受托经济责任理论,维护国家经济安全是审计机关的重要任务之一。大股东或者管理层可能存在较强的自利动机,而金融资产的高流动性、高收益更容易被操纵,其"蓄水池"功能也有较强的隐蔽性,最终导致企业过度金融化,不利于企业的健康发展。近年来我国企业"金融脱实向虚""实体企业融资难、融资贵"以及"实体企业金融化"等金融服务实体经济效率和水平不高等问题导致了我国企业严重资本错配。政府审计机关具有高度独立性与权威性,能够直接约束高管的自利行为和机会主义行为(唐嘉尉、蔡利,2021),企业金融化进行获利的动机大幅下降。由于存在预算软约束与内部人控制,企业在配置金融资产时出于投机逐利的动机,从而更容易出现过度金融化的现象(杜勇等,2017)。政府通过公共治理能够强制执行各种契约,提升经济效率,激励公司投资于更多有益全体股东利益的项目(Shleifer、Wolfenzon,2002),政府与企业之间的联系最终会影响企业决策。在既定的资产规模下,政府审计通过改善企业的经营与内部管理,优化企业内部控制(池国华等,2019;唐大鹏、从阒匀,2020),提高经营效率(蔡利、马可哪呐,2014),可以降低国有企业实物投资的风险,进而提高固定资产投资的水平,最终"挤出"金融资产投资,增强对"脱实向虚"的治理效应。

政府审计能够直接揭示被审计企业高风险、不合规的资产配置问题。政府审计机关承担着保障国有资产安全的重要职责,重点关注企业财会管理核算、重大决策等方面。如果企业存在高风险、不合规的资产配置,政府审计能够发挥揭示功能,依法出具审计报告,要求被审计单位限期整改并公示,对被审计企业的投资、经营资产配置产生约束效应。因此,政府审计提升企业信息透明度,改善财会信息质量,缓解信息扭曲程度。政府审计通过发布审计信息公告,减缓市场中的信息不确定性(张立民、聂新军,2006),抑制被审计企业的应计与真实盈余管理,增强会计稳健性(陈宋生,2014)。政府审计的质量机制与跟踪机制,有利于改善企业内部控制质量,提升财务信息质量(韦德洪等,2010)。更高质量的财务信息能够缓解由于信息不对称导致的逆向选择和道德风险,提高信息使用者的决策质量。此外,政府审计机关通过发布审计结果公告,有利于新闻媒体、社会公众参与形成监督合力,促进企业信息透明,缓解信息扭曲。

政府审计是经济社会的监督系统,在促进反腐倡廉,缓解寻租腐败(李晋娴、张强,2016),改善行政环境,推动行政审批制度改革,优化行政组织结构,提升政府效能和效率方面发挥了重要作用(谢柳芳等,2019)。政府审计能够规范政府行为,减少政府干预,改善当地政商关系(树成琳、宋达,2015),显著促进营商环境优化,服务于经济的高质量发展(王彦东等,2021)。而优化营商环境,一方面,有利于降低政府行政干预程度,保障行政体系的廉洁高效。营商环境直接影响企业的生产经营活动,而政府过度干预则会出现越位和错位(赵静、郝颖,2014)。在营商环境好的地区,政府与市场的关系处理较好,有利于充分发挥市场在资本配置中的决定性作用,完善价格、供求和竞争机制,实现资源的自由流动和合理配置。另一方面,法治环境和金融市场也是营商环境的重要组成部分,优化营商环境,有利于保障股东财产权益,帮助股东利用法律来保护自己的权益,约束经理人的自利行为,减少经理人代理问题,提升经理人投资决策质量,降低企业资本配置行为的扭曲。

三、实证研究设计

假设 1:政府审计能够改善企业的资本错配程度。

(一)数据来源

本文所使用的政府审计数据来自中国研究数据库(CNRDS),且受制于政府审计数据在时间层面的可得性,本文拟以 2010—2018 年 A 股上市公司为研究对象,上市公司财务信息、公司治理等数据来自国泰安数据库（CSMAR），城市层面数据来自《中国城市统计年鉴》。本文根据上市公司所在地级市对政府审计数据、公司数据与城市层面数据做了匹配，并按照如下标准对样本进行筛选：①剔除按照证监会发布的《上市公司行业分类指引》分类为金融行业的样本，保证财务数据的可比性；②剔除 ST 以及 IPO 当年的样本；③剔除财务数据异常的样本；④剔除样本期间内关键变量缺失的观测值。此外，为避免异常值对估计结果造成的偏误，本文在 1% 水平上进行缩尾处理，最后得到 13889 个研究个样本。

(二)模型和变量设定

为检验假设 1，本文建立如下模型：

$$CMs_{ict} = \alpha_0 + \alpha_1 \cdot Audit_{ct} + X_{ict}\gamma + Z_{ct}\vartheta + \lambda_i + \tau_t + \varepsilon_{ict} \tag{1}$$

其中，变量下标 i、c、t 分别代表企业个体、城市和年份，被解释变量 CMs_{ict} 为企业资本错配程度，解释变量 $Audit_{ct}$ 为地级市的政府审计强度，其回归系数 α_1 为本文关心的核心系数，X_{ict} 为一系列公司层面控制变量，Z_{ct} 为一系列城市层面控制变量，α_0 为常数项，ε_{ict} 为随机扰动项。此外，本文还控制了时间固定效应（τ_t）和个体固定效应（λ_i）。考虑到无法排除随机扰动项在城市层面存在相关性的可能，本文采用城市层面的聚类稳健标准误加以调整。

被解释变量：企业资本错配程度。原有绩效评价指标（ROA）在一定程度上低估企业经营活动的回报率，并且没有考虑经营活动、投资活动的风险，不能满足指导企业合理配置资本的需求。因此，本文参照王竹泉等（2017）在营业活动重新分类视角，对企业资本效率进行重新核算，并以资本错配（CMs）为被解释变量。资本错配具体构造思路如下：以单位风险的回报率与投入资本的关系来衡量企业资本配置效率。当占用企业更多资本的营业活动不能产生高效率，而相对具有高效率的投资活动无法占用企业更多资本时，即产生资本错配，且 CMs 越小，则资本错配程度越大。当资本错配小于 0 时，意味着企业将较多的资本投入单位风险回报率较低的活动中，此时单位风险回报率和资本投入量不匹配，企业出现严重的资本错配问题。具体计算方法详见式（2），i、j 分别表示基于营业活动重分类后的投资活动、经营活动，$r_{i,t}$、$r_{j,t}$ 分别表示投资活动资本回报率、经营活动资本回报率，$c_{i,t}$、$c_{j,t}$ 和 C_t 分别表示第 t 期期末投资活动资本、经营活动资本和总资本，$c_{i,t-1}$、$c_{j,t-1}$ 和 C_{t-1} 分别表示第 $t-1$ 期期末投资活动资本、经营活动资本和总资本[①]。

$$CMs = \left(\frac{r_{i,t}}{Risk_{i,t}} - \frac{r_{j,t}}{Risk_{j,t}}\right) \times \left(\frac{c_{i,t} + c_{i,t+1}}{C_t + C_{t-1}} - \frac{c_{j,t} + c_{j,t-1}}{C_t + C_{t-1}}\right) \tag{2}$$

---

① 投资活动与经营活动具体分类依据，详见王竹泉等（2017）。

核心解释变量:政府审计强度。本文参照黄溶冰和王跃堂(2010)以地级市层级审计报告数量除以 GDP(亿元)衡量政府审计强度,即每亿元 GDP 所出具的政府审计报告数量,$Audit$ 越大,则表示政府审计力度越强。

控制变量:本文参照 Anderson 和 Reeb(2003)和邵军和吕长江(2015)的研究,在模型中加入公司层面的控制变量:公司杠杆率(Lev)、会计业绩(ROA)、市场业绩($TobinQ$)营业规模($Sales$)、资产规模($Size$)、自由现金流量(FCF)、董事会规模(Boa)、独立董事占比(Ind)、股权集中度($Top1$)、高管薪酬($Manapay$)、产权性质(SOE);并控制地区层面的控制变量:人均 GDP($gdpg$)、人均财政预算($fexp$)、互联网覆盖率($internet$)(表 1)。

表 1　变量说明

变量符号	变量名称	变量说明
CMs	资本配置效率	(投资活动资本回报率/投资活动风险－经营活动资本回报率/经营活动风险)×(投资活动资本占总资本比例－经营活动资本占总资本比例)
$Audit$	政府审计	每亿元 GDP 所出具的政府审计报告数量衡量政府审计强度
Lev	公司杠杆率	企业负债总额与资产总额的比值
ROA	会计业绩	资产收益率
$TobinQ$	市场业绩	企业托宾 Q 值
$Sales$	营业规模	营业收入的自然对数
$Size$	资产规模	总资产的自然对数
FCF	自由现金流量	企业经营现金净流量与总资产的比值
Boa	董事会规模	董事会总人数加一后取自然对数
Ind	独立董事占比	独立董事人数占公司董事总人数比例
$Top1$	股权集中度	第一大股东持股比例
$Manapay$	高管薪酬	董事、监事及高管当年年薪总额的自然对数
SOE	产权性质	虚拟变量,当企业为国有企业时取 1,否则为 0
$gdpg$	人均 GDP	当地人均 GDP 的自然对数
$fexp$	人均财政预算	当地财政支出除以 GDP
$internet$	互联网覆盖率	当地互联网覆盖率

（三）描述性统计

表 2 列示了全样本描述性统计结果。其中，样本企业的基本配置效率 CMs 的平均值为 1.298，最小值和最大值分别为－8.500 和 26.68，表玥中国上市公司资本配置处于基本正配，即说明在我国 A 股上市公司中，各营业活动的单位风险回报率和资本投入量基本一致，资本错配现象不严重；政府审计（Audit）的平均直为 0.228，最小值为 0.009，最大值为 3.487，表明政府审计强度在不同区域间存在较大差异；其他控制变量与现有研究一致。

表 2　主要变量描述性统计

变量	观测值	均值	标准差	最小值	p25	p50	p75	最大值
CMs	13889	1.298	3.756	－8.500	－0.256	0.397	1.814	26.68
Audit	13889	0.228	0.405	0.009	0.0423	0.0962	0.255	3.487
Lev	13889	0.0824	0.105	0	0.00C5	0.0378	0.129	0.464
ROA	13889	0.0326	0.0587	－0.320	0.0114	0.0313	0.0588	0.199
TobinQ	13889	2.125	1.487	0.885	1.240	1.636	2.422	10.86
sales	13889	21.61	1.491	17.21	20.62	21.47	22.51	25.51
Size	13889	22.32	1.295	19.21	21.4⁚	22.15	23.08	26.10
FCF	13889	0.0396	0.0715	－0.204	0.0017	0.0395	0.0811	0.239
Boa	13889	2.265	0.180	1.792	2.197	2.303	2.303	2.773
Ind	13889	0.374	0.0538	0.333	0.333	0.333	0.429	0.571
Top1	13889	34.74	15.18	8.380	22.65	32.55	45.12	74.87
Manapay	13889	15.14	0.747	13.03	14.67	15.12	15.61	17.11
SOE	13889	0.460	0.498	0	0	0	1	1
gdpg	13889	7.980	4.546	0.0222	6.860	8.400	10.70	18.10
fexp	13889	0.194	0.125	0.0788	0.123	0.166	0.214	0.904
internet	13889	0.437	0.379	0.0359	0.191	0.346	0.482	1.890

表 3 的 Panel A 和 Panel B 以政府审计强度高低对上市公司的资本错配分别进行了均值和中位数组间差异检验。本文先以政府审计强度的中位数将样本分为两组，生成政府审计强度哑变量（High_Audit），其中高于中位数为政府审计强度较大，记为 1，其余为

0。结果显示,不论是在均值差异检验还是中位数差异检验中,在政府审计强度高的组别中,资本配置效率 *CMs* 显著高于政府审计强度低的组别,即在政府审计强度高时企业资本错配程度低。初步验证了假设 1。

表 3　单变量分析

Panel A. 均值差异检验

	High_ Audit＝0	High_ Audit＝1	Diff	t-value
CMs	1.2256	1.3727	−0.1471 ***	2.307
N	7044	6845		

Panel B. 中位数差异检验

	High_ Audit＝0	High_ Audit＝1	Person Chi2(1)	p-value
CMs	0.357	0.430	7.5125 ***	0.006
N	7044	6845		

四、实证结果分析

(一)政府审计强度与企业资本错配

政府审计对企业资本错配的估计结果如表 4 所示。列(1)是不包括其他控制变量的估计结果,政府审计(*Audit*)的回归系数为 0.3206,在 1％检验水平上显著为正;本文又依次加入公司层面、城市层面的控制变量,估计结果如列(2)、列(3)所示,政府审计(*Audit*)的回归系数均在 1％检验水平上显著为正,大小分别为 0.3217 和 0.4323。表明提高政府审计强度有利于对改善企业资本错配,政府审计强度增加 1 单位,辖区内上市公司的资本错配程度降低 43.23 个百分点,相比于平均水平下降 33.31％,验证了假设 1。

控制变量方面,公司杠杆率(*Lev*)的回归系数在 1％检验水平上显著为正,说明企业资产负债率越高,资本配置效率越高;净资产收益率(*ROA*)的回归系数在 1％水平上显著为正,说明企业盈利能力越强,资本错配程度越低;营业规模(*sales*)的回归系数显著为正,说明营业规模越大,企业资本配置效率越高;自由现金流量(*FCF*)的回归系数显著为正,说明企业经营现金净流量与总资产的比值对改善企业资本错配产生正向影响。

表 4　基本检验结果

	（1）	（2）	（3）
Audit	0.3206***	0.3217***	0.4323***
	(0.1175)	(0.1156)	(0.1372)
Lev		1.7553**	1.7818***
		(0.6795)	(0.6820)
ROA		6.9571***	6.9639***
		(0.5396)	(0.5929)
TobinQ		0.0622	0.0651*
		(0.0381)	(0.0379)
sales		0.4582***	0.4622***
		(0.1095)	(0.1094)
Size		-0.2625^*	-0.2590
		(0.1583)	(0.1574)
FCF		1.5790***	1.6096***
		(0.4694)	(0.4681)
Boa		0.1224	0.1061
		(0.4277)	(0.4272)
Ind		1.8912*	1.8627*
		(0.9955)	(0.9938)
Top1		0.0010	0.0008
		(0.0056)	(0.0056)
Manapay		0.1102	0.1102
		(0.0894)	(0.0890)
SOE		-0.3648	-0.3680
		(0.2930)	(0.2944)
gdpg			-0.0343^*
			(0.0203)
fexp			-0.4733
			(0.4211)

(续表)

	(1)	(2)	(3)
internet			−0.0326
			(0.1124)
Year FE	控制	控制	控制
Firm FE	控制	控制	控制
Constant	1.3554***	−5.8152**	−5.4253**
	(0.1228)	(2.5258)	(2.5509)
N	13889	13889	13889
R^2	0.0023	0.0198	0.0203
F	2.0315	14.1537	12.9623

注:括号内为聚类稳健标注误,***、**、*分别表示在 1%、5%和 10%水平下显著,下表同。

(二)稳健性检验

1. 改变政府审计强度度量指标

为排除因解释变量测量误差导致的估计偏误,本文以地级市审计报告数量除以财政支出作为政府审计(*Audit*)的代理变量(新变量记为 *Audit1*),重新对模型 1 进行了估计。估计结果如表 5 列(1)所示,其中政府审计(*Audit1*)的回归系数在 5%水平上显著为正,说明更换解释变量后,政府审计改善上市公司资本错配的结论依然稳健。

2. 改变资本错配的度量指标

更换被解释变量的估计结果如表 5 列(2)所示,本文参照王竹泉等(2017)改变资本错配指标计算中营业活动风险的度量尺度,由前后 3 年($t-1$ 年至 $t+1$ 年)修改为前后 5 年($t-2$ 年至 $t+2$ 年),即将各营业活动回报率的滚动取值标准差作为各营业活动风险的度量指标,构建资本错配指标,对模型(1)进行回归,政府审计(*Audit*)的回归系数在 5%水平上显著为正,仍然支持本文假设。

3. 内生性检验

中国各地级行政区内政府审计强度在横截面和时间序列上存在较大差异,且各地级市政府审计强度并不会受到辖区内企业财务特征的影响,这为本文的研究提供了较好的准自然实验,排除了政府审计与企业资本错配之间因互为因果导致估计结果偏误的可能。此外,为进一步排除政府审计与企业资本错配之间残存的内生性问题,本文还使用企业所在省份政府质量的平均值以及企业所在省份除该地级市以外其他地级市政府质量的平均值作为工具变量,重新进行估计。其中政府质量等于该地级市人口数除以公务员人数,该指标越大代表单个公务员服务的人口越多,政府质量越大,人口数与公务员数量均来自《中国城市统计年鉴2010—2018》。政府质量不直接受企业财务特征影响,但却决定了当地政府审计实施的效率,符合工具变量相关性与外生性的要求。估计结果如表5第(3)列所示,政府审计(Audit)的回归系数在5%检验水平上显著为正。

以Hansen J检验进行过度识别检验,P值为0.320,表明拒绝"工具变量是内生的"原假设,认为工具变量中全部为外生的;进行不可识别检验,Kleibergen-PaaprkLM统计量为46.292,对应的P值为0.000,说明在1%检验水平上显著拒绝"工具变量识别不足"的原假设;进行弱工具变量检验,Cragg-Donald Wald F统计量及Kleibergen-Paap rk Wald F统计量均大于10%检验水平临界值,拒绝工具变量弱识别的原假设。因此,排除内生性问题后,政府审计仍能显著改善企业资本错配。

表5 稳健性检验结果

	(1)	(2)	(3)
	CMs	CMs1	CMs
Audit1	1.1385** (0.4639)		
Audit		0.0712** (0.0361)	1.9100** (0.8779)
Lev	1.8132*** (0.6907)	0.3514** (0.1417)	1.4880** (0.5860)
ROA	6.9571*** (0.5953)	3.2606*** (0.1799)	6.8385*** (0.5165)
TobinQ	0.0636* (0.0384)	0.0272*** (0.0090)	0.0663** (0.0336)
sales	0.4693*** (0.1113)	0.2246*** (0.0295)	0.4927*** (0.0844)
Size	−0.2810* (0.1580)	−0.1474*** (0.0388)	−0.2753** (0.1229)
FCF	1.5929*** (0.4702)	0.3647** (0.1489)	1.5389*** (0.4531)
Boa	0.1412 (0.4272)	0.0253 (0.1196)	0.1586 (0.4157)

（续表）

	(1)	(2)	(3)
	CMs	CMs1	CMs
Ind	1.9222*	0.0178	1.6765
	(1.0019)	(0.3307)	(1.0292)
Top1	0.0002	0.0047***	0.0009
	(0.0056)	(0.0015)	(0.0051)
Manapay	0.0973	0.0290	0.1214
	(0.0898)	(0.0266)	(0.0951)
SOE	−0.3785	−0.0643	−0.4424*
	(0.2939)	(0.0834)	(0.2478)
gdpg	−0.0363*	−0.0071	−0.0232
	(0.0204)	(0.0050)	(0.0191)
fexp	−0.0450	−0.1409	−3.1344*
	(0.4076)	(0.1074)	(1.6660)
internet	−0.0200	−0.0666*	0.0148
	(0.1162)	(0.0344)	(0.1433)
Year FE	控制	控制	控制
Firm FE	控制	控制	控制
Constant	−4.9457*	−1.7146**	
	(2.5363)	(0.7146)	
N	13736	13889	13250
R^2	0.0198	0.0631	0.0130
F	12.6395	34.2221	15.9105

(三)机制分析

基于前文分析,政府审计可能通过优化当地营商环境进而改善企业资本错配。由于一些省份(如广东、江苏)内部不同城市的经济发展水平和营商环境存在较大差异,本文参考于文超和梁平汉(2019)和周泽将、高停停和张世国(2020)的论文,将《中国城市年鉴》中城市综合竞争力指数作为城市营商环境的正向代理指标(取自然对数计算),记为

BE。城市综合竞争力包括城市的经济发展、社会发展和环境发展，城市发展竞争力的三维立体指标。检验结果如表 6 列(1)列所示，*Audit* 的回归系数在 1% 检验水平上显著为正，说明政府审计显著优化了当地的营商环境。此后，本文进一步检验了城市营商环境对企业资本错配的影响，表 6 列(2)估计结果显示，*BE* 的估计系数在 1% 检验水平上显著为正，说明优化城市营商环境显著改善当地企业资本错配。这也印证了本文的假说 2，即政府审计通过优化当地营商环境改善企业资本错配。

表 6　机制分析检验

	(1)	(2)
	BE	*CMs*
BE		0.2914*** (0.1124)
Audit	0.1923*** (0.0248)	0.3741** (0.1567)
Lev	0.0502 (0.0710)	1.8005*** (0.6534)
ROA	0.1197 (0.0742)	6.8622*** (0.5600)
TobinQ	0.0086** (0.0042)	0.0636* (0.0377)
sales	0.0327** (0.0132)	0.4466*** (0.0980)
Size	−0.0075 (0.0171)	−0.2552* (0.1477)
FCF	0.0099 (0.0590)	1.6276*** (0.4503)
Boa	0.0354 (0.0547)	0.0287 (0.4679)
Ind	−0.1039 (0.1340)	1.9426* (1.1066)
Top1	−0.0013 (0.0009)	0.0008 (0.0058)

(续表)

	(1)	(2)
	BE	CMs
Manapay	−0.0202	0.1201
	(0.0138)	(0.1030)
SOE	0.0565	−0.3926
	(0.0438)	(0.2992)
gdpg	0.0287***	−0.0419**
	(0.0024)	(0.0205)
fexp	−0.5222***	−0.3097
	(0.0520)	(0.4489)
internet	−0.1167***	0.0025
	(0.0248)	(0.1399)
Year FE	控制	控制
Firm FE	控制	控制
Constant	−0.9361**	−4.9800**
	(0.3871)	(2.5194)
N	13829	13829
R^2	0.7468	0.0207
F	799.4236	12.5573

五、进一步分析

(一)政府审计与外部制度环境的关系检验

政府审计是国家治理体系中的重要组成部分。Willianmson(2000)提出了社会分析的四个层次,分别为社会镶嵌、制度环境、治理机制和资源配置。依据该理论,政府审计属于治理机制层次或制度环境层次,对应不同层次,则产生不同的理论基础和重要性。如果政府审计属于治理机制层次,那么与其他外部制度环境呈现互补关系,即政府审计对上市公司资本错配的影响在外部制度环境完善时更强。如果政府审计属于制度环境层次,则可能与其他外部制度环境呈替代关系,即政府审计的治理效应在外部制度环境不完善时更强。为此，本文进一步考察了政府审计与法制化程度、市场化程度等制度环境的关系。

本文参考 Gao 等(2016)的研究，按照地区法制化程度的中位数对样本进行分组，生成虚拟变量 $High\_Law$ 与 Low_Law。若地区法制化程度高，则 $High\_Law$ 为 1，Low_Law 为 0；若地区法制化程度低，则 $High\_Law$ 为 0，Low_Law 为 1。市场化程度与之类似。其中，法制化程度根据司法部、各省司法厅律师协会官方网站、《律师年鉴》以及各省市统计年鉴综合整理而得；参照王小鲁(2019)市场化程度以企业所处省份市场化进程总得分衡量。

1. 法制化程度

法制化程度分组所得的结果如表 7 的列(1)所示。结果显示，交乘项($Audit \times Low\_Law$)的系数为 0.5044，在 1%检验水平上显著；交乘项($Audit \times High\_Law$)的系数为 0.2005，未达到显著水平。上述结果表明，法制监管与政府审计在改善企业资本错配方面呈现替代关系，政府审计在法治程度较低的地区治理作用更强。

2. 市场化程度

市场化程度分组所得的结果如表 7 的列(2)所示。结果显示，交乘项($Audit \times Low\_Market$)的系数为 0.4389，在 1%检验水平上显著；交乘项($Audit \times High\_Market$)的系数为 0.2896，未达到显著水平。上述结果说明，政府审计的作用在上市公司所在地市场化程度较低时更为显著。结合法制化程度的估计结果，政府审计在改善企业资本错配层面属于制度环境层次，与其他外部制度环境呈替代关系。

表 7 政府审计与外部制度环境的关系检验

	(1)	(2)
	CMs	CMs
$Audit \times High\_Law$	-0.2005 (0.2905)	
$Audit \times Low\_Law$	0.5044*** (0.1404)	
$Audit \times High\_Market$		0.2896 (0.4188)
$Audit \times Low\_Market$		0.4389*** (0.1380)
Lev	1.7540** (0.6820)	1.7800*** (0.6828)

（续表）

	(1)	(2)
	CMs	*CMs*
ROA	6.9382*** (0.5948)	6.9638*** (0.5934)
TobinQ	0.0639* (0.0381)	0.0652* (0.0379)
sales	0.4620*** (0.1090)	0.4618*** (0.1092)
Size	−0.2612* (0.1574)	−0.2591 (0.1576)
FCF	1.6028*** (0.4663)	1.6098*** (0.4680)
Boa	0.1137 (0.4267)	0.1094 (0.4283)
Ind	1.8768* (0.9928)	1.8694* (0.9953)
Top1	0.0010 (0.0056)	0.0008 (0.0056)
Manapay	0.1083 (0.0889)	0.1098 (0.0890)
SOE	−0.3782 (0.2951)	−0.3688 (0.2948)
gdpg	−0.0359* (0.0204)	−0.0347* (0.0204)
fexp	−0.4596 (0.4168)	−0.4602 (0.4206)
internet	−0.0340 (0.1128)	−0.0337 (0.1128)
Year FE	控制	控制

（续表）

	(1)	(2)
	CMs	*CMs*
Firm FE	控制	控制
Constant	-5.2944^{**}	-5.4022^{**}
	(2.5561)	(2.5622)
N	13889	13889
R^2	0.0207	0.0203
F	13.1191	12.5765

（二）政府审计与外部监督机制的关系检验

政府审计是我国重要的监督机制。社会审计与媒体关注也是企业外部监督体系中重要的组成部分。政府审计可能与媒体或分析师之类的外部监督机制呈替代关系，也可能呈互补关系。替代关系意味着政府审计与其他外部监督机制能够相互替代，在另一种监督机制不完善时发挥作用；互补关系则意味着政府审计在另一种监督机制完善时，才能更好地发挥作用。为此，本文对政府审计与社会审计、媒体关注度之间的关系进行检验。

其中审计师类型来自国泰安审计研究数据库，以是否接受国际四大会计师事务所进行分组；媒体关注度数据来自国泰安新闻数据库，以样本企业年度新闻的数量度量媒体关注度。在上述选定指标后，以指标的中位数为临界点将样本分为高低两组，具体结果如表 8 所示。

1. 审计师来源

根据上市公司当年是否接收国际四大会计师事务所审计进行分组，所得的结果如表 8 的列(1)所示。结果显示，交乘项($Audit \times Not\_big4$)的系数为 0.4648，在 1% 检验水平上显著；交乘项($Audit \times Is\_big4$)的系数为 -0.5580，未达到显著水平。上述结果说明，政府审计的作用在上市公司未受"四大"审计时更为显著。

2. 媒体关注度

媒体关注度分组所得的结果如表 8 的列(2)所示。结果显示，交乘项($Audit \times Low\_Media$)的系数为 0.4203，在 1% 检验水平上显著；交乘项($Audit \times High\_Media$)的系数为 0.2616，在 10% 水平上显著。上述结果说明，政府审计的作用在上市公司媒体关注度程度较低时更为显著，结合是否接收国际四大会计师事务所审计所得估计结果，本文认为政府审计对上市公司能发挥外部监督的作用，但其作用会随着其他外部监督力度的提升而减弱,即政府审计对上市公司资本错配的影响在其他外部监督机制不完善时更强。

表 8　政府审计与外部监督机制的关系检验

	(1) CMs	(2) CMs
$Audit \times Is\_big4$	−0.5580 (0.4732)	
$Audit \times Not\_big4$	0.4648*** (0.1383)	
$Audit \times High\_Media$		0.2616* (0.1375)
$Audit \times Low\_Media$		0.4203** (0.1802)
Lev	1.7930*** (0.6816)	1.7955*** (0.6829)
ROA	6.9452*** (0.5914)	6.9643*** (0.5932)
$TobinQ$	0.0657* (0.0379)	0.0678* (0.0377)
$sales$	0.4617*** (0.1094)	0.4632*** (0.1095)
$Size$	−0.2528 (0.1568)	−0.2572 (0.1566)
FCF	1.6143*** (0.4670)	1.6127*** (0.4687)
Boa	0.1265 (0.4269)	0.0987 (0.4266)
Ind	1.9221* (0.9973)	1.8793* (0.9934)
$Top1$	0.0007 (0.0056)	0.0008 (0.0056)

（续表）

	（1）	（2）
	CMs	*CMs*
Manapay	0.1127	0.1138
	(0.0899)	(0.0893)
SOE	−0.3583	−0.3671
	(0.2945)	(0.2938)
gdpg	−0.0346*	−0.0344*
	(0.0204)	(0.0204)
fexp	−0.5043	−0.2824
	(0.4167)	(0.4060)
internet	−0.0329	−0.0371
	(0.1124)	(0.1121)
Year FE	控制	控制
Firm FE	控制	控制
Constant	−5.6477**	−5.5322**
	(2.5528)	(2.5433)
N	13889	13889
R^2	0.0205	0.0201
F	12.4443	12.2729

（三）政府审计与内部监督机制的关系检验

内部控制可以有效发挥公司治理的作用。李万福等（2011）研究表明，在内控缺陷更多的公司中，非效率投资更加严重，内部控制可以有效抑制管理层的非效率投资。良好的内部控制环境，一定程度上降低了内外部信息不对称程度，从而增加信息传递的效率，保证了公司的决策效率。管理层持股和独董占比作为内部公司治理机制的一个重要方面，管理层持股是进行管理层激励的手段之一（李维安、李汉军，2006），独立董事对管理层进行内部监督（王跃堂等，2006），将管理层利益和股东利益趋同，减少管理层寻租行为。本文进一步以管理层持股比例和独立董事比例衡量公司治理水平，考察政府审计与公司治理机制间的关系，分别以管理层持股比例和独立董事比例的中位数为临界点将样本分为高低两组，具体结果如表9所示。

1. 管理层持股

管理层持股分组所得的结果如表 9 中列(1)所示。结果显示,交乘项($Audit \times High\_MShrRat$)的系数为 0.4556,在 1% 检验水平上显著;交乘项($Audit \times Low\_MShrRat$)的系数为 0.2224,未达到显著水平。

2. 独立董事占比

独董占比分组所得的结果如表 9 中列(2)所示。结果显示,交乘项($Audit \times High\_Ind$)的系数为 0.4489,在 1% 检验水平上显著;交乘项($Audit \times Low\_Ind$)的系数为 0.2001,未达到显著水平。上述结果说明,政府审计的作用在上市公司独董占比较高时更为显著。结果表明,政府审计发挥了有效的外部约束和监管作用,在内部监管机制更加完善的情况下,政府审计更能够有效约束和抑制管理层的非效率投资行为,降低企业存在的资本错配的严重程度,提升企业的资源配置效率。

表 9 政府审计与内部监督机制的关系检验结果

	(1) CMs	(2) CMs
$Audit \times High\_MShrRat$	0.4556*** (0.1421)	
$Audit \times Low\_MShrRat$	0.2224 (0.2917)	
$Audit \times High\_Ind$		0.4489*** (0.1364)
$Audit \times Low\_Ind$		0.2001 (0.2495)
Lev	1.7690*** (0.6825)	1.7541** (0.6852)
ROA	6.9558*** (0.5936)	6.9522*** (0.5942)
$TobinQ$	0.0634* (0.0382)	0.0646* (0.0378)
$Size$	−0.2603 (0.1579)	−0.2550 (0.1569)
Lev	1.7690*** (0.6825)	1.7541** (0.6852)

（续表）

	(1)	(2)
	CMs	CMs
Top1	0.0009	0.0007
	(0.0056)	(0.0056)
ROA	6.9558***	6.9522***
	(0.5936)	(0.5942)
TobinQ	0.0634*	0.0646*
	(0.0382)	(0.0378)
sales	0.4579***	0.4629***
	(0.1093)	(0.1095)
FCF	1.6056***	1.6033***
	(0.4676)	(0.4687)
Boa	0.0942	−0.2068
	(0.4269)	(0.3576)
Ind	1.8323*	
	(0.9949)	
Top1	0.0009	0.0007
	(0.0056)	(0.0056)
Manapay	0.1091	0.1086
	(0.0887)	(0.0890)
SOE	−0.3757	−0.3843
	(0.2946)	(0.2985)
gdpg	−0.0359*	−0.0353*
	(0.0207)	(0.0204)
fexp	−0.4137	−0.4343
	(0.4198)	(0.4297)
internet	−0.0339	−0.0293
	(0.1125)	(0.1116)
Year FE	控制	控制

（续表）

	（1）	（2）
	CMs	CMs
Firm FE	控制	控制
Constant	−5.2463**	−4.0851*
	(2.5774)	(2.4615)
N	13889	13889
R^2	0.0204	0.0201
F	12.3552	12.9462

六、结论与政策启示

政府审计是国家治理的重要制度安排。本文以 2010 至 2018 年中国 A 股上市公司为研究样本,实证检验政府审计与企业资本错配之间的关系,发现加强政府审计力度可以改善企业资本错配,每亿元 GDP 的审计报告数增加 1 个,上市公司资本错配改善 33.3%。机制检验表明,政府审计主要通过优化城市营商环境改善企业资本错配。分样本结果显示,在上市公司所在地制度环境较差(法制化程度较低、市场化程度较低)、外部监督机制较差(未接受"四大"审计、媒体关注度较低)的情况下,政府审计发挥的作用更强,说明政府审计与企业外部制度环境和监督机制呈替代关系。在上市公司内部监督机制(管理层持股比例高、独董占比高)较好的情况下,政府审计发挥的作用更强,说明内部监督机制与政府审计呈互补关系。

以上结论意味着,作为一项强有力的外部监督举措,政府审计可以通过优化营商环境进而改善企业资本错配。基于上述研究发现,本文提出以下政策建议:第一,继续挖掘政府审计的制度完善功能,拓展审计权限行使深度,消除监督盲区;及时感知风险,根据外部环境变化调整审计内容和重点,推动完善制度机制和深化改革,做好常态化的"经济体检"工作。第二,注重政府审计与企业内部监督机制间的协同关系。政府审计改善企业资本错配仍需良好的企业内部治理机制作为基础,企业应优化内部治理结构,着重提升管理层治理水平与董事会独立性,发挥好内部治理功效。在企业外部,政府审计应依托审计公告制度,打造合理妥当的公共服务链,提升政府审计与其他制度之间的耦合协同作用。

参考文献

［1］Anderson，R.C.，D.M. Reeb. Founding Family Ownership and Firm Performance: Evidence from the S&P500[J]. *The Journal of Finance*,2003(58):1301-1328.

［2］A. Shleifer，R.W. Vishny. Management Entrenchment: the Case of Manager-Specific Investments [J]. *Journal of Financial Economics*,1989,25(1):123-139.

［3］Asquith Paul，Mullins David W. Equity Issues and Offering Dilution[J]. *Journal of Financial Economics*,1986,15(1-2):61-89.

［4］Durand D. The Cost of Capital, Corporation Finance, and the Theory of Investment: Comment[J]. *American Economic Review*,1959,49(4):639-655.

［5］Gao H，Zhang W. Employment Nondiscrimination Acts and Corporate Innovation[J]. *Management Science*,2017,63(9):2982-2999.

［6］George A. Akerlof. The Market for "Lemons": Quality Uncertainty and the Market Mechanism[J]. *The Quarterly Journal of Economics*,1970,84(3):488-500.

［7］L. A. Bebchuk，L.A. Stole. Do Short-term Objectives Lead to Under- or Over-investment in Long-term Projects[J]. *Journal of Finance*,1993,48(2):719-729

［8］Luo W，Zhang Y，Zhu N. Bank Ownership and Executive Perquisites: New Evidence from an Emerging Market[J]. *Journal of Corporate Finance*,2011,17(2):352-370.

［9］Jensen M C. The Modern Industrial Revolution, Exit, and the Failure of Internal Control Systems [J]. *Journal of Finance*,1993,48(3):831-880.

［10］Jensen M C. Agency Costs of Free Cash Flow, Corporate Finance, and Takeovers.[J]. *American Economic Review*,1999,76(2):323-329.

［11］Jeremy C. Stein. Chapter 2 Agency, Information and Corporate Investment[J]. *Handbook of the Economics of Finance*,2003,1(1):111-165.

［12］Mikkelson W H，Partch M M. Valuation Effects of Security Offerings and the Issuance Process[J]. *Journal of Financial Economics*,1986,15(1):31-60.

［13］Shleifer A，Wolfenzon D. Investor Protection and Equity Markets[J]. *Journal of Financial Economics*,2002,66(1):3-27.

［14］Stewart Myers，Nicholas S. Majluf. Corporate Financing and Investment Decisions When Firms Have Information That Investors Do Not Have[J]. *Journal of Financial Economics*,1984,13(2):187-221.

［15］Williamson O. E. The New Institutional Economics: Taking Stock, Looking ahead[J]. *Journal of Economic Literature*,2000,38(3):595-613.

［16］Wurgler J. Financial Markets and the Allocation of Capital[J]. *Journal of Financial Economics*,2000,58(1):187-214.

［17］Y. Amihud，B. Lev. Risk Reduction as a Managerial Motive for Conglomerate Mergers[J]. *Bell*

Journal of Economics,1981,12(2):605-617.

[18] 蔡利,马可哪呐. 政府审计与国企治理效率——基于央企控股上市公司的经验证据[J]. 审计研究,2014(06):48-56.

[19] 陈文川,李文文,李建发. 政府审计与国有企业金融化[J]. 审计研究,2021(05):16-28.

[20] 池国华,郭芮佳,王会金. 政府审计能促进内部控制制度的完善吗——基于中央企业控股上市公司的实证分析[J]. 南开管理评论,2019,22(01):31-41.

[21] 池国华,郭芮佳,王会金. 政府审计的内部控制改善功能能够增强制度反腐效果吗——基于中央企业控股上市公司的实证分析[J]. 会计研究,2021(01):179-189.

[22] 褚剑,方军雄. 政府审计能够抑制国有企业高管超额在职消费吗?[J]. 会计研究,2016(09):82-89.

[23] 窦炜,马莉莉,龚晗. 审计监督、会计信息质量与投资效率——来自中国上市公司的经验证据[J]. 南京审计学院学报,2015,12(05):95-106.

[24] 郭檬楠,吴秋生,郭金花. 国家审计、社会监督与国有企业创新[J]. 审计研究,2021(02):25-34.

[25] 黄溶冰,乌天玥. 国家审计质量与财政收支违规行为[J]. 中国软科学,2016(01):165-175.

[26] 黄少安,张岗. 中国上市公司股权融资偏好分析[J]. 经济研究,2001(11):12-20+27.

[27] 季书涵,朱英明,张鑫. 产业集聚对资源错配的改善效果研究[J]. 中国工业经济,2016(06):73-90.

[28] 靳来群,林金忠,丁诗诗. 行政垄断对所有制差异所致资源错配的影响[J]. 中国工业经济,2015(04):31-43.

[29] 李晋娴,张强. 法律与行政环境对信托公司绩效的影响研究[J]. 财经理论与实践,2016,37(03):40-46.

[30] 李明辉. 政府审计在反腐败中的作用:理论分析与政策建议[J]. 马克思主义研究,2014(04):106-115.

[31] 李青原. 会计信息质量、审计监督与公司投资效率——来自我国上市公司的经验证据[J]. 审计研究,2009(04):65-73+51.

[32] 李万福,林斌,宋璐. 内部控制在公司投资中的角色:效率促进还是抑制?[J]. 管理世界,2011(02):81-99+188.

[33] 李维安,李汉军. 股权结构、高管持股与公司绩效——来自民营上市公司的证据[J]. 南开管理评论,2006(05):4-10.

[34] 李鑫,李香梅. 代理冲突、公司治理因素的激励约束效应与资本配置效率[J]. 管理世界,2014(11):166-167.

[35] 刘家义. 论国家治理与国家审计[J]. 中国社会科学,2012(06):60-72+206.

[36] 刘家义. 国家治理现代化进程中的国家审计:制度保障与实践逻辑[J]. 中国社会科学,2015(09):64-83+204-205.

[37] 刘瑾,谢丽娜,林斌. 管理层权力与国企高管腐败——基于政府审计调节效应的研究[J]. 审计与经济研究,2021,36(02):1-10.

[38] 刘宗明,吴正倩. 中间产品市场扭曲会阻碍能源产业全要素生产率提升吗——基于微观企业数据的理论与实证[J]. 中国工业经济,2019(08):42-60.

[39] 秦荣生. 公共受托经济责任理论与我国政府审计改革[J]. 审计研究,2004(06):16-20.

[40] 邵帅,吕长江. 实际控制人直接持股可以提升公司价值吗?——来自中国民营上市公司的证据

[J]. 管理世界,2015(05):134-146.

[41] 申宇,赵静梅. 吃喝费用的"得"与"失"——基于上市公司投融资效率的研究[J]. 金融研究,2016
(03):140-156.

[42] 树成琳,宋达. 国家审计效果、政府行为与市场化进程——基于中介效应理论的实证分析[J]. 审计
与经济研究,2015,30(06):11-18.

[43] 覃家琦,邵新建. 交叉上市、政府干预与资本配置效率[J]. 经济研究,2015,50(06):117-130.

[44] 王兵,鲍圣婴,阚京华. 国家审计能抑制国有企业过度投资吗？[J]. 会计研究,2017(09):83-89+
97.

[45] 王竹泉,段丙蕾,王苑琢,等. 资本错配、资产专用性与公司价值——基于营业活动重新分类的视角
[J]. 中国工业经济,2017(03):120-138.

[46] 王小鲁,樊纲,胡志鹏. 中国分省份市场化指数报告(2018)[M]. 北京:社会科学文献出版社,2019.

[47] 王彦东,马一先,乔光华. 国家审计能促进区域营商环境优化吗？——基于 2008—2016 年省级面
板数据的证据[J]. 审计研究,2021(01):31-39.

[48] 王跃堂,赵子夜,魏晓雁. 董事会的独立性是否影响公司绩效。[J]. 经济研究,2006(05):62-73.

[49] 谢柳芳,孙鹏阁,郑国洪,等. 政府审计功能、预算偏差与地方政府治理效率[J]. 审计研究,2019
(04):20-28.

[50] 徐伟平,秦凤凰. 市场化进程对资本错配的影响——基于行业的视角[J]. 工业技术经济,2015,34
(10):91-98.

[51] 杨理强,陈爱华,陈菡. 反腐倡廉与企业经营绩效——基于业务招待费的研究[J]. 经济管理,2017,
39(07):45-66.

[52] 于文超,梁平汉. 不确定性、营商环境与民营企业经营活力[J]. 中国工业经济,2019(11):136-154.

[53] 曾颖,陆正飞. 信息披露质量与股权融资成本[J]. 经济研究,2006(02):69-79+91.

[54] 张立民,聂新军. 构建和谐社会下的政府审计结果公告制度——基于政府审计信息产权视角分析
[J]. 审计研究,2006(02):7-13.

[55] 张来明. 以国家治理体系和治理能力现代化保证和推进中国社会主义现代化[J]. 管理世界,2022,
38(05):1-6.

[56] 张曾莲,赵用雯. 政府审计能提升国企产能利用率吗？——基于 2010—2016 年央企控股的上市公
司面板数据的实证分析[J]. 审计与经济研究,2019,34(05):22-31.

[57] 赵静,郝颖. 政府干预、产权特征与企业投资效率[J]. 科研管理,2014,35(05):84-92.

[58] 朱婕,任荣明. 东道国制度环境、双边投资协议与中国企业跨国并购的区位选择[J]. 世界经济研
究,2018(03):109-126+136-137.

[59] 周泽将,高停停,张世国. 营商环境与轻资产运营——基于股权激励和产权性质的情境性分析[J].
上海财经大学学报,2020,22(06):52-64.

[60] 祝树金,赵玉龙. 资源错配与企业的出口行为——基于中国工业企业数据的经验研究[J]. 金融研
究,2017(11):49-64.

Can Government Audits Ameliorate Capital Misallocation?
—Empirical Evidence From A-share Listed Companies

Jia Fansheng, Wang Handi & Qi Danchen

(*Management School of Ocean University of China*)

Abstract It is important to provide empirical evidence for better playing the governance role of government auditing, optimizing government audit system, balancing fairness and efficiency, and achieving better corporate and national governance. This paper empirically examines the impact of government audit on corporate capital misallocation by taking Chinese A-share listed companies from 2010 to 2018 as samples. The result shows that government audit can significantly ameliorate the degree of capital misallocation. Mechanism study finds that the government audit can improve capital misallocation mainly by enhancing business environment. Further analysis finds the governance effect is substitutive to external institutional environment represented by the degree of legalization and marketization, and to market supervision mechanism represented by media supervision and auditor source. In addition, governance effect needs to be based on better internal supervision, which means that government audit can better increase the efficiency of capital allocation when internal supervision is good within the company. This paper provides empirical evidence for the governance function of government audit.

Key words Government Audit; Governance Effect; Capital Misallocation

中国会计研究与教育
第 11 卷第 1 辑

China Accounting Research and Education
Vol.11, No.1

风险投资对公司价值的影响

——基于创业板公司的实证研究*

彭 涛① 雷 婷②

（中国海洋大学管理学院 中国企业营运资金管理研究中心
中山大学国际金融学院）

摘 要 本文选取了创业板上市公司招股说明书中有关风险投资持股的数据，以及上市当年及上市后 2 年的公司价值数据与财务数据，研究风险投资与公司价值的关系。研究结果发现：有风险投资持股的公司，其公司价值较高，且风险投资持股比例、机构家数与公司价值呈现正向相关关系。同时，本文结合我国公司运营实际环境，进一步考察市场竞争度对风险投资和公司价值之间关系的调节作用，发现市场竞争度的提高会进一步增强风险投资对公司价值的正向作用。本文的研究结论为我国风险投资市场的进一步发展提供理论支持，同时对创业板公司发展有一定的指导意义。

关键词 风险投资 创业板 公司价值 市场竞争

一、引言

从 20 世纪 80 年代开始，风险投资进入我国资本市场。在 1988 年"政协 1 号提案"正式出炉后，我国掀起风险投资的热潮。随着中小板和创业板的成功设立，加之政府不断出台与初创科技型企业与风险投资相关的政策法规，中国资本市场中出现越来越多风险投资机构的身影，风险投资机构也得到快速成长，成为推动我国新兴产业与中小企业快速发展的重要驱动力。风险投资不同于传统投融资的方式，它不仅为公司提供大量资金支持，也为企业带来了更为科学的监督管理方法，助力被投公司快速发展，提升公司价值。

2009 年 10 月 23 日，中国创业板正式上市，开启中国多层次资本市场时代，创业板作

* 青岛市社科基金项目"青岛市政府引导基金的投资策略和投资绩效研究"（QDSKL2201012）；广东省自然基金面上项目"异质性税收政策引导风险投资支持创新创业的作用效果及影响机理研究"（2022A1515011127）。
① 彭涛，中国海洋大学管理学院和中国企业营运资金管理研究中心副教授。
② 雷婷，中山大学国际金融学院本科生。

为具有高风险性、高成长性的高科技中小企业聚集地,与风险投资机构的投资方向完美契合。因此,在创业板公司上市时,风险投资机构在招股说明书的前十大股东中占据一席之地,这也使得我国学者越来越关注于对创业板上市公司中风险投资的研究。

本文从公司价值的角度出发,深入分析是否有风险投资持股对创业板上市公司价值的影响,并对于有风险投资持股的公司,从风险投资持股比例、风险投资持股家数与风险投资机构背景进行探究。另外,本文引入市场竞争程度作为调节变量,利用多元线性回归模型进行实证分析,从而得到风险投资对公司价值相关的研究结果。

二、文献回顾

(一)公司价值研究综述

国外关于公司价值的评估时间较早,如今许多估值理论与方法都起源于国外学者,其中,20 世纪 80 年代 Tom Copeland 等的 *Valuation: Measuring and Managing the Value of Companies* 对公司价值估值具有重要意义,它利用麦肯锡价值评估模式的角度来分析公司价值。Aswath Damodaran(2001)在 *Damodaran on Valuation* 一书中深入分析了多种估价方法及其所对应的基本模型,包括相对估值法、现金流折现法等多种方法。

国内关于公司价值评估的研究相对较晚,并将研究问题主要集中于国外估值理论是否适用于我国资本市场。李麟、李骥(2001)在《企业价值评估与价值增长》一书中讨论了常见的公司价值评估方法,并指出每种估值方法的适用性和局限,这也是我国学者首次对公司价值评估的系统论述。对于具体的估值方法,国内也有不少学者进行研究。对于 DCF 模型,李胜强(2007)在现金流贴现模型的基础上,构建了 DCF 模型,并对不同生命周期的上市公司进行价值评估,最终证明了 DCF 估值法在我国资本市场的适用性;对于 EVA 估值法,谢喻江(2017)以亚太能源为出发点,指出 EVA 对高新技术企业价值评估的可行性,并得出 EVA 可以实现对企业发展时不同时期的价值进行动态评估的结论。

(二)风险投资研究综述

风险投资起源于 20 世纪 40 年代的美国。从 20 世纪 80 年代,国外开始有学者对风险投资相关问题进行研究,也正是从那时起,风险投资进入中国资本市场。因此,相较于国内,国外对风险投资的研究更早也更加丰富与成熟,但随着中国资本市场的发展,国内也有越来越多的学者对风险投资相关课题进行研究。总体来看,国内外学者普遍认为风险投资对被投公司有正面积极的作用。

Brave 和 Gompers(1997)将 1975—1992 年美国的上市公司作为研究对象,结果发现有风险投资参与的公司在经营上表现更好。Thomas J. Chemmanur 等(2011)论证了关于风险投资介入对公司的全要素生产率的促进作用,也利于企业进行技术创新,同时论证了声誉较高的风险投资对企业的发展更有利。Liao 等(2013)发现风险投资能够改善新兴市场上市公司的公司治理问题,并论证了有风险投资支持的公司比没有风险投资支持的公司更不容易遇到财务困难。

相对而言,国内学者在相关"风险投资与公司价值"方面的研究成果并不是太多,他们更多研究风险投资与技术创新、研发投入等方面的影响。付雷鸣等(2012)以 2011 年年底之前在创业板上市的公司为研究对象,探究了风险投资持股对企业创新投入的影响,最终发现机构持股与企业创新投入水平正相关,且风险投资的效果更加明显。苟燕楠和董静(2013)将中小板上市公司作为研究对象,论证了如果风险投资能够越早进入企业,那么风险投资越能对企业技术创新产生的积极影响。张学勇与张叶青(2016)基于中国资本市场的研究发现,风险投资会在公司上市之前帮助公司提高创新能力,同时,风险投资对公司的创新能力有显著的驱动作用。

但也有学者持有相反的观点,谈毅等(2009)通过对我国中小板上市公司的研究发现,风险投资不仅在 IPO 抑价、上市费用、研发投入方面并没有显著积极影响,而且对于有风险投资参与的公司,其长期运营绩效、超额收益都显著差于无风险投资参与的公司。邓俊荣、龙蓉蓉(2013)利用 1994—2008 年中国的风险投资数据作为研究对象,通过实证研究发现在风险投资处于发展初期的中国,风险投资对被投公司提供的资金、管理等方面的支持十分有限,远小于西方发达国家。

三、研究假设

(一)是否有风险投资持股对公司价值的影响

风险投资选择的每一笔投资都会经过初步评审、尽职调查、风险估值等流程,风险投资机构的专业投资团队也会从公司的市场前景、研发能力、利润增长潜力等多个方面进行评估与分析,从而筛选识别出有价值和增长潜力的公司。

得到风险投资机构青睐的初创企业能获得多方面的好处。第一点,风险投资为公司提供新的融资渠道,使公司的资金变得充裕,夯实公司的资本基础,缓解资金周转困难等问题;第二点,风险投资机构会给公司提供专业的投资人员与战略定制等帮助,从而帮助中小企业完成运营策略、公司治理、发展模式等方面的升级优化;第三点,风险投资能够满足公司对创新资金的需求,从而促进公司进行技术创新,增加研发投入。因此,风险投资机构的介入使中小企业获得更多的资金、专业的建议,实现市场份额的增加和公司价值的提升,进而风险投资机构实现高额回报。

由上述分析可以看出,有风险投资机构的公司往往比没有风险投资机构的公司拥有更高的公司价值。因此,本文认为在风险投资的介入与公司价值之间存在如下假设关系:

H1:在控制其他因素的条件下,有风险投资机构背景的企业拥有更高的公司价值。

(二)风险投资参与程度对公司价值的影响

进一步,本文将风险投资机构的持股比例与机构数量的加总用来衡量风险投资机构的参与程度。

一方面,风险投资机构的持股比例在一定程度上反映了风险投资机构向被投公司投入的资金数额所占的比重,风险投资持股所占比例越高,说明企业未来的发展的资金支持能够得到更多保证;另一方面,风险投资者持股比例的大小体现对被投公司的控制权,当风险投资机构持股比例较高时,其监督管理企业的权力也就越大,公司的经营架构就更能够得到优化。

在资本市场中,多个风险投资机构联合投资被视为一种有效降低投资风险的方法。他们通过分担投资资金,联合各自的团队与资源共同投资一家公司。而获得联合投资的公司,在未来的发展中能够获得更多支持与帮助,同时风险投资机构的管理监督作用会加大,从而减少委托代理问题。

因此,本文对风险投资机构的参与程度从两个方面进行分析,作出如下假设关系:

H2:在控制其他因素的条件下,风险投资机构的持股比例越大,该公司的公司价值越高。

H3:在控制其他因素的条件下,风险投资机构数更多的公司其公司价值比单一投资的公司更高。

(三)市场竞争度的调节作用

市场竞争度是重要的外部治理机制,一般来说,在市场竞争程度较强时,风险投资机构为了使投资回报最大化,会进一步加强对公司管理运营方面的监督与指导,从而为公司的成长提供更多的帮助与支持,提高公司价值。另一方面,处于市场竞争较大的行业的公司,会为了在激烈的竞争中继续存活,努力打造公司核心竞争力,从而提高公司价值。因此,本文预期市场竞争程度对风险投资和公司价值之间关系的调节作用方向为正,作出如下假设关系:

H4:风险投资持股对公司价值的影响会随着市场竞争程度的提高而增强。

四、实证分析

(一)样本选择和数据来源

1.数据来源

本文主要通过 WIND 数据库、CSMAR 数据库、上市公司招股说明书以及清科数据库等方式获取数据。其中公司报告期内各项财务数据从 WIND 数据库中导入,托宾 Q 值从 CSMAR 数据库中获取,风险投资相关信息结合 CSMAR 数据库、上市公司招股说明书以及清科私募通数据库手动整理得到。

2.样本选取

本文选择创业板上市的企业作为研究对象,该类有潜力的中小企业受到风险投资的颇多青睐。为了评估有风险投资背景的公司上市后能否比没有风险投资背景的公司有更高的公司价值,本文选定三年的锁定期,即它们上市当年、第二年及第三年。因此,为了保证相关财务数据的完整性与统一性,本文选取自创业板 2009 年开板以来至 2018 年底首次公开发行并上市的企业以及各报告期公布的财务数据进行研究,同时剔除不符合条件或缺少相关数据的企业,共得到 723 家公司,其中有风险投资持股的公司有 249 家。

本文在公司是否有风险投资机构持股及相关信息的界定上,采取如下方法:①根据 CSMAR 数据库对公司前十大股东类型的分类中,选择"风险投资公司"的股东;②查阅公司招股说明书中披露股东具体信息的章节进行复核,将主营业务为风险投资或创业投资的股东也认定为风险投资机构;③若招股说明书中没有对该投资机构的介绍,则参考清科私募通数据库进行查询。若公司招股说明书中前十大股东有符合以上条件的,即认定为风险投资机构持股。

(二)变量选取(表 1)

1.被解释变量

托宾 Q 值:是公司的市场价值与其重置成本之比,反映的是一个企业两种不同价值估值的比值,托宾 Q 值越大说明企业的价值越高。从托宾 Q 值的理论计算方法中可以看出,托宾 Q 值既衡量了公司的无形资产,也衡量了投资者对公司发展前景的预期。

2.解释变量

(1)是否有风险投资持股:虚拟变量,一般而言,创业板上市企业股权结构较为简单,且前十大股东占据公司大部分股份,故本文从公司首次公开发行上市时的招股说明书中披露的前十大股东筛选风险投资机构,若含有风险投资机构记为 1,没有风险投资机构记为 0。

(2)风险投资持股比例:前十大股东中的风险投资机构所持有的股份占公司总股份的比例,并将其所持股份比例加总得到风险投资持股比例。

(3)风险投资持股家数:前十大股东中的风险投资机构数目总和。

3. 调节变量

市场竞争度:本文选取行业勒纳指数作为衡量市场竞争度的方法。勒纳指数基于垄断势力,度量的是价格偏离边际成本的程度。行业勒纳指数越大,垄断程度越高,意味着行业中存在企业拥有较强的市场实力与较高的垄断程度,此时市场竞争度相对较低。

行业勒纳指数具体算法是利用单个公司的营业收入与单个行业营业收入的比,对个股勒纳指数进行加权。详细公式为:单个公司营业收入/行业内营业收入合计 * 个股勒纳指数累计。其中,个股勒纳指数=(营业收入-营业成本-销售费用-管理费用)/营业收入。

4. 控制变量

为了减少其他不相关因素对研究结果的影响,确保研究成果更加科学合理,本文在经过查阅文献和系统研究分析后,结合实际情况将以下指标作为控制变量:

(1)资产规模:一般来说,出于企业规模效益考虑,通过对资产负债表上企业总资产价值的考量,投资者也会对上市公司价值的大小有一个初步直观的认定。本文选取公司资产规模作为控制变量,同时因为不同公司总资产数值较大,故取公司资产规模的对数使数据更加平稳。

(2)成立年限:公司成立年限在一定程度上可以反映公司所处的发展阶段,故选取公司成立至所选取报告期距离的年数为公司成立年限。

(3)资产负债率:资产负债率是用以衡量企业利用债权人提供资金进行经营活动的能力的指标,计算公式为资产负债率=总负债/总资产。资产负债率高,公司财务风险会相对较高,从而对公司价值产生一定影响,故选取资产负债率作为本文的控制变量之一。

(4)二职合一:虚拟变量,董事长是否兼任总经理,若兼任,则取值为 1,若不兼任,则取值为 0。一般来说,董事长兼职总经理会使董事会和经理层的相互独立性立即丧失,使公司治理结构完全失效,从而对公司发展产生一定影响。因此,选取董事长是否兼任总经理作为控制变量之一。

(5)总资产报酬率:ROA 是净利润与资产总额的比率,表示其反映了企业经营活动最基本的盈利能力,不仅能够证明公司的价值,也能评价公司的经营能力。公司盈利能力越强,代表公司运营能够有足够的资金支持,因此,本文选取总资产报酬率(ROA)作为控制变量。

表 1 变量定义表

	变量	变量名称	变量释义
被解释变量	TQ	托宾 Q 值	(期末流通股股数 * 每股股价＋期末非流通股股数 * 每股净资产＋负债合计本期期末值)/(资产总计－无形资产净额－商誉净额)
解释变量	VC	是否有风险投资持股	虚拟变量,若公司前十大股东中含有风险投资机构为 1;否则为 0
	VCR	风险投资持股比例	指的是公司招股说明书中披露的前十大股东中全部风险投资持股比例总和
	VCN	风险投资持股家数	指公司招股说明书中披露的前十大股东中风险投资机构数总和
调节变量	Market	市场竞争度	指行业勒纳指数,等于单个公司营业收入/行业内营业收入合计 * 个股勒纳指数累计
控制变量	LnA	资产规模	指报告期为公司总资产的对数
	Age	成立年限	指公司成立至所选取报告期的年限
	ALR	资产负债率	报告期总负债/报告期总资产
	TWO	二职合一	指董事长兼任总经理的情况,若兼任,则取值为 1,若不兼任,则取值 0
	ROA	总资产报酬率	(净利润/平均资产总额) * 100%

(三)模型构建

1. 是否有风险投资持股对公司价值的影响分析

为检验假设 H1:有风险投资机构介入的企业拥有更高的公司价值。本文构建的多元线性回归模型 1 如下:

$$TQ = \beta_0 + \beta_1 VC + \beta_2 LnA + \beta_3 Age + + \beta_4 ALR + \beta_5 TWO \qquad (1)$$
$$+ \beta_6 ROA + \gamma_t + \gamma_i + \varepsilon$$

其中,γ_t 表示年度固定效应,γ_i 表示行业固定效应,ε 为随机扰动项。

依据本文的相关理论预测,公司价值与是否有风险投资机构持股相关系数应该为正,即有风险投资持股的公司其价值更高。

2. 风险投资参与程度对公司价值的影响分析

为检验假设 H2:风险投资机构的持股比例越大,该公司的公司价值越高。本文构建的多元线性回归模型 2 如下:

$$TQ = \beta_0 + \beta_1 VCR + \beta_2 LnA + \beta_3 Age + + \beta_4 ALR + \beta_5 TWO \\ + \beta_6 ROA + \gamma_t + \gamma_i + \varepsilon \tag{2}$$

为检验假设 H3:风险投资机构数更多的公司其公司价值比单一投资的公司更高。本文构建的多元线性回归模型 3 如下:

$$TQ = \beta_0 + \beta_1 VCN + \beta_2 LnA + \beta_3 Age + \beta_4 ALR + \beta_5 TWO + \beta_6 ROA + \gamma_t + \gamma_i + \varepsilon \tag{3}$$

依据本文的相关理论预测,公司价值与风险投资机构持股比例、机构数量的相关系数应该为正。因此,模型 2 和模型 3 中的 β_1 系数均为正值。

3. 市场垄断程度的调节作用分析

为检验假设 H4:是否有风险投资持股对公司价值的影响会随着市场竞争程度的提高而增强。本文构建的多元线性回归模型 4 如下,其中加入是否持股与市场竞争度的交互项:

$$TQ = \beta_0 + \beta_1 VC + \beta_2 Market + \beta_3 VC * Market + \beta_4 LnA + \beta_5 Age \\ + \beta_6 ALR + \beta_7 TWO + \beta_8 ROA + \gamma_t + \gamma_i + \varepsilon \tag{4}$$

依据本文的相关理论预测,是否有风险投资持股与市场垄断程度的交互项系数为正,因此 β_3 系数应显著为正。

二、实证分析

(一)描述性分析

1. 全体变量分析

表 2 为各变量的描述性统计,在 2111 个观测值中,托宾 Q 值的平均值为 2.159,且所有观测值的均大于 1,说明作为研究样本的公司的投资价值均大于其重置成本,公司是具有投资价值的。行业勒纳指数的最大值为 0.335,说明研究样本总体处于竞争较为激烈的环境中,而有的公司处于消极市场行业中,因此各公司所面临的行业竞争强度差异较大。

表 2 整体变量描述性统计

变量名称	变量符号	观测值	平均值	标准差	最小值	最大值
被解释变量						
托宾 Q 值	TQ	2111	2.159	1.062	1.054	15.999
解释变量						
是否持股	VC	2111	0.353	0.478	0.000	1.000

（续表）

变量名称	变量符号	观测值	平均值	标准差	最小值	最大值
调节变量						
市场竞争度	*Market*	2111	0.104	0.044	−0.147	0.335
控制变量						
资产规模	*LnA*	2111	20.828	0.629	19.491	25.342
成立年限	*ALR*	2110	13.873	4.864	4.477	41.800
资产负债率	*AGE*	2111	24.057	15.202	1.103	82.409
二职合一	*TWO*	2107	1.509	0.500	1.000	2.000
总资产报酬率	*ROA*	2111	8.892	5.656	−37.452	40.784

2. 按是否有风险投资持股分类分析（表3）

表3　分类描述性统计

变量名称	变量符号	观测值	平均值	标准差	最小值	最大值
有风险投资背景						
托宾 Q 值	*TQ*	745	2.117	1.105	1.054	15.999
持股比例	*VAR*	745	8.516	9.989	0.110	79.500
机构数量	*VAN*	745	1.434	0.775	1.000	5.000
市场竞争度	*Market*	745	0.105	0.044	0.012	0.302
资产规模	*LnA*	745	20.855	0.566	19.491	22.939
成立年限	*ALR*	745	13.377	4.477	4.682	27.482
资产负债率	*AGE*	745	24.325	15.011	1.105	75.694
二职合一	*TWO*	744	1.485	0.500	1.000	2.000
总资产报酬率	*ROA*	745	8.165	5.268	−20.069	31.763
无风险投资背景						
托宾 Q 值	*TQ*	1366	2.182	1.038	1.058	10.870
市场竞争度	*Market*	1366	0.104	0.044	−0.147	0.335
资产规模	*LnA*	1366	20.813	0.661	19.531	25.342
成立年限	*ALR*	1365	14.143	5.044	4.477	41.800

(续表)

变量名称	变量符号	观测值	平均值	标准差	最小值	最大值
资产负债率	AGE	1366	23.911	15.308	1.103	82.409
二职合一	TWO	1363	1.522	0.500	1.000	2.000
总资产报酬率	ROA	1366	9.288	5.821	−37.452	40.784

对于有风险投资背景的公司,平均持股比例为 8.516%,且标准差为 9.989,说明不同公司间持股比例差异较大。平均机构数量为 1.434 家,标准差为 0.775,总体差异不大。

虽然上表中有无风险投资背景公司的托宾 Q 值并无显著差异,但对于有风险持股背景的公司,托宾 Q 值的标准差为 1.105,说明有风险投资背景的创业板上市公司,其公司价值在研究区间内波动大于无风险投资背景的公司,说明风险投资机构可能对公司价值存在一定的影响。

(二)实证结果分析

1. 风险投资机构及其参与程度对公司价值的影响

本文通过多元回归分析考察风险投资机构对公司价值的影响。本文以 2009—2018 年创业板上市公司在上市当年、上市第一年以及上市第二年共 2111 个观测值为样本,对模型 1、模型 2 以及模型 3 进行了回归估计,结果列于表 4。

表 4　风险投资与公司价值回归结果

变量	TQ		
	模型 1	模型 2	模型 3
VC	0.0920**		
	(2.2294)		
VCR		0.0056**	
		(2.5234)	
VCN			0.0424**
			(2.4287)
LnA	−0.1989***	−0.1972***	−0.1988***
	(−5.9656)	(−5.9044)	(−5.9458)

（续表）

变量	TQ		
	模型 1	模型 2	模型 3
ALR	-0.0042^{***}	-0.0042^{***}	-0.0041^{***}
	(-2.8198)	(-2.8166)	(-2.7826)
AGE	-0.0151^{***}	-0.0154^{***}	-0.0155^{***}
	(-3.4045)	(-3.4590)	(-3.4692)
TWO	0.0927^{**}	0.0899^{**}	0.0932^{**}
	(2.4541)	(2.3978)	(2.4688)
ROA	0.0288^{***}	0.0286^{***}	0.0287^{***}
	(6.9614)	(6.9435)	(6.9285)
_cons	5.8237^{***}	5.8326^{***}	5.8531^{***}
	(8.4677)	(8.4555)	(8.4848)
R^2	0.3655	0.3653	0.3649
F	41.7023	41.7313	41.7531
N	2104.0000	2104.0000	2104.0000

t statistics in parentheses

* $p<0.1$, ** $p<0.05$, *** $p<0.01$

（1）是否持股

列 1 的回归结果显示是否有风险投资持股与公司价值托宾 Q 值的相关系数为正且在 5％的水平上显著,说明有风险投资机构持股的公司比没有风险投资持股的公司拥有更高的公司价值。从表中可以看出,调整后的 R^2 为 0.3655,说明是否有风险投资持股能够较好地对公司价值进行解释。

（2）持股比例

列 2 的回归结果显示风险投资持股比例与公司价值托宾 Q 值的相关系数为正且在 5％的水平上显著,说明风险投资机构的持股比例越大,该公司的公司价值越高。从表中可以看出,当风险投资持股比例每增加 1％,托宾 Q 值则对应增加 0.0056。调整后的 R^2 为 0.3653,说明风险投资持股比例能够较好地对公司价值进行解释。

（3）机构数量

列 3 的回归结果显示风险投资机构数量与公司价值托宾 Q 值的相关系数为正且在 5％的水平上显著,说明风险投资机构数更多的公司其公司价值比单一投资的公司更高。

从表中可以看出,当风险投资机构数量每增加 1 家,托宾 Q 值则对应增加 0.0424。调整后的 R^2 为 0.3649,说明风险投资机构数量能够较好地对公司价值进行解释。

2. 市场垄断程度的调节作用

通过表 5 的结果可以看出,是否有风险投资持股的系数为正,市场竞争度和风险投资持股的交互项系数为负,且在 1% 的水平上显著,说明市场竞争度对风险投资参与和公司价值的关系具有显著的调节作用。$VC * Market$ 的系数符号及显著水平说明,随着 $Market$ 的降低(市场竞争度提高),风险投资持股对公司价值的正向影响会明显增强。反之,市场竞争度降低会显著减弱风险投资持股对公司价值的正向影响。因此,市场竞争度越高,风险投资持股对公司价值的促进作用越大。

该实证分析结果支持假设 H4,即风险投资持股对公司价值的影响会随着市场竞争程度的提高而增强。

表 5　调节变量回归结果

变量	TQ 模型 4
VC	0.0796**
	(2.0173)
$Market$	1.9325***
	(3.5741)
$VC * Market$	−1.4313*
	(−1.7615)
LnA	−0.2086***
	(−6.4840)
ALR	−0.0042***
	(−2.8265)
AGE	−0.0156***
	(−3.5241)
TWO	0.0918**
	(2.4475)
ROA	0.0278***
	(6.5409)

（续表）

变量	TQ
	模型 4
_cons	1.7087***
	(8.7686)
R^2	0.3685
F	40.8926
N	2106.0000

t statistics in parentheses

* $p<0.1$, ** $p<0.05$, *** $p<0.01$

（三）稳健性检验

为检验研究结果的可靠性和稳定性，通常要对研究结果进行稳健性检验。因此本文将从替换变量与解决内生性问题两个方面进行了稳健性检验。

1. 替换变量

一般采用的方法是将实验模型中的某些变量或条件进行替换，如衡量指标、样本数据、时间范围，再用同一种方法进行实证分析，若再次实证分析后的结果与原文结果一致，说明原本的研究结果具有稳健性，是可靠的研究结果；若两次的研究结果不一致，则说明研究结果未通过稳健性检验，研究结果不可信。

本节为了验证所研究结果的稳健性，通过对公司价值重新定义，对被解释变量选取替换指标进行重新线性回归。论文前文所采用的托宾 Q 值的算法为：（期末流通股股数＊每股股价＋期末非流通股股数＊每股净资产＋负债合计本期期末值）/（资产总计－无形资产净额－商誉净额），在稳健性检验中，选取另一种托宾 Q 值的算法作为被解释变量的替代指标来反映公司的市场价值，即 TQA＝（期末流通股股数＊每股股价＋期末非流通股股数＊每股净资产＋负债合计本期期末值）/资产总计。

由表 6 可知，模型 1、2、3 中调整后的 R^2 分别为 0.4079、0.3649、0.3645，说明模型的解释程度良好，解释变量和被解释变量都选择得良好。

从回归结果可以看出，有风险投资持股及其持股比例、机构数量都对公司价值产生明显的正向影响，即是否有风险投资持股及其参与程度与公司价值之间正相关，因此，假设 H1、H2 与 H3 均成立。

表 6 TQA 回归结果

变量	TQA		
	模型 1	模型 2	模型 3
VC	0.0618*		
	(1.8647)		
VCR		0.0054**	
		(2.4279)	
VCN			0.0403**
			(2.2819)
LnA	−0.2822***	−0.2015***	−0.2032***
	(−10.0913)	(−6.1752)	(−6.2127)
ALR	−0.0026**	−0.0042***	−0.0041***
	(−2.2667)	(−2.8139)	(−2.7805)
AGE	−0.0155***	−0.0156***	−0.0157***
	(−4.0195)	(−3.5310)	(−3.5279)
TWO	0.0841***	0.0896**	0.0927**
	(2.6666)	(2.3946)	(2.4588)
ROA	0.0344***	0.0287***	0.0287***
	(9.0344)	(6.9527)	(6.9345)
_cons	7.3160***	5.8233***	5.8421***
	(12.3219)	(8.4446)	(8.4715)
R^2	0.4079	0.3649	0.3645
F	43.8959	43.3570	43.3375
N	2106.0000	2106.0000	2106.0000

t statistics in parentheses

* $p<0.1$, ** $p<0.05$, *** $p<0.01$

2. 内生性检验

由于风险投资机构在选择被投公司时更加偏好于高成长性、高价值的公司,因此有风险投资持股公司的价值高于没有风险投资持股的公司可能并不是因为风险投资机构帮助公司提升其公司价值,而是因为被投公司本身公司价值较高而吸引了风险投资机构,因此,本研究可能存在着反向因果的内生性问题。

本文采用 Heckman 的两阶段模型来解决内生性问题。第一阶段运用 probit 模型估计出风险投资机构进入被投资企业的概率并计算出逆米尔斯比率(IMR);第二阶段将逆米尔斯比率带入模型 1、模型 2 与模型 3 中,以此修正样本自选择导致的偏误。表 7 是 Heckman 两阶段模型第二阶段的回归检验结果,在所有模型的回归结果中,逆米尔斯比率均显著为正,表明控制样本的选择性偏差是必要的。同时,可以看出,VC、VCR 以及 VCN 都是显著为正,核心解释变量的回归结果与前文基本一致,说明本文实证结果稳健。

表 7　Heckman 两阶段回归结果

变量	TQ		
	模型 1	模型 2	模型 3
VC	0.0738*		
	(1.8094)		
VCR		0.0050**	
		(2.2355)	
VCN			0.0314*
			(1.7905)
LnA	−0.3556***	−0.3556***	−0.3559***
	(−8.7029)	(−8.6851)	(−8.7020)
ALR	−0.0115***	−0.0116***	−0.0115***
	(−5.3363)	(−5.3517)	(−5.3181)
AGE	−0.0168***	−0.0170***	−0.0170***
	(−3.7625)	(−3.8300)	(−3.8118)
TWO	0.2863***	0.2860***	0.2873***
	(5.4275)	(5.4123)	(5.4277)
ROA	0.0601***	0.0603***	0.0601***
	(8.2294)	(8.2202)	(8.2259)
imr	−1.9580***	−1.9766***	−1.9676***
	(−5.5052)	(−5.5092)	(−5.4907)
_cons	9.6155***	9.6591***	9.6539***
	(10.4161)	(10.4036)	(10.4192)

(续表)

变量	TQ		
	模型 1	模型 2	模型 3
R^2	0.3777	0.3778	0.3772
F	46.6431	46.7618	46.4762
N	2086.0000	2086.0000	2086.0000

t statistics in parentheses

* $p < 0.1$, ** $p < 0.05$, *** $p < 0.01$

五、结论

本文以 2009—2018 年创业板上市公司为研究对象,公司上市当年、上市第一年以及上市第二年的各项数据作为研究数据,分析风险投资与公司价值之间的关系,并加入行业勒纳指数研究市场竞争度的调节作用。经过对实证结果进行分析,本文得出以下结论。

首先,通过对创业板市场的现状进行分析,并对 2009 至 2020 年的公司价值、风险投资和部分公司特征进行了描述性统计,对此可以看出,风险投资是创业板公司价值提高的重要因素。

其次,本文将托宾 Q 值作为被解释变量,将是否有风险投资持股作为解释变量,同时也将风险投资参与程度,即风险投资持股比例和风险投资机构数量作为解释变量,来研究风险投资持股及其参与特征对公司价值的影响。实证结果表明,存在风险投资持股能够有效地提高公司价值,风险投资是否持股与公司价值存在较为明显的正相关关系。另外,经过研究还发现,风险投资机构持股比例、机构数量与公司价值均存在正相关关系,持股比例越高公司价值往往更高,机构数量更多往往公司价值也更高。风险投资机构持股比例较高会使风投机构更加关注被投公司的发展情况,会积极运用拥有的资源帮助公司发展壮大;同时联合投资也会使公司获得的帮助更多,风投机构对被投公司的监督管理力度也会更大,从而促进公司价值的提高。本文认为风险投资的参与能给公司带来资金、资源等一系列潜在增值作用,因此,风险投资对公司价值存在促进作用。

然后,引入市场竞争度作为调节变量带入主回归中,实证结果表明,激烈的市场竞争,有利于发挥风险投资对公司价值的积极作用。公司面临的竞争越激烈,风险投资机构为了保证投资回报,越会更积极地介入公司管理运营,从而使公司价值得到进一步提高。

最后,综合上述的研究分析,本文认为风险投资机构对于公司价值具有一定的促进作用,因此大力发展风险投资行业对提高我国中小企业的公司价值,推动我国经济发展具有积极的意义。

参考文献

[1] Barve A., Gompers P. Myth or Reality? The Long-run Underperformance of Initial Public Offering: Evidence from Venture Capital and Nonventure-backed Companies[J]. *Journal of Finance*, 1997, 52 (4):1791-1820.

[2] Chemmanur, T.J., Krishnan, K., Nandy, D.K. How does venture capital financing improve efficiency in private firms? A look beneath the surface[J]. *Review of Financial Studies*, 2011, 24(12):4037-4090.

[3] Hellmann, T., M.Puri. Venture capital and the professionalization of start-up firms: Empirical evidence[J]. *Journal of Finance*, 2002(57):169-197.

[4] Liao, Woody M., Lu, Chia-Chi., Wang, Hsuan. Venture capital, corporate governance, and financial stability of IPO firms[J]. *Emerging Markets Review*, 2014(18):19-33.

[5] Tan, Y., Huang, H., Lu, H. The effect of venture capital investment: Evidence from China's Small and Mediu Sized Enterprises Board[J]. *Journal of Small Business Management*, 2013, 51(1):138-157.

[6] 陈帆. 风险资本持股对中小企业成长性的影响研究[D]. 南昌:江西财经大学,2015.

[7] 邓俊荣,龙蓉蓉. 中国风险投资对技术创新作用的实证研究[J]. 技术经济与管理研究,2013(06):49-52.

[8] 付雷鸣,万迪昉,张雅慧. VC是更积极的投资者吗?——来自创业板上市公司创新投入的证据[J]. 金融研究,2012(10):125-138.

[9] 苟燕楠,董静. 风险投资进入时机对企业技术创新的影响研究[J]. 中国软科学,2013(03):132-140.

[10] 苟燕楠,董静. 风险投资背景对企业技术创新的影响研究[J]. 科研管理,2014,35(02):35-42.

[11] 胡顾妍. 风险投资对企业技术创新的影响研究[D]. 成都:西南交通大学,2019.

[12] 华姗姗. 风险投资、股权集中度与企业创新效率[D]. 济南:山东师范大学,2019.

[13] 李金鸿. 互联网公司价值评估方法比较研究[D]. 昆明:云南财经大学,2020.

[14] 李梦雅,严太华. 风险投资、技术创新与企业绩效:影响机制及其实证检验[J]. 科研管理,2020,41(07):70-78.

[15] 李胜强. 不同生命周期上市公司价值评估的DCF研究[D]. 长沙:湖南大学,2007.

[16] 刘刚,梁晗,殷建瓴. 风险投资声誉、联合投资与企业创新绩效——基于新三板企业的实证分析[J]. 中国软科学,2018(12):110-125.

[17] 刘小玄,张蕊. 可竞争市场上的进入壁垒——非经济垄断的理论和实证分析[J]. 中国工业经济,2014(04):71-83.

[18] 苗成浩. 风险投资对中小上市公司成长性的影响[D]. 济南:山东大学,2020.

[19] 谈毅,陆海天,高大胜. 风险投资参与对中小企业板上市公司的影响[J]. 证券市场导报,2009(05):26-33.

[20] 吴超鹏,吴世农,程静雅,等. 风险投资对上市公司投融资行为影响的实证研究[J]. 经济研究,

2012,47(01):105-119+160.

[21] 谢喻江. 基于 EVA 的成长期高新技术企业价值评估[J]. 财会通讯,2017(05):7-11.

[22] 张纯静. 风险投资、股票流动性对公司价值的影响研究[D]. 西安:西安理工大学,2020.

[23] 张学勇,张叶青. 风险投资、创新能力与公司 IPO 的市场表现[J]. 经济研究,2016,51(10):112-125.

The Impact of Venture Capital on Cooperate Value
—Empirical Study Based on GEM Listed Company

Peng Tao & Lei Ting

(*Management College of Ocean University of China, China Business Working Capital Management Research Center, Sun Yat-sen University International School of Business Finance*)

Abstract   This paper studies the relationship between venture capital and corporate value by selecting the data of venture capital holdings in the prospectuses of GEM listed companies, and the company value data and financial data in the year of listing and two years after listing. The results show that: the company with venture capital shares has higher corporate value, and the proportion of venture capital shares and corporate value, the number of institutions and corporate value are positively correlated. At the same time, combined with the actual market environment of Chinese companies, this paper further examines the regulatory effect of market competition on the relationship between venture capital and corporate value, and finds that the improvement of market competition will further enhance the positive effect of venture capital on corporate value. The conclusion of this paper provides theoretical support for the further development of venture capital market in China, and has certain guiding significance for the development of companies.

Key words   Venture Capital; GEM; Corporate Value; Market Competition

中国会计研究与教育
第 11 卷第 1 辑

China Accounting Research and Education
Vol.11,No.1

"一带一路"背景下国有企业海外投资与企业营运资金管理现状及经济后果研究 *

赵园春① 刘思宇② 谢素娟③

（中国海洋大学管理学院 中国企业营运资金管理研究中心）

摘 要 本文通过对在"一带一路"倡议下"走出去"的国有企业 A 股上市子公司进行研究,分析在此背景下参与海外投资企业的营运资金管理绩效的现状与趋势。本文研究发现,国有上市公司自参与"一带一路"海外投资以来,企业的投资活动资金回报率和周转率整体呈下降态势,很大程度上降低了企业资金管理绩效。国有企业的杠杆比率有一定的升高,当企业面临投资不确定性时,企业的财务风险会随之放大。关应对企业资金管理绩效的下降,企业会通过内部管理缩短经营活动营运资金周转期,具体表现为存货、应收账款、应付账款周转期的缩短,以满足投资活动资金和企业稳定发展需要,缓解财务压力。

关键词 "一带一路" 海外投资风险 营运资金管理 国有企业

一、引言

海外投资"有风险,需谨慎",我国国有企业在"一带一路"倡议下进行海外投资并非一帆风顺。例如,中国国家铁路集团在承建雅万高铁项目时屡屡受阻,原本三年期项目不断延长:由于印度尼西亚政府审土地流程缓慢;外加铁路途径印度尼西亚军事敏感地区以及宗教等问题的影响,导致征地费用上升,投资额预算由 51.35 亿美元上升至 60 亿美元,占用中方企业资金周期长,为企业带来较大财务压力④。此外,斯里兰卡 2022 年宣布破产,我国是其第四大债权国,仅 2022 年中资企业投资 9817 万美元,工程承包合同额

---

* 泰山学者青年专家研究项目(20221116),中国海洋大学青年英才工程研究项目,中央高校基本科研业务费专项(202261081)。

① 赵园春:中国海洋大学管理学院博士生,研究方向为公司治理与高管激励。
② 刘思宇:中国海洋大学管理学院本科生,研究方向为公司治理与高管激励。
③ 谢素娟:中国海洋大学管理学院教授、博士生导师,研究方向为国资国企改革、高管激励。
④ 林涵,2022-03-14"中国轨道交通"走出去":一路鲜花,亦有荆棘",中国—东盟博览〈https://m.fx361.com/news/2022/0314/10135493.html〉

10.4亿美元①。国家破产,经济停滞,增加了中国企业在斯里兰卡投资的风险,带来的经济损失不容小觑。

由此可见,中国企业进行海外投资面临着来自东道国政治稳定程度、经济发展水平以及文化是否认同等诸多不确定性因素的影响,这也使得我国在"一带一路"倡议下选择"走出去"的企业面临着较大的财务压力。因此,研究"一带一路"海外投资下的企业财务管理行为,对我国企业的高质量发展和经济可持续性发展具有重大意义。

鉴于此,本文重点研究"一带一路"背景下海外投资风险对营运资金管理效率的影响。理论层面上,当企业海外投资增加,企业将选择与其相匹配的资金管理和分配模式,这会影响企业在经营活动、投资活动上的资金分配,同时也会影响筹资方式;因此企业营运资金管理效率最终会发生改变。此外,从营运资金的重要性来看,营运资金是企业生存经营必需的"血液",也是企业立足发展的关键要素。营运资金管理是企业财务管理的核心问题,关乎企业经营绩效。如何在资金运用中"逐利避险",使得资金管理"提效率、稳风险"是实务界和学术界重点关注的问题。

本研究的研究对象为参与"一带一路"倡议在海外进行投资的上市国有企业,分析海外投资风险对企业资金管理效率的影响。本研究的数据来自中国企业营运资金管理中心数据库和国泰安 CSMAR 数据库。研究样本为母公司或自身涉及"一带一路"投资的261 家 A 股上市国有企业。本文通过分析参与"一带一路"后,上市国有企业营运资金在总量、结构以及营运资金管理效率上的变化,为我国在"一带一路"中进行海外投资的国有企业提供科学可行的营运资金管理优化意见和政策建议。

二、文献分析与理论分析

(一)营运资金管理相关文献综述

企业的营运资金管理受多方面、多层次因素的影响,可将其归纳为宏观层面因素、行业层面因素、企业层面因素。从宏观层面来看,孙兰兰和朱大鹏(2014)指出企业应该根据外部宏观因素变化情况决定营运资金管理策略,外部治理环境会影响企业营业活动流动资金净需求且呈显著负相关关系,且广义货币供给、政府财政总支出增长率、通货膨胀等因素和经营活动净现金流存在正相关关系。Matto 和 Niskanen(2020)强调更为安全的法律约束环境会为投资者提供更好的保护,为企业融资环境提供更好保障,从而使得企业所需营运资本降低、管理效率提升。此外,经济政策的不确定性会通过金融、经营以及供应链渠道对商业信用融资造成影响(张园园等,2021),进而影响企业营运资金效率,

---

① 数据来源:https://www.ceicdata.com/zh-hans/indicator/sri-lanka/direct-investment-abroad。

且倒"U"形关系存在于信用融资和总资本效率以及经营活动资本效应中(张园园等,2020)。

从行业层面来看,王苑琢和王竹泉(2014)指出供应链关系会通过供应商之间的资源共享、业务流程、信息传递以及融资能力结构,影响企业营运资金的管理效率。然而,在经济危机中,企业的信用危机也会随着供应链在行业内进行传导,企业难以使用商业信用作为融资手段,流动资金的需求难以满足,融资困难加剧(王贞洁、王竹泉,2013)。此外,客户集中度和市场竞争也会影响企业的营运资金管理效率,客户集中度较高的企业,一旦大客户存在较高的财务风险和破产风险,会造成回款速度慢、坏账增加等问题,而市场竞争会引起过度的价格竞争和过度的市场营销投入,而这会引起营运资金管理效率降低(程昔武等,2020)。

从企业层面来看,企业内部的公司治理情况也会影响企业的营运资金管理绩效。公司治理会影响营运资金的管理效率,董事会的规模不会影响资金效率,而CEO有较长的任期,持续化的管理会带来资金管理效率的提升(Gill、Biger,2012)。同时,有效的企业内部治理机制会减少资金、存货的周转期,以提高资金使用效率(Fiador,2016)。企业管理层特征也影响着营运资金管理效率,具有较高学历专业背景的CFO会有助于提高企业资金管理效率,适当的高管激励政策也会有助于CFO发挥其职能,而越年长的CFO则不利于资金效率的提升(朱大鹏、孙兰兰,2015)。其中股权激励政策的适当使用也会增加经营活动营运资金管理绩效,使用和高管特征相匹配的股权激励模式会进一步激发高管对资金效率的正向调节作用(孙莹、张仪,2018)。高管薪酬的提高会影响营运资金管理效率,良好的内部控制会降低企业内部的代理成本,减少薪酬激励的负面影响(花双莲、吴玉洁,2020)。此外,自信度较高的管理层往往会采用较为激进的融资策略,这会对营运资金管理产生影响,进而影响公司价值(王明虎、王楠,2021)。从利益相关者的角度看,股东和债权人作为为企业提供融资的利益相关者,二者所处利益立场不同,会从不同角度影响企业资金管理策略(杜媛、王竹泉,2014);企业也应该从企业内部和外部出发,将利益相关者管理与资金管理有机结合,从而打破企业业务和财务边界,用更为全面的视角看待营运资金管理问题(王竹泉等,2014)。

在总结上述文献的基础上,我们认为:在"一带一路"倡议中,企业面临的海外投资风险不容忽视,海外投资风险的不确定性会对企业营运资金管理效率和模式造成较大的影响,现有文献中缺乏海外投资风险对于企业营运资金管理的研究,仍需要进一步探寻,从而丰富营运资金管理效率影响因素的研究。

(二)海外投资风险相关文献综述

海外投资给企业带来的风险,在宏观与微观层面都有所体现。宏观层面上,主要包括政治风险、经济风险、文化风险、法律风险等;微观层面上,海外投资会影响企业的财务杠杆、融资约束、生产效率等。从宏观层面来看,在中国对"一带一路"国家进行积极的直接投资时,来自其他大国的干扰和挤压势必会增加投资的风险和障碍。张述存(2017)从"一带一路"倡议视角出发,认为在这一进程中,"走出去"企业会面临来自东道国的政治、经济、文化、法律等多方面的风险和挑战,给投资活动带来较大的不确定性,且"一带一路"沿线国家的投资环境与欧美发达国家差距明显,投资回报率存在变数,项目风险不容低估。刘红霞(2006)从政府监管的角度,认为我国对外投资存在多头管理等问题,由此引发的投资风险可能造成国有资产的流失。

从微观层面上看,企业对外投资影响着企业财务杠杆。郑云虹和谭聪(2022)通过对中国企业对外投资的杠杆风险传导路径的检验,认为企业对外直接投资加大了企业财务杠杆风险。对外投资对企业财务杠杆的影响并非确定的,其影响程度因行业而异(Anwar、Sun,2015)。企业对外投资也影响着融资约束问题,融资约束的存在会限制企业资金筹集的规模、成本和速度,从而进一步影响着企业的投资。Wang(2017)在企业对外投资是否会影响东道国公司金融约束的研究中认为:对外直接投资通过信贷链降低企业的投资—现金流敏感性。除此之外,我国学者也探讨了企业对外投资对企业生产率、经营绩效、融资决策等方面的影响。蒋冠宏和蒋殿春(2014)针对企业对外直接投资是否提升了企业生产率问题的研究表明,企业对外直接投资显著提升了企业生产率,但提升作用随着时间推移逐渐降低,且东道国发展水平的差异对企业生产率的提升有较大影响。中国企业对外直接投资还会通过市场定价渠道影响母公司的经营绩效(邱立成等,2016)。

综上所述,学者们对企业对外投资风险的研究,大多立足于宏观层面,少数研究涉及对外投资对企业微观层面的影响,但缺乏对外投资对营运资金影响的研究,需要在现有基础上,对企业对外投资所带来的风险与影响展开进一步研究,探求其对营运资金的影响程度与其传导机制。

(三)理论分析:海外投资、融资约束与企业营运资金管理效率

融资约束问题源于信息不对称和委托代理问题,表现为企业在为投资进行融资时渠道受限且面临着较高的融资成本(Hoberg、Maksimovic,2015)。企业进行海外投资,实质是代理责任在投资东道国的延伸,地域分离使得所有者和管理者之间的矛盾加剧,带来信息不对称和自利行为(马轶群等,2020)。从信息不对称的角度看,我国企业通过"一带一路"倡议进行海外投资面临着来自东道国政治、市场、经济、法律、宗教文化以及企业内部管理的风险和不确定性(尹晨等,2018),资金提供者会寻求更高风险补偿,企业将面临较高的融资成本。另外,我国企业在"一带一路"沿线国家承揽工程,主要集中于基础设施建设领域。此类海外投资对固定成本需求较高,资金需求量大,投资周期长,加之项目处于异国,难以监督监管,进一步加剧信息不对称情况,难以得到信贷支持。疫情冲击,经济下行,新兴市场经济体制下投资环境的不确定性增加,融资约束加剧。从委托代

理问题的角度出发,国有企业在"一带一路"倡议下进行海外投资依托国家层面战略,本质是由政府主导,这种投资行为不再是单纯的企业逐利行为,兼顾了政府意志和所投东道国发展和利益,因此与资金提供者利益、收益最大化的目标背道而驰,凸显了代理问题,使得"走出去"的企业面临更多融资约束。

海外投资带来的融资约束影响企业获取资金的渠道和成本,在此背景下企业会对投资目的地和项目的风险进行全面深入的考量,正确评估风险和回报,进行稳健投资,从而保证资金链不断裂和投资回报率的稳定。因此,企业也会更为重视企业内部营运资金的管理,在融资约束背景下使用灵活性大、流动性强、成本低且可逆调整的营运资金来平滑海外资本性投资带来的波动性(徐晨阳等,2017),具体表现为加快存货周转、应收账款收回、紧缩应付账款,提升营运资金周转率,并充分发挥商业信用,降低营运资本,提高营运资金管理效率,从而缓解企业融资约束。此外,融资约束迫使企业寻求最佳营运资金量(Chauhan、Banerjee,2018),加强对流动资产和流动负债的管理效率(康进军等,2017),避免因营运资金过少限制企业生产经营和营运资金过多造成的投资不足等情况,以实现营运资金的高效运用。鉴于此,我们认为海外投资引发的融资约束会促进企业提高营运资金管理效率。

三、专题背景介绍

(一)"一带一路"倡议背景介绍

2013年,国家主席习近平在出访哈萨克斯坦和印度尼西亚时先后提出"丝绸之路经济带"和"21世纪海上丝绸之路"的倡议,自此共建"一带一路"有序开展。2015年,国家发改委、外交部、商务部联合发布《推动共建丝绸之路经济带和21世纪海上丝绸之路的愿景和行动》,提出了"共商、共建、共享"的合作原则,"一带一路"倡议得到进一步落实和细化,对沿线国家的投资合作开始推进。"一带一路"倡议带动我国企业对49个沿线国家进行投资合作,对外投资总额达到148.2亿美元,与此同时,也与沿线60个国家签署了工程项目合同,新签合同额926.4亿美元。2017年和2019年"一带一路"国际合作高峰论坛在我国举办,"一带一路"倡议的国际共识不断深化,更多国家参与其中,区域合作规模更大,投资合作进一步深化。

2020年,我国企业对沿线58个国家进行非金融类投资177.9亿美元,承揽基础设施类工程项目5500多个,合同额超2000亿美元。随着区域全面经济伙伴关系协定(RCEP)等自贸协定的生效,贸易投资自由化、便利化不断提升,仅在2022年1月至5月,中国企业在沿线国家的非金融类直接投资就达到527.1亿美元。"一带一路"倡议在沿线国家广受好评,在世界范围内引发越来越大的反响,我国与沿线各国形成了政策沟通、设施联通、贸易畅通、资金融通和民心相通的崭新局面。

(二)专题企业描述

本专题研究对象为参与"一带一路"倡议的国有企业下属非金融类上市子公司。企业信息由"一带一路"官网获得,有 70 家国有企业参与此合作倡议,包括国家电网公司、中国石油化工集团公司、中国铁路工程总公司在内的多家国有企业。截至 2021 年底,上述国有企业共有 239 家非金融类上市子公司。

根据本文的统计结果(表 1),研究对象分布于 20 个行业,涉及行业广泛,主要集中于机械设备仪表业、计算机通信和其他电子设备制造业、金属非金属业等重资产、重工业行业;而涉及轻工业制造、服务业及文化产业的企业占比较低。由此说明,参与"一带一路"倡议的国企依托自身雄厚资金实力和国家战略的支持,主要在其沿线国家从事基础设施建设投资,主要参与机械设备、通信设施建设、矿产开发、电力热力等项目。这类海外投资占用资金量大、投资周期长、面临风险大,企业虽有强大实力和政策支持,但海外投资仍给企业造成不小的资金压力。

表 1　参与"一带一路"国有企业所处行业公司数及占比情况

行业名称	2016		2021	
	公司数(家)	公司占比(%)	公司数(家)	公司占比(%)
农林牧渔业	2	0.90	2	0.84
采矿业	11	4.93	12	5.02
食品饮料业	3	1.35	3	1.26
纺织服装皮毛业	1	0.45	1	0.42
造纸印刷业	3	1.35	3	1.26
石油化学塑胶塑料业	14	6.28	15	6.28
计算机通信和其他电子设备制造业	27	12.11	31	12.97
金属非金属业	26	11.66	24	10.04
机械设备仪表业	51	22.87	48	20.08
医药生物制品业	8	3.59	7	2.93
电力热力燃气及水生产和供应业	22	9.87	22	9.21
建筑业	11	4.93	14	5.86
批发和零售业	8	3.59	9	3.77
交通运输仓储和邮政业	9	4.04	13	5.44

行业名称	2016		2021	
	公司数（家）	公司占比（%）	公司数（家）	公司占比（%）
信息传输、软件和信息技术服务业	11	4.93	15	6.28
房地产业	5	2.24	7	2.93
租赁和商务服务业	2	0.09	1	0.42
科学研究和技术服务业	5	2.24	9	3.77
水利环境和公共设施管理业	3	1.35	2	0.84
文化体育和娱乐业	1	0.45	1	0.42

四、国有企业参与"一带一路"后资金管理绩效和财务风险分析

（一）营运资金周转期

表2与图1表明，从周转期的角度来看参与"一带一路"的国有企业的营运能力，2015—2021年，企业年平均经营活动营运资金周转期逐渐缩短，由359天逐年缩短至316天，绩效提升约12%。其中，存货周转期、应收账款周转期、应付账款周转期均有不同程度的缩短，分别大致下降17%、4%、11%。存货周转期的改善尤为明显，说明企业对经营活动中的存货管理重视程度加强，存货管理的绩效提高。企业参与"一带一路"倡议进行海外投资，在异国他乡进行投资活动的占用资金较大，且融资难、周期长，因此面临着较大的资金压力。企业要想维持内部运营稳定和外部投资正常进行，就不得不从提高经营活动营运资金管理绩效入手，加快资金融通效率、资金运用效率，为不确定性较大的投资活动换取资金运用空间，表现为经营活动营运资金周转期的缩短和经营活动营运资金管理绩效的提升。参与"一带一路"后，企业的营运能力受到影响，这势必会带来一定的经济后果，主要体现在企业的资金回报率、周转率以及面临的财务风险会受到影响。

表2 2015—2021年参与"一带一路"国有企业营运能力指标

年份	存货周转期（天）	应收账款周转期（天）	应付账款周转期（天）	经营活动营运资金周转期（天）
2015	140.44	100.84	117.59	358.86
2016	143.39	107.66	119.08	370.83
2017	122.90	107.49	103.34	333.73
2018	116.04	107.49	100.39	323.92

(续表)

年份	存货周转期 (天)	应收账款周转期 (天)	应付账款周转期 (天)	经营活动营运资金周转期 (天)
2019	109.86	97.39	99.26	306.52
2020	117.78	100.02	103.73	321.53
2021	116.70	96.15	102.99	315.84

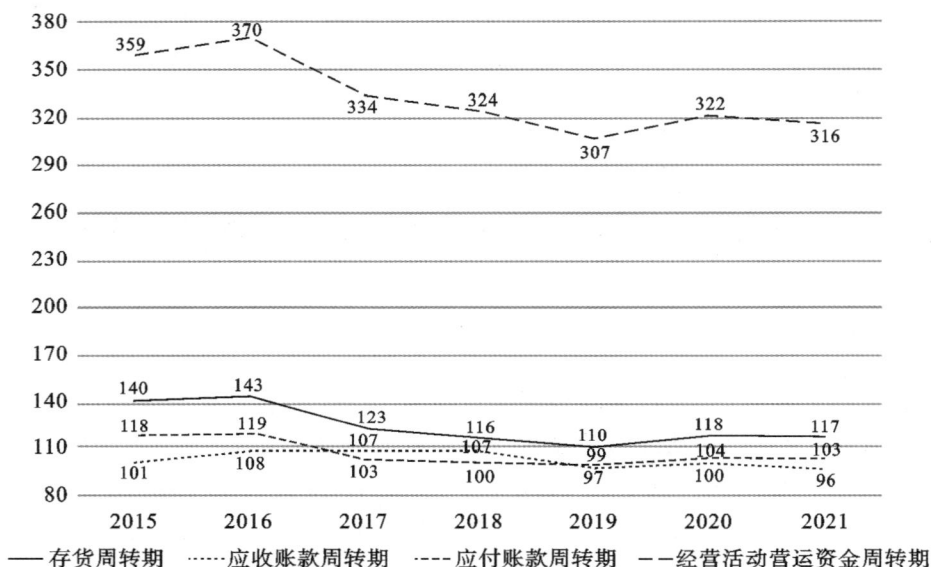

图1 2015—2021年参与"一带一路"国有企业营运能力指标变化情况(单位:天)

(二)资金回报率

从资金回报率(表3、图2)的角度看,参与"一带一路"国有企业总资金回报率呈整体平稳缓慢上升态势,由2015年的2.88%提升至2021年的4.76%,说明国有企业总资金绩效有小幅度的改善。在经营活动资金回报率方面,其回报率在7年内有明显提升,至2021年提高6.97个百分点。从国企内部看,国有企业自身通过发展主营业务优势,创新经营管理模式、革新技术专利,形成了全新的竞争优势,提升了市场竞争力,为企业带来新的盈利点,这使得企业资金回报率有较为显著的提升。从国企外部环境看,2015年以来党中央、国务院颁布实施关于深化国有企业改革指导意见,多项配套文件先后出台指导改革进程,国企改革具体的方案设计落地,深化改革步入落实之年。在政策的指引和催化下,混合所有制改革、国企治理结构改革、国企内部激励模式改革、国企党建改革等稳步推进,国企的"控制力、影响力、抗风险能力"不断提升,促进国有企业资金管理绩效提升,也成为国企敢于"走出去"的动力之源。

表 3 2015—2021 年参与"一带一路"国有企业资金回报率

年份	经营活动资金回报率(%)	投资活动资金回报率(%)	总资金回报率(%)
2015	1.16	33.99	2.88
2016	2.42	6.77	3.70
2017	3.24	24.11	3.98
2018	4.66	12.11	4.49
2019	7.51	13.61	3.68
2020	7.33	12.92	4.29
2021	8.13	11.39	4.76

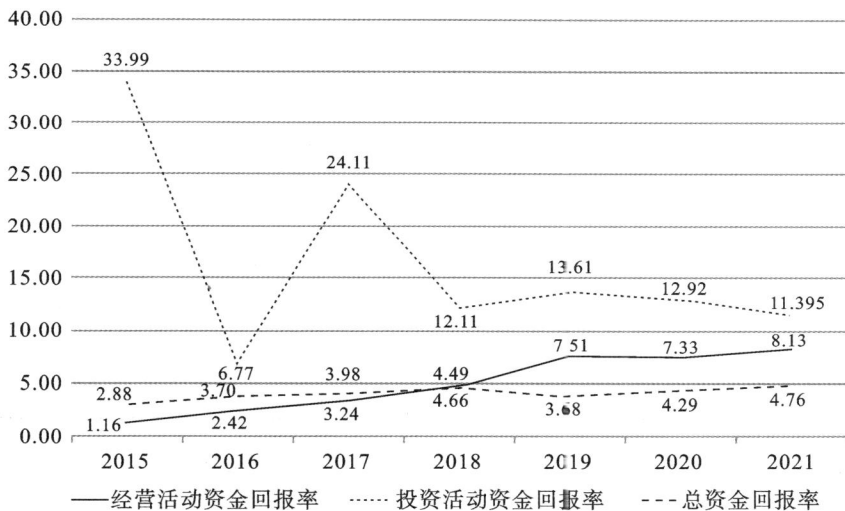

图 2 2015—2021 年参与"一带一路"国有企业资金回报率(%)

国企自身实力的提升和政策支持,能为企业经营和应对外部不确定性提供一定程度的保障,但却不能完全化解企业投资活动的风险。与前两者相比,国有企业投资活动资金回报率在 2016 年有大幅度下降,从 33.99% 骤降至 6.77%;2017 年回报率有所反弹,回升至 24.11%,后回落至 12.11%;2018 年至 2019 年约稳定在 12.50%,整体成波动幅度趋平稳,呈下降趋势。2016 年投资活动资金回报率仅有 6.77%。通过梳理原始数据发现,株冶集团(600961)投资活动资金回报率为 -12.67%,数值较低,拉低了总体平均投资回报率,该企业实际控制方为五矿集团,上市 18 年以来累计亏损 21 亿。2016 年,传闻五矿证券有借壳株冶集团上市的可能,虽然株冶集团予以否认,但仍在资本市场造成一定影响。同时,水口山集团和株冶集团存在同业竞争问题,收到了湖南省证监局的要求整改通知,双方在 2016 年 7 月 31 日前将履行解决同业竞争承诺,株冶集团将关停部分冶炼产能,面临严重投资损失。另外,该企业在当年还面临着大额债权转让合同纠纷,涉及金额达 13662942.10 元人民币。这都有可能导致其投资活动回报率出现极低负回报的情况。

若将株冶集团(600961)2016 年回报率数据进行剔除,平均投资活动资金回报率将上升至 12.61%(表 4、图 3),但仍处于低位水平。除个别极端值影响,也可能受 2016 年中国股市熔断影响,参与"一带一路"国企上市子公司投资收益下降,公司持有金融资产大幅度减值,投资活动回报率大幅降低。2017 年,政府进行宏观调整管控,我国资本市场有所恢复,体现了中国经济的韧性,企业投资活动资金回报率也有了一定的提升。然而,股市熔断影响并未完全消散,企业投资信心恢复仍需时间,因此企业投资逐步放缓,对于"一带一路"投资也更为理性和谨慎,因此自 2018 年至 2021 年投资回报率稳定在 12.5% 左右的水平。

表 4 2015—2021 年参与"一带一路"国有企业资金回报率(异常值剔除)

年份	经营活动资金回报率(%)	投资活动资金回报率(%)	总资金回报率(%)
2015	1.16	33.99	2.88
2016	2.42	12.61	3.70
2017	3.24	24.11	3.98
2018	4.66	12.11	4.49
2019	7.51	13.61	3.68
2020	7.33	12.92	4.29
2021	8.13	11.39	4.76

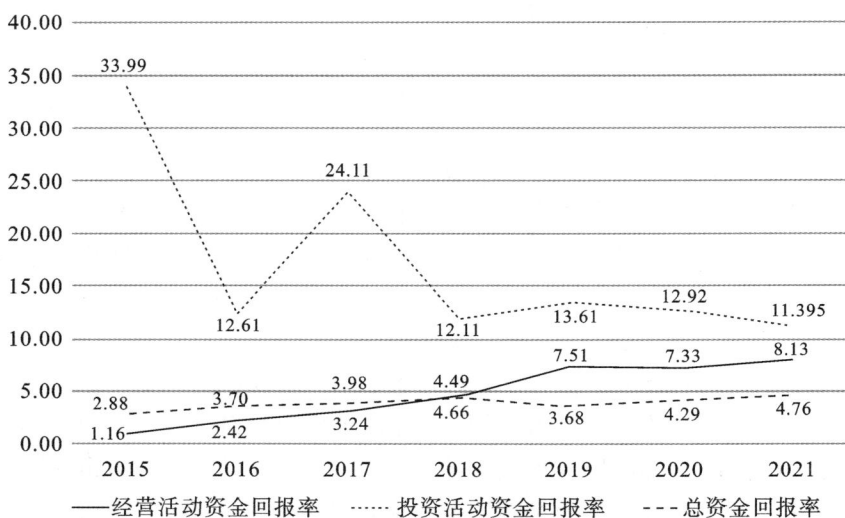

图 3 2015—2021 年参与"一带一路"国有企业资金回报率(异常值剔除)(%)

(三)资金周转率

表5与图4表明参与"一带一路"国有企业的总资金周转率自2015年至2021年总体变化较小,维持在0.03左右水平。经营活动周转率在7年间有所提升,自2015年的0.23提升至2020年的0.92,后于2021年稍有回降至0.7。在投资活动资金周转率方面,整体呈下降趋势,2018年达到7年间低点为3.94,2019年投资活动资金周转率提升至8.96,而后逐年下降至3.61。投资活动资金周转期与企业投资资金的占用情况,所投项目的收益回收情况,以及项目的投资周期相关,投资收益收回难度提升和投资周期延长,会使得资金的周转率降低。我国国有企业参与"一带一路"海外投资,所投项目中大多涉及基础建设领域。该领域项目资金投入量大、建设周期长,企业投资活动资金收回期延长,大量的资金长期囤积在高风险地区而无法及时收回,会在很大程度上增加投资活动周转的不确定性,投资活动的资金周转率降低。

表5　2015—2021年参与"一带一路"国有企业资金周转率

年份	经营活动资金周转率(%)	投资活动资金周转率(%)	总资金周转率(%)
2015	0.23	12.81	0.03
2016	0.03	11.64	0.03
2017	0.13	6.00	0.02
2018	0.27	3.94	0.01
2019	0.33	8.96	0.03
2020	0.92	7.00	0.03
2021	0.70	3.61	0.03

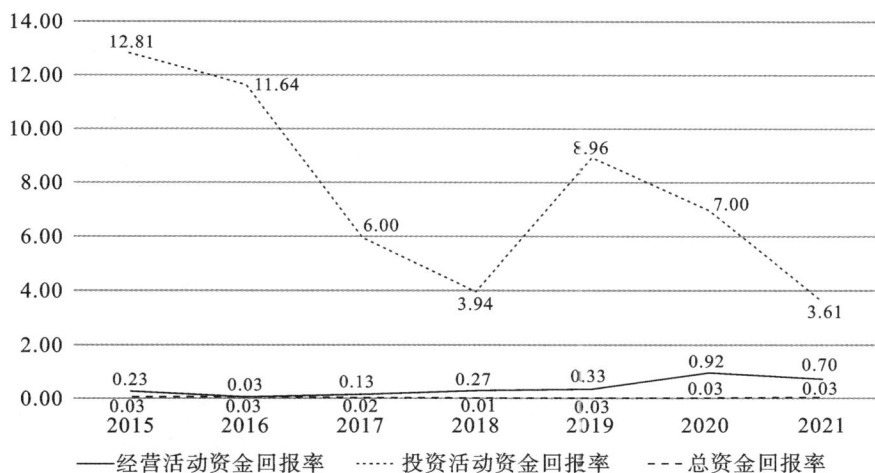

图4　2015—2021年参与"一带一路"国有企业营运资金周转率(%)

(四)营运资金财务风险分析

表 6 表明,自 2015 年以来,参与"一带一路"的国有企业的借入资金占比一直维持在 20％到 30％之间,自有资金占比多维持在 65％到 70％之间,总体波动程度不大。在借入资金中,长期借入资金和短期借入资金在 7 年间均呈下降趋势。在 2015 年至 2021 年,短期借入资金由 17.20％下降至 10.46％,下降幅度为 6.74％;长期借入资金由 14.58％下降至 11.43％,下降幅度为 3.15％。长期借入资金在 2019 年年中超过短期借入资金,之后高于短期借入资金占比。此外,2015 年到 2018 年,参与"一带一路"的国有企业杠杆比率由 47.06％上升至 49.85％,后趋于稳定,保持在 49.50％左右。企业运用杠杆可以放大收益,而过度"杠杆化"会使企业面临着更大的投资风险。企业高杠杆会增大资金成本,也会影响企业资金的管理绩效。特别是当企业在"一带一路"投资项目因东道国突发状况而被迫终止时,高杠杆会致使高损失,会让企业资金回报率、周转率降低,使企业资金管理绩效下降。

表 6   2015—2021 年参与"一带一路"国有企业财务风险情况

年份	借入资金占比 (％)	自有资金占比 (％)	长期借入资金占比 (％)	短期借入资金占比 (％)	杠杆比率 (％)
2015	31.63	65.08	14.58	17.20	47.06
2016	29.82	67.13	13.97	16.00	47.71
2017	28.50	68.42	12.88	15.73	49.01
2018	27.56	68.53	12.67	14.97	49.85
2019	26.06	68.21	12.61	13.49	49.76
2020	22.92	65.40	11.69	11.26	49.83
2021	21.88	64.98	11.43	10.46	49.49

五、研究结论与启示

本文通过对在"一带一路"倡议下"走出去"的国有企业 A 股上市子公司进行研究,探寻在此背景下参与海外投资企业的营运资金管理绩效的现状。本文研究发现,国有上市公司自参与"一带一路"海外投资以来,企业的投资活动资金回报率和周转率整体呈下降态势,很大程度上降低了企业资金管理绩效。国有企业的杠杆比率有一定升高,当企业面临投资不确定性时,企业的财务风险会随之放大。为应对企业资金管理绩效的下降,企业会通过内部管理,缩短经营活动营运资金周转期,具体表现为存货、应收账款、应付账款周转期的缩短,以满足投资活动资金和企业稳定发展需要,缓解财务压力。通过本

专题研究,我们可以得到以下启示:

首先,"走出去"的国有企业应建立健全海外投资风险评估体系。合理评估企业海外投资面临的风险"是什么""有哪些""从哪来",有助于帮助企业准确识别风险,有针对性地提高海外投资抗风险能力。海外投资风险评估体系应采用多维度、全方位的评价指标,客观准确评价企业海外投资面临的政治风险(如政治稳定程度、政府效率、东道国法治环境、双边政治关系)、经济风险(如经济稳定性、市场成熟度、市场效率)、社会风险、技术风险等,同时也要从企业的治理结构出发(股东数量、股权集中度等),评估企业海外投资经营决策是否符合企业当前发展水平和需要。

其次,"走出去"的企业也应建立适应海外高投资风险环境的营运资金管理体系。企业不应让海外投资所"拖累",应让海外投资成为企业长足发展的"推进剂"。在海外投资背景下,企业的营运资金管理应从提升资金利用效率入手,盘活现有存量资金,努力拓展增量资金。此外,企业的资金常常是有限的,应在合理评估之后将企业有限资金投资于收益可观、风险适中的项目中,避免贪多超负荷投资,导致资金链断裂,影响企业整体资金稳定性。也应对资金管理绩效和财务风险进行合理评估,能够及时快速反映企业资金运用中的问题,供管理层参考解决,保障企业资金流健康持续运转。

最后,政府应为"走出去"的企业保驾护航,同时加快推进我国资本市场的健康发展。企业海外投资不确定性多来源于政府间的地缘政治问题,政府应促进国家间的平等交流合作,发挥"一带一路"倡议的优势。当企业面临海外投资困境时,政府应保障企业合法权益,为企业提供法律支持、资金保障、政策优惠等,及时帮助企业摆脱困境。此外,高效的资本市场可以为企业带来更多融资机会,减少市场信息不对称,有利于企业缓解融资约束,降低融资成本。同时避免企业过多运用债务融资手段,造成财务杠杆升高,一旦企业受海外投资风险冲击,企业难以及时还款,将面临债务诉讼或破产。资本市场机制的有效调节,有助于资金在市场中的合理分配,也有利于企业内部资金决策的科学有效,帮助企业从根本上优化资金管理绩效。

参考文献

[1] Anwar, S., Sun, S. Can the presence of foreign investment affect the capital structure of domestic firms? [J]. *Journal of Corporate Finance* (Amsterdam, Netherlands),2015(30):32-43.

[2] Fiador, V. Does corporate governance influence the efficiency of working capital management of listed firms? [J]. *African Journal of Economic and Management Studies*,2016,7(4):482-496.

[3] Gaurav S. Chauhan, Pradip Banerjee. Financial constraints and optimal working capital-evidence from an emerging market[J]. *International Journal of Managerial Finance*,2018,14(1):37-53.

[4] Gill, A. S., Biger, N. The impact of corporate governance on working capital management efficiency of American manufacturing firms[J]. *Managerial Finance*,2013,39(2):116-132.

[5] Hoberg, G., Maksimovic, V. Redefining financial constraints: a text-based analysis[J]. *The Review of Financial Studies*, 2015, 28(5):1312-1352.

[6] Mättö, M., Niskanen, M. Role of the legal and financial environments in determining the efficiency of working capital management in European SMEs[J]. *International Journal of Finance and Economics*, 2021, 26(4):5197-5216.

[7] Wang, M. Does foreign direct investment affect host-country firms' financial constraints? [J]. *Journal of Corporate Finance* (Amsterdam, Netherlands), 2017(45):522-539.

[8] 程昔武,程炜,纪纲. 客户集中度、市场竞争与营运资金管理效率[J]. 会计之友,2020(07):45-51.

[9] 杜媛,王竹泉. 基于投资者关系的资金管理策略[J]. 财务与会计(理财版),2014(03):17-19.

[10] 花双莲,吴玉洁. 高管超额薪酬、内部控制与营运资金管理绩效[J]. 会计之友,2020(20):52-59.

[11] 蒋冠宏,蒋殿春. 中国工业企业对外直接投资与企业生产率进步[J]. 世界经济,2014(09):53-76.

[12] 刘红霞. 中国境外投资风险及其防范研究[J]. 中央财经大学学报,2006(03):63-67.

[13] 邱立成,刘灿雷,盛丹. 中国企业对外直接投资与母公司经营绩效——基于成本加成率的考察[J]. 世界经济文汇,2016(05):60-75.

[14] 康进军,李欣,李娜. 融资约束下营运资本管理与企业绩效关系检验[J]. 统计与决策,2017(11):181-184.

[15] 孙兰兰,朱大鹏. 上市公司营运资金管理宏观影响因素分析——以制造业为例[J]. 财会通讯,2014(32):28-30.

[16] 孙莹,张仪. 高管团队特征、股权激励与经营活动营运资金管理绩效[J]. 财务研究,2018(03):76-86.

[17] 王明虎,王楠. 管理层自信影响企业营运资金融资策略吗——基于 A 股上市公司数据[J]. 会计之友,2021(22):37-41.

[18] 王苑琢,王竹泉. 供应商关系视角的资金管理策略[J]. 财务与会计(理财版),2014(03):12-14.

[19] 王贞洁,王竹泉. 经济危机、信用风险传染与营运资金融资结构——基于外向型电子信息产业上市公司的实证研究[J]. 中国工业经济,2013(11):122-134.

[20] 王竹泉,杜媛,孙莹,王苑琢. 利益相关者视角的资金管理:机理与策略[J]. 财务与会计(理财版),2014(03):10-12.

[21] 徐晨阳,王满,何新宇. 融资约束能促进营运资本平滑作用的发挥吗?——基于机构投资者视角的研究[J]. 金融评论,2017(09):72-87+125.

[22] 尹晨,周薪吉,王祎馨. "一带一路"海外投资风险及其管理——兼论在上海自贸区设立国家级风险管理中心[J]. 复旦学报(社会科学版),2018(60):139-147.

[23] 朱大鹏,孙兰兰. CFO 背景特征、高管激励与营运资金管理绩效[J]. 会计之友,2015(05):23-27.

[24] 张述存. "一带一路"战略下优化中国对外直接投资布局的思路与对策[J]. 管理世界,2017(04):1-9.

[25] 郑云虹,谭聪. 对外直接投资会加大企业的杠杆风险吗?——典型事实与实证检验[J]. 东北大学学报,2022(04):16-25+43.

[26] 张园园,孙兰兰,王竹泉. 商业信用融资能否提高实体经济的资本效率——基于经济政策不确定性的视角[J]. 现代财经(天津财经大学学报),2020,40(11):53-67.

[27] 张园园,王竹泉,邵艳. 经济政策不确定性如何影响企业的商业信用融资?——基于供需双方的探讨[J]. 财贸研究,2021,32(05):82-97.

The Economic Consequence of Foreign Investment and the Working Capital Management Performance of Chinese SOEs under "The Belt And Road Initiative"

Zhao Yuanchun, Liu Siyu & Xie Sujuan

(*Management College of Ocean University of China, China Business Working Capital Management Research Center*)

Abstract   This study analyzes the performance of working capital management in Chinese State-owned enterprises that participate in foreign investment under "the Belt and Road Initiative". Employing the data from listed subsidiaries of Chinses SOEs during 2015—2021, the return rate and turnover rate of investment activities in Chinses SOEs' subsidiaries have declined since they joined the Initiative. And SOEs' leverage ratio increases when they face the uncertainty of oversea investment. Moreover, the SOEs prefer to reduce the turnover period of inventory, accounting receivable and accounting payable to hedge the decline of the working capital management performance and risks of oversea investment activities.

Key words   "The Belt and Road Initiative"; Foreign Investment; Working Capital Management; State-owned Enterprises

中国会计研究与教育

第 11 卷第 1 辑

China Accounting Research and Education

Vol.11, No.1

新文科、大智移云与高等会计教育发展

张月玲①　　王守成②　　石珂钰③　　张文涵④

（山东科技大学经管学院）

摘　要　大智移云等新技术对传统文科带来巨大挑战，新文科建设宣言适应新技术时代而提出，以满足培养新时代人才的需求。新文科建设要在传承中创新，融入理工科技要素建设新文科。会计学属于新文科中的应用型文科，建设新会计学要专业自信，建设中会计教师是关键因素。

关键词　新文科　大智移云　会计专业自信　高等会计教育

一、引言

2020 年 11 月，教育部发布了《新文科建设宣言》，对新文科建设作出全面部署，教育部、科技部等 13 个部门正式启动"六卓越一拔尖"计划 2.0。2013 年 8 月，中国互联网大会首次提出大智移云（BDAIMICC）（即大数据 BD Big Data，人工智能 AI Artificial Intelligence，移动互联网 MI Mobile Internet，云计算 CC Cloud Computing）的概念，其发展迅猛，已经渗透到社会建设与人民生活的方方面面。会计行业受到巨大冲击并面临严峻的挑战。德勤会计师事务所推出财务机器人，导致会计行业出现不同程度的恐慌，甚至有知名教授认为会计可能会消失，也有资深会计学院院长感到会计前途渺茫等，这对会计青葱学者、学生及将有志从事会计专业的人士造成一定程度的心理障碍。再加上 2019 年底突发并且持续达 3 年之久的新冠疫情，进一步催生了在线网络教育等方式，也对高校正常的线下教学产生了冲击。在此背景下，会计学如何适应新文科的要求，如何应对大智移云等新技术的挑战，高等会计教育如何发展，是会计教师必须思考的问题。本文正是基于上述背景，以马克思对会计本质的论述为理论依据，运用辩证的思想，结合自己

---

①　张月玲，山东科技大学经管学院教授，美国伊利诺伊大学香槟分校会计学高级访问学者，青岛市珠算协会副会长。

②　王守成，山东科技大学经管学院硕士研究生。

③　石珂钰，山东科技大学经管学院硕士研究生。

④　张文涵，山东科技大学经管学院硕士研究生。

的学习与研究、亲身教学、实践及留学体验,研究提出:新文科不同于传统文科,关键是其融入理工科与技术的元素;会计依生产而存在,人类需要生产活动,会计永恒;会计教育要基于大智移云等新技术,不断改革发展,新文科建设势在必行,建设关键在教师。

二、新文科与新文科建设宣言

(一)文科与新文科

1. 学科划分

一般而言,所有学科可以分成三大类:自然科学、社会科学、人文科学。三者分别以"物""事""人"为研究对象,追求物理要"对"、事理要"明"、人理要"通"。可见,新文科涵盖人文科学和社会科学两大类,可谓三分天下有其二,再次说明新文科范围之博大。之所以强调"物""事""人"三类研究对象,就是要揭示新文科内涵的根本因素:人。人文科学直接研究"人",社会科学虽然研究的是"事",但除了自然事件以外,一般事因人而起,天下没有不关人之事,因此根本还是"人"(徐飞,2021)。

2. 文科与新文科

通常文科是相对于理工科而言的学科分类。广义的文科是指以人类社会的政治、经济、文化等为研究对象的学科,又称人文社会科学,包括人文学科和社会科学。人文学科以人类文化遗产作为研究对象,其经典学科是文学、历史学、哲学、艺术、人文地理学。社会科学是人类认识和改造人类社会的科学,它研究的对象是人类社会,研究社会发展、社会问题、社会规律,由法学、教育学、经济学、管理学 4 个学科门类构成。文、史、哲是基础文科,经、管、法和教、艺是应用文科(徐飞,2021)。而狭义的文科是指高中文理分科时选择的科目(政治、历史、地理)。

新文科是相对于上述传统文科而言的。传统文科教育下,缺少文理交融,知识体系界限分明。新文科以全球新科技革命、新经济发展、中国特色社会主义进入新时代为背景,突破传统文科的思维模式,以继承与创新、交叉与融合、协同与共享为主要途径,促进多学科交叉与深度融合,推动传统文科的更新升级,从学科导向转向以需求为导向,从专业分割转向交叉融合,从适应服务转向支撑引领。

新文科理念产生于人类生态危机和生存危机背景下。20 世纪 70 年代初,美国学者首次提到"超学科"概念,并将"超学科"界定为一个结合科学、社会等角度系统理解人类所面临的复杂问题的概念。"超学科"意在打破孤立的知识边界和学术研究的纯粹状态,在复杂动态的情境中促进研究和教育的创新,其核心思想是不同学科的学者与各行从业者共同解决现实世界中的复杂问题。这使得与"超学科"相通的新文科不仅意味着学科之间的交叉融合,还代表着一种面向生活世界复杂问题解决的、打破学科与非学科界限的新型研究和教育(赵奎英,2020)。克服由单一学科造成的局限和遮蔽,以及学术研究和教育与社会需求之间的脱节,从而有助于我们对一些问题提出新观点,并使本学科或所跨学科的方法视野、研究领域得到拓展和更新(赵奎英,2021)。

2017 年,美国俄亥俄州私立文科学院希拉姆学院(Hiram Colege)校长 Lori Varlota 博士正式提出"新文科(New Liberal Arts)计划",试图将之推广为全美大学文科教育的新模式。其倡导的新文科教育,是指将新技术融入哲学、文学、语言学等人文社会科学类课程中,即"文科+新技术"(贾文山、马菲,2021)。这一理念迅即引起了广泛的关注,同时也得到了我国的积极响应。2018 年 10 月,中国教育部决定实施"六卓越一拔尖"计划2.0;2019 年 4 月,该计划正式启动,包括新文科在内的"四新"学科(新工科、新医科、新农科和新文科)建设进入政策实施阶段,试图通过大力发展这些新学科,优化学科专业结构,推动形成覆盖全部学科门类的具有中国特色、世界水平的一流本科专业集群(李凤亮,2020)。

(二)"新文科建设宣言"的提出与发展

文科教育是培养自信心、自豪感、自主性,产生影响力、感召力、塑造力,形成国家民族文化自觉的主战场主阵地主渠道。新文科建设对于推动文科教育创新发展、构建以育人育才为中心的哲学社会科学发展新格局、加快培养新时代文科人才、提升国家文化软实力具有重要意义。

2020 年 11 月,全国有关高校专家共商新时代文科教育发展大计,共话新时代文科人才培养,共同发布了《新文科建设宣言》。这一宣言指出,新时代、新使命要求文科教育必须加快创新发展。提升综合国力、坚定文化自信、培养时代新人、建设高等教育强国、文科教育融合发展都需要新文科。新文科建设要坚持遵循尊重规律、立足国情、守正创新、分类推进的原则,以构建世界水平、中国特色的文科人才培养体系为任务,构建世界水平、中国特色的文科人才培养体系,要强化价值引领、促进专业优化、夯实课程体系、推动模式创新。

2021 年 3 月,教育部发布了《教育部办公厅关于推荐新文科研究与改革实践项目的通知》(教高厅函〔2021〕10 号)。为深入学习贯彻习近平新时代中国特色社会主义思想,贯彻落实全国教育大会精神,落实新文科建设工作会议要求,全面推进新文科建设,构建世界水平、中国特色的文科人才培养体系,开展新文科研究与改革实践项目立项工作,根据新文科建设的目标任务,教育部在广泛征求意见的基础上形成了《新文科研究与改革实践项目指南》,设计有新文科建设发展理念、专业优化、人才培养模式改革、重点领域分类推进、师资队伍建设、特色质量文化建设研究与实践 6 个选题领域、22 个选题方向。项目建设周期一般为 3 年。2021 年 11 月 2 日,教育部已经公布首批认定的 1011 个新文科研究与改革实践项目,这标志着新文科建设跨出了实质性的一步。

三、大智移云新技术与新文科建设构想

(一)大智移云的提出与发展

2013年8月中国互联网大会上首次提出大智移云的概念,是大数据、云计算、互联网、人工智能的简称。其中,大数据、云计算、物联网综合到一起,云计算、大数据等信息技术交融渗透,"智能化"包括物联网和大数据挖掘支撑的用户体验。移动互联网、物联网的结合,又使大数据的产生与收集成为可能。大智移云彼此相互关联,移动互联网和物联网的应用需要云计算支撑,大数据的深入分析和挖掘反过来助推移动互联网和物联网的发展,使软硬件更加智能化。事实表明,大智移云发展迅猛,渗透到社会生产、人民生活、教育等方方面面,影响并改变着人们的生活方式-商业模式等,也掀起了新一轮的产业变革。教育,尤其是高等文科教育,受到极大的冲击,面临巨大的挑战。基于大智移云的财务共享服务转型能够有效提高企业财务管理效率。短视频、直播带货、平台服务、移动支付等,改变了人们的消费和支付模式,也关联到会计实务的变革。

(二)基于大智移云新技术的新文科建设构想

未来已来,将至已至。大智移云提出9年多以来,其发展势头迅雷不及掩耳,改变着世界的模样。适者生存,教育作为育人的特殊行业,不适应必将被淘汰。哲学社会科学发展水平反映着一个国家的精神面貌与文明程度、一个民族的思维能力、精神品格与人文素养,关系到社会的繁荣、和谐与进步。文科占学科门类的三分之二,占专业种类和在校学生数的半壁江山。世界观、人生观、价值观的三观教育重在文科,文科教育教学兼具价值性与学术性,强化价值引领是新文科建设内在要求。新的科技时代,新文科建设势在必行、刻不容缓。

1. 建设新文科,要突出"新"

高校传统的文科,与高中的文理分科有密切关联。高中时学文科的学生,除了如会计学、新闻学等文理兼招生的专业,大部分学生就读于纯文科的如文学、历史、外语等专业,这类基础文科的培养目标、课程体系、教学手段与方法等,与理工科甚至与应用类文科经管类专业也有很大区别,其课程中缺少理工科的元素,对其抽象思维、数理逻辑等的培养不利。时移世易,变化亦矣。新时代不管是文科还是理工科,共同受大智移云等新技术的影响,必须改革创新文科教育。如创新改革课程体系,可在传统文科的一、二年级课程中,开设类似专业基础课、通识课的理工类课程,构建"文科+理工科技"的课程模式。也可以借鉴大学期间开设的双专业,在文科专业中实行辅修理工科专业制,必要时可适当延长一至两年的学制。这符合《新文科建设宣言》的要求:进一步打破学科专业壁垒,推动文科专业之间深度融通、文科与理工农医交叉融合,融入现代信息技术赋能文科教育,实现自我的革故鼎新。

2. 建设新文科,要提倡创新

一个国家的发展水平,既取决于自然科学发展水平,也取决于哲学社会科学发展水平。伟大的物理学家爱因斯坦曾非常明确地说,"与其说我是一个物理学家,不如说我是一个哲学家",即哲学给了他很多启迪。新文科一定是适应科学技术发展、拥抱科学技术的文科,实现文科、理科、工科、农科、医科等不断交融交叉的新文科,是与互联网、大数据、人工智能、基因工程等密切联系的新文科。文科与自然科学都注重知识性、学理性和学术性,但文科还必须关切并体现价值性和思想性,价值性、思想性和知识性、学理性相统一是哲学社会科学的命脉。科学技术是生产力,观点也是生产力。思维活跃,好主意、好观点也具有改天换地、征服自然、改造自然之气魄。提出新观点、凝练新思想、创新新理念、构建新制度等正是文科之擅长所在。因此,创新不仅仅是理工科发明专利等,文科对于创新起到一种启迪智慧的作用(樊丽明、杨灿明等,2019)。新文科之"新"不仅是新旧、新老的"新",更是创新的"新"(徐飞,2021)。创新性是新文科的属性特征,新文科的"新"本身就包含着"创新性",能归入新文科行列的学科一定具有"新"的特征(Wang,2020)。一般而言,自然科学注重工具理性,文科则注重价值理性。通常,工具理性具有客观性、普适性和普遍性;价值理性则具有主观性、民族性、历时性、理念性和意识形态性。新文科的着力点需从探讨人文社科所涉对象的规律性,转向对社会价值观的重塑;需注重揭示理性背后的正当性和正义性,弘扬知性美德和善意,为理工科乃至为国家和社会提供思想指引与价值选择。文史哲促人修身铸魂、经管法助力治国理政、教育学培元育才、艺术学美人化人。

3. 建设新文科关键在教师:以会计学专业为例

文科的研究对象是事与人,一般事因人而起,还是归于人。所以,建设新文科,关键在于人。传统文科教育下,缺少文理交融,会计学专业很大一部分高中生源为文科,高中的文理分科已经使得学生文理科知识残缺不完整了,而大学的会计教育重在专才教育,突出专业特色,课程设置中缺少文理交融的课程,导致了会计学专业的学生理工知识能力差,大难以适应智移云等新技术。针对会计专业的现状,适应大智移云新技术的要求,建设新文科,会计学专业必须进行改革(董必荣,2022)。要解决这一问题,应该改革教育模式,高中不分文理科,大学文理科交融,文科类设置必要的理工科课程,作为专业的奠基。

新文科建设需要针对问题更新逻辑链条,重建新视角、新范式和新方法,进一步拓展传统文科的外延,全面优化文科学科专业体系,推进学科交叉融合,不断夯实基础学科,带动传统文科的转型升级。深入实施教育数字化战略行动,推动人工智能、大数据等现代信息技术与文科教育深度融合,持续推动教育教学的理念变革、体系变革、方法变革、实践变革,形成中国特色的文科教育教学新范式(樊丽明,2022)。除了以《新文科建设宣言》为引领外,高校新文科建设关键在于教师。新文科建设中,对于高校会计教师,提出如下建议:

第一,树立会计专业自信。

2016 年,习近平总书记在庆祝中国共产党成立 95 周年大会上提出四个自信,即中国特色社会主义道路自信、理论自信、制度自信、文化自信。四个自信凸显了中国特色社会主义的文化根基、文化本质和文化理想,标志着我们党对中国特色社会主义有了更加明确而开阔的文化建构。文化铸魂,文化包括制度文化与精神文化。会计作为实用性规范性极强的专业,制度文化举足轻重。会计法、会计制度、会计准则等系列会计法规,几乎是会计实务操作的纲领性文件,是丰富的会计文化。面对大智移云新技术冲击及会计过时论、消失论等言论,会计教师应该以马克思主义思想武装头脑,牢记马克思对会计本质的精辟论断,深刻剖析会计的本质与产生的根源,不忘初心,坚定会计永恒的会计专业自信。立足专业,站稳脚跟。力不住,何谈稳;站不稳,何炎走;走不稳,何谈跑,无法前行。会计教育发展也是这个道理。只有坚定会计专业自信,站稳脚跟,立足本职,才能做好会计教师的本职工作,坚守、传承教书育人的传统职责,增加导读、导学的新的导师职责,导演好、教授好每一堂课。并适应新技术的要求,在完善误程体系的基础上,不断改革教学方法与手段,改革为实现培养目标的途径,高等会计教育在改革中稳中前行。

第二,以马克思的会计思想铸魂,坚定会计永恒。

马克思主义是指导我国政治经济建设与发展的思想灵魂,马克思永远是我们伟大的导师。习近平总书记说:"马克思主义是我们立党立国、兴党兴国的根本指导思想。实践告诉我们,中国共产党为什么能,中国特色社会主义为什么好,归根到底是马克思主义行,是中国化时代化的马克思主义行。"

马克思曾经对会计有过精辟的论述,他指出会计的本质是"对生产过程的控制与观念的总结"。人类的生存发展离不开物质资料,而物质财富主要靠人类生产制造出来。只要人类存在,生产必然存在。进行生产必然要投入人力、物力与财力,必然需要对其进行组织与管理,对生产的所费与所得的确认、记录、计量与报告,就需要会计。因此,会计依人类的存在而存在,依人类的进步而发展,会计永恒。

远古时代先人们采用结绳计数、契刻计数的方法来计数、记事。随着人类经济政治文明的进步发展,珠算应运而生,经济的发展也促进了珠算技术的提高与发展,中国珠算当中使用的算盘,也被称为"世界上最古老的计算机"。会计的发展是反应性的,会计主要是应一定时期的商业需要而发展的,并与经济的发展密切相关。随着计算机的发展与应用,会计又逐步实现了从传统手工记账到会计电算化、信息化的转变。在大数据时代到来的今天,会计顺势而上,力争逐步实现大数据与会计的结合。数字经济时代深刻改变了会计实践环境,以"大智移云"为代表的新技术将导致会计环境、会计手段的变化,并引起会计对象、会计组织方式、会计理念、会计规则、会计目标变化等理论层面的发展(李立成、刘勤,2019)。但是"大智移云"并未改变会计的本质,数字经济时代对会计"反映"和"监督"效率提出了更高要求,但并不会改变会计"观念总结"和"过程控制"的经济属性(徐玉德,2022)。马克思也曾在《资本论》中指出:"过程越是按社会的规模进行,越是失去纯粹个人的性质,作为对过程的控制和观念总结的簿记就越是必要。"

任何事物的发展都不是一帆风顺的,前进的道路总是曲折的,在会计发展的道路上,会计从业资格证的取消、会计环境以及手段的变化并不能代表着会计走向消亡,而是另一种重生。会计在求变中求生,变的是会计为社会经济活动服务的效率,不变的是会计为社会经济活动服务的初心。这正是先进的马克思主义对会计提出的要求,而会计也在马克思主义道路上稳步前行,不惧风浪,乘势而上。

第三,转变教师职责:教师+导师。

互联网时代,网络优质教学资源丰富,中国大学慕课精品课程国家级教学平台、智慧树等,为学生呈现大批优质课程和海量学习资源,物美价廉、免费资源丰富。教师应增加新的职责,变教师为"教师+导师",不仅履行传统的传道受业解惑的职责,更要增加指导学生利用网络优质资源学习、引领学科前沿的职责。如会计教师可将中国会计学会网站、学会及各分会的年度会议征文等融入课堂教学,引领学生学习会计最新规范,了解并参与学科前沿的研究,这也能启发学生的创新,为硕博研究生的培养奠基(张月玲,2016)。

第四,业财融合,会计教师一马当先。

业财融合就是需要既懂生产经营又懂财务与会计的复合型人才。这就要求会计教师首先要业财融合,新进的教师最好有理工科背景或者实践工作经历;现有的教师可利用寒暑假积极融入企业实践,实现自身的业财融合。这样,教授的课程才内容丰富,紧密联系企业生产经营的业务实际,学生才能感受到接地气的会计学习,也有助学生将来业财融合素质的提升。

一般认为,会计学最高水平的教育来自财经类院校。其实不然,历史的经验表明,越高水平的会计学人才与教育往往源自理工科院校,这是对业财融合最有力的诠释。美国的伊利诺伊大学香槟分校(UIUC),1922 年颁发全美国第一个会计专业学士学位,1939年全球第一位会计学博士也诞生于 UIUC。该校是与麻省理工学院、加州大学伯克利分校等平头的世界著名的理工科强校,而其却被称为全球会计学的摇篮。这使得笔者曾经很感慨,直到 2012 年至 2013 年有幸到 UIUC 留学做会计学高级访问学者,师从美国著名会计学家 A. RashadAbdel-Khalik 教授,亲身感受到 UIUC 的大学文化,聆听教授的指点,旁听课程,参与博士生课程讨论,观摩并参与第二课堂活动,才深刻感悟到了会计是从生产职能中分离出来并服务于生产,理工科院校尤其是工科院校直接服务于生产,工科院校率先高质量发展会计教育,才是业财融合落地的真正原因。

第五，会计教师与理工科教师合作。

新文科在文科中融入理工的元素，会计教师则可与理工科的教师交流、合作。教学活动可以交流。在理工科院校、综合性大学，在校内通过听课、研讨、教改课题交流与联合，可以实现文理与理工科教师互相学习、促进，这是该类学校"大智移云"及新文科要求下的优势所在。财经类院校教师可通过教研会议、调研走访理工科院校等实现，在互联网时代，也可通过视频会议实现院校之间的学术交流。申报课题可以合作。会计学等文科教师可与理工科教师合作，申报高层次的课题。在课题的申报、研究中密切合作，互相学习、互相启发，激发创新思维。同时邀请各自专业的学生参与课题，锻炼学生的文理交融、科技创新能力。

第六，加强管理会计的教学研究。

20世纪八九十年代，随着对外开放与科技进步，企业越来越认识到向管理要效益。经济越发展，会计越重要。会计的职能有需要由核算逐渐转向管理，行业呼吁会计由核算型向管理型转变，管理会计引入我国并备受重视。其实，那时的技术环境很难实现这一转变，因为缺乏必要而丰富的数据，仅仅是有了转变的意识。如今在"大智移云"新的技术时代，大数据已经变成了触手可及的资源，这使得会计由核算型向管理型转变成为可能，为财务分析提供了强大的数据支持，实现了业财融合。若大数据时代没有到来，管理型就难以实现。高等会计教育要不断革新，适应、顺应大数据时代给高校会计教育带来的挑战和机遇，学院和教师应当加强管理会计的研究与教学，增加管理会计的专业授课，为会计由核算型向管理型的转变培养高素质会计人才，为学生自身更好地适应大数据时代的发展提供坚实的专业基础，为大数据时代的社会经济发展贡献会计力量。

四、结语

科学技术日新月异，改革创新发展是永恒的主题。丢弃传统，就是自断根基；不求创新，必然走向枯竭。新文科建设既要固本正源，又要精于求变。新文科要继承传统文科的精髓，积极融合新的技术与管理，文理工交融、知识均衡方能适应新文科的需要。既懂业务又懂财务的人才才是业财融合要求的高级会计人才，也才能真正体现会计是"生产过程的控制与观念的总结"的本质。

变与不变是相对的。会计的本质与目标不会变，但是为实现会计目标的方法与手段应随科技的变化而不断变化。纵观会计的产生与发展，其与人类的生存发展、物质财富的供给密不可分。只要人类存在，就需要生产与生活资料；只要生产存在，就要管理生产，就要确认、记录、计量与报告生产的所费与所得，故会计就存在，即会计专业永恒。经济越发展，会计越重要。

　　会计要发展,教育是关键。在新技术时代,网络优质资源丰富,教师的职责不仅仅停留在传统的传道授业解惑,应增加引领学科专业前沿、导学导读等新的时代职责。高校的会计学教学,要不断改革,精心设计教学程序、内容,改革教学手段与方法,依托适应新技术,在改革中前进。

参考文献

[1] Wang M Y. New liberal arts-a revolution in liberal arts education[J]. *Journal of Shanghai Jiaotong University：Philosophy and Social Sciences Edition*,2020(42):19-22.

[2] 董必荣. 思政引领下的新文科人才培养模式探析——以会计学专业为例[J]. 财会通讯,2022(18):35-41.

[3] 樊丽明,杨灿明,马骁,等. 新文科建设的内涵与发展路径(笔谈)[J]. 中国高教研究,2019,314(10):10-13.

[4] 樊丽明. 中国新文科建设的使命、成就及前瞻[J]. 中国高等教育,2022(12):21-23.

[5] 贾文山,马菲. 从对中国新文科的回望到对全球新文科的畅想[J]. 扬州大学学报(人文社会科学版),2021,25(02):104-111.

[6] 李凤亮. 新文科:定义·定位·定向[J]. 探索与争鸣,2020,363(01):5-7.

[7] 李立成,刘勤. 数字经济背景下的财务创新——第十八届全国会计信息化学术年会主要观点综述[J]. 会计研究,2019,384(10):95-97.

[8] 习近平. 高举中国特色社会主义伟大旗帜 为全面建设社会主义现代化国家而团结奋斗[N]. 人民日报,2022-10-26(001).

[9] 徐飞. 新文科建设:"新"从何来,通往何方[N]. 光明日报,2021-03-20(010).

[10] 徐玉德. 数字经济时代会计变革的反思与逻辑溯源[J]. 会计研究,2022,418(08):3-13.

[11] 张月玲. 工科院校会计学本科人才培养模式创新研究[R]. 山东:山东科技大学经济管理学院,2016,9-10.

[12] 赵奎英. "新文科""超学科"与"共同体"——面向解决生活世界复杂问题的研究与教育[J]. 南京社会科学,2020(07):130-135.

[13] 赵奎英. 试谈"新文科"的五大理念[J]. 南京社会科学,2021,407(09):147-155.

New Liberal Arts, BDAIMICC and Higher Accounting Education Development

Zhang Yueling, Wang Shoucheng, Shi Keyu & Zhang Wenhan

(College of Economics and Managenment of
Shandong University of Science and Technology)

Abstract　New technologies such as the BDAIMICC brings great challenges to the traditional liberal arts, and the new liberal arts construction declaration is proposed to adapt to the new technology era to meet the needs of cultivating talents in the new era. The construction of new liberal arts should innovate in inheritance, and integrate science and technology elements of science and engineering. Accounting belongs to the applied liberal arts in the new liberal arts, and the ccnstruction of new accounting should be confident of professional, and accounting teachers are critical dur.ng the course.

Key words　New Liberal Arts; BDAIMICC; Accounting Prcfessional Confidence; Higher Accounting Education

中国会计研究与教育
第 11 卷第 1 辑

China Accounting Research and Education
Vol.11, No.1

在线教学效果的提升机制研究

——基于初级会计学课堂自然实验数据的实证研究

刘慧凤① 赵希希② 谭超元③

（山东大学管理学院）

摘　要　新冠疫情突发期间许多大学课堂被推上云端，要保证在线教学与传统课堂教学学习效果等效，课堂教学改革势在必行。我院初级会计学课程共有 5 个课堂出现了 2 种教学模式：一是传统教学网上进行，以教师讲授为主；二是实验班课堂，在线教学引入以学生为中心的教学理念，适当减少课堂连续讲课时间，增加小组讨论等探索性学习，加强过程评价。以此为样本的实证研究发现，教学改革（第二种教学模式）缩小了学生之间学习差距，学生学习成绩显著高于传统教学方式。其原因，一是过程评价发挥了督促作用，有助于保障在线教学的学生实际参与度；二是增加自主探索和课堂讨论，减少教师连续讲解时间，有助于巩固了学习效果、实现高阶学习目标。

关键词　线上课堂　自然实验　过程评价　学习成效

一、引言

新冠疫情爆发将大学课程推上云端，在线教学代替了传统课堂教学，如期实现了停学不停课。但在缺乏面对面教学指导与监督的情况下，同学们的自律能力和学习能力参差不齐，学习效果难以保障，课堂效果差也是同学们不喜欢在线教学的原因之一。总结前期在线教学经验成果，持续提高在线课堂的学习效果，是教育界一直关注的课题，其研究发现对提高线下教学成效也具有重要的借鉴价值。

在评价在线教学质量时，与传统教学是否实质等效是重要的判断标准。我校 2000 年春季初级会计学在线教学为我们的研究问题提供了实验数据。同期 5 个课堂由师生协商选择出现了 2 种教学模式：①引入以学生为中心的教学理念，改革了课堂教学方式，具体做法包括：一是适当减少课堂连续讲课时间，在每个知识点后增加在线答题，加强过

---

① 刘慧凤，管理学博士，山东大学管理学院教授。
② 赵希希，山东大学管理学院硕士研究生。
③ 谭超元，山东大学管理学院硕士研究生。

程评价;二是提供案例分析或讨论题,提高学生自主学习研究能力。这是一个工商管理实验班的课堂,成为在线课堂教学改革的实验组样本。②维持原有的上课模式,只不过将传统课堂搬到了腾讯课堂或雨课堂,改为教师线上讲课,有 4 个班级采取这种传统教学模式,成为对照组样本。实验组和对照组统一教材、教学大纲和考试大纲。

根据实验数据统计分析和实证检验,得出结论如下:实验班的学习成绩(平均成绩86.52 分、中位数 91 分、最低分 62 分)显著高于对照组的学习成绩(平均成绩 71.79 分、中位数 73 分、最低分 10 分),各班最高分基本没有显著差异;但最低分的差距较大,且对照组标准差显著高于实验组,这说明实验组教学改革提高了中部和尾部学生学习成绩,缩小了同学之间的学习差距。在采用多元回归模型,控制了影响学习成绩的其他要素后,回归结果支持教学改革显著提高了学习成绩的结论,其原因是教学改革可以提高学生的有效参与度,巩固深化教学内容,提高教学效果。

论文的创新点与贡献是:①采用自然实验数据,实证检验了在线教学条件下教学改革的有效性及其对成绩的影响。这与已有文献的研究数据不一样,已有研究数据多是基于问卷调查和教学评估数据,本研究采取的自然实验数据,为在线教学提供了更丰富的经验证据。②论证了提高在线课堂学习成效的关键机制:一是加大过程评价权重和频次,对学生、特别是自律性较差的学生起到督促和检查作用,提高了学生的实际参与度;二是设计关键知识点讲座和课堂讨论,进一步巩固了学生学习效果,有助于实现高阶学习目标。该结论对提高线下课堂学习效果也具有重要借鉴意义。

二、在线教学的效果、关键问题与教改对策

疫情防控期间高校采取直播教学、录播教学、慕课教学和研讨教学等多种方式在线教学,替代了传统课堂教学。疫情防控期间在线教学实践为研究在线教学效果和影响因素提供了丰富的数据,也是近两年在线教学研究的主题。这些研究回答了在线教学的效果、影响因素、主要困难和建议。

(一)在线课堂的效果

教育管理部门在"停学不停课"的指示下,希望在线教学能够实现与线下教学等效。这里等效是指新冠肺炎疫情防控期间实施的大规模在线教学效果与传统教学成绩的实质等效(汪向征、汪基,2021)。学校的教学督导保障教学活动有序进行,根据跨校问卷调查调查的反馈结果,疫情防控期间大学生在线学习体验整体良好,基本实现实质等效(陈昊、谢清瑶,2021)。校域内问卷调研结果显示,学生选择完全满意、满意和基本满意的占比 91.56%;41.59% 的教师认为线上教学的效果不如线下教学效果,相反认为线上教学效果更好的只有 14% 左右(项聪等,2021)。

王江典等(2022)利用本科教学评估数据实证检验发现,疫情防控期间线上课程取得令人满意的教学效果,课程内容、教师年龄、学生年级和课程类型均会影响线上教学质量。在大多数学生对于线上教学认可度较高的情况下,文理科的反馈有所差异。清华大学 2020 年线上教学与上一年同期教学评估数据对比分析显示,理论类课程综合评分比线下教学降低了 0.37,实践课的线上教学比线下教学认可度反而提高了。而刘思强和贺晖(2022)对长沙理工大学调查发现,课程考核、课程内容和学习资源对在线教学影响最明显,文科生比理科生的满意度更高。

可见,整体上大家对在线课堂是满意的,因在线学习影响因素多样化,不同学校、教师和学生对在线学习体验和满意度存在着一定差异。

(二)在线课堂的关键问题

学生的在线学习效果受到教师因素、学生因素和教学设备和平台条件等多因素影响,在教学技术条件不断完善的情况下,学生因素作为学习的受体,是最应该关注的要素,是影响教学改革设计和教学资源配置的关键。在线教学接受度受教师教学、学生自我管理能力以及在线教学平台等多种因素的影响,而学生注意力集中程度、对知识的获取程度、学生对教师的满意度、对教学方式的满意度、互动环节的满意度、作业量的满意度等影响了在线课堂的效果(王义保等,2021)。从学生维度看,以下两点是影响教学效果的关键问题。

1. 学生专注力低,学习效果差异大

对于本科生来说,线上教学最大问题是缺少课程仪式感、容易被环境干扰,注意力不集中(沈宏兴等,2020)。学生总体上满意,但实际上不同群体差异很大,在线教学普遍存在着生生互动减少、居家学习效率低、学习专注力不够等问题(乔伟峰等,2021)。教师更应该关注的是提高学生的专注性,防止其注意力被分散,特别是缺乏自制力的学生,应该是教师关注的重点。

2. 学生主动性降低,学习深度有待加强

激发学生内在学习动机,提高学生的主动投入水平,有利于提高学习满意度。在线学习主要是直播教学、慕课学习。这种学习方式最大的问题是学生在课堂上是被动听课学习,重知识点学习,轻能力培养。环境和观念都会影响在线学习深度,个体观念因素对在线深度教学产生显著的影响。根据调查,相比于教师,学生观念是更具底层影响的因素(吕海林,2021)。各维度上的深度学习由高到低依次是整合性学习、高阶学习、反思性学习,促进高校学生在线教学环境下的深度学习是必要的,尤其是反思性学习能力(周小李、娄真真,2021)。注重培养学生的自主学习能力,提高探索性学习,教导学生知识和能力兼备是教学设计的任务。

(三)提高在线教学效果的针对性措施

提高在线教学效果是一个系统工程,龚旗煌(2020)根据北京大学疫情防控期间在线教学问题,提出了建立联动工作机制、加强教师培训和因课制宜,鼓励创新等措施。我们认为,最能迅速见效的方式是针对在线教学中关键问题,采取改进对策。

1. 加强过程评价,提高课堂督察力度

加大过程评价的频度是对抗学生分神的有效办法。人的专注力可持续时间一般 20 分钟左右,因此在加拿大英属哥伦比亚大学(UBC)的教学培训中,要求教师分解知识点,制作微课,多间次做测试。相对于演讲式的课堂直播教学,开发微课资源,或者利用慕课资源,缩短学习过程中学生注意力的持续时间,加大知识点之间的考核和互动,可以有效地防止学生的疲惫、注意力分散,并及时发现走神、没有跟上学习进度的学生。刘思强和贺晖(2022)利用对 C 大学 11443 个不同专业参与在线学习的学生调查统计也证明:课程考核、课程内容、学习资源三个变量对在线教学满意度的影响最为明显。其中,过程评价是课程考核中重要环节。

2. 开发在线研讨主题和案例,提高学习深度

从出勤上看不出学生课堂参与度的差异,但实际上有很多同学"出勤不出力",学习注意力不集中,参与度低,不管、不想老师在讲什么。这需要教学设计将学生吸引到课程中。为此,很多人主张采取混合型教学设计,提高学生参与度。混合性教学是线上与线下混合,是将线上慕课、微视频教学与线下讨论式、启发式教学相结合。实证发现混合式教学优势是凸显了学生主体地位,教学内容提高了教学效果(管恩京等,2020),混合式教学有助于由"以教师为中心"的课堂转换为"以学生为中心"的课堂,有助于"金课"建设(苏文华等,2020)。在线教学,也应该吸取混合性教学的精华,通过讨论案例和探索性学习,提高学生的自主学习兴趣和压力,以提高学习深度。

3. 建立在线教学的多层次激励机制

教学改革都是以教师和学生不断投入为前提条件,其中教师的教学设计和教学方法改革至关重要。教学观念和角色转变意味着教师课前准备时间变长,教学负担加重,这需要建立在线教学的反馈机制、多层次激励机制和支持体系(蒋惠凤等,2021)。其中,示范课程项目补贴机制、鼓励创新机制、优秀成果分享奖励机制和教师职称晋升教学评价机制改革等多层奖励机制,是鼓励教师积极投入教学改革的重要保障。

基于最近 3 年的在线教学实践,已有文献基于不同学科和课程讨论了在线教学的学习效果、影响因素和改革路径。不同学校、不同课程的师生对在线教学的满意度也存在差异。在线教学缺少师生和生生互动、学生专注力不够,对课堂教学设计确实是一个挑战。在线教学必须针对困扰在线教学的主要因素,改革课堂教学设计,才能取得预期效果。我院初级会计学课程获得学院教改项目的支持,为此,我们选择工商实验班进行教

改实验。论文以下部分是以在线教学为背景,以工商实验班的课堂教学改革为实验组,和传统课堂对照比较并检验学习效果的差异。

三、实验组与对照组的教学差异

此次改革实验是在 2020 年新冠疫情爆发背景下的自然实验,选择 2020 年上半年同步开课的初级会计学课程 5 个班级的学生作为样本,上课方式由教师和学生自主协商确定。其中只有一个课堂为工商实验班采取教学改革成为实验组,其他四个课堂仍采用传统教学方式,为对照组。

(一)教学设计的差异

实验组和对照组的教材、教学大纲是一致的。对照组上课方式是教师讲座形式,是"以教师为中心"的教学方式。讲课内容按教材和教学大纲展开,以知识和方法传授为主,不要求学生预习,在部分章节课后会布置作业,操作性内容会安排网上实验室实践。

实验组采取借鉴混合式教学理念,将学生在线慕课学习、教师讲座和在线课堂讨论结合起来。首先,按照反向设计法,根据课程目标设计各章节学习目标、考核题目和学习内容。其次,按照 BOPPPS 教学模式简化框架,设计每章、每节课的学习目标、内容和考核安排。具体包括:线上学习视频,合理分配时间,设定具体的、可自检验的学习目标以及必须完成的学习任务;线上课堂集中授课时间对教学内容中的难点、重点及应用案例等进行讨论。学生有提前预习和课后复习考试的要求。学生不仅需要完成课后习题,而且需要完成云上实验,提交云课堂实验作业。所以,实验组采取的是"以学生为中心"的教学模式,充分利用网络信息技术和云教学软件,将线上学习、在线答疑与讨论结合起来,将理论与实务教学和云上实验结合起来,实现教、学、习的三结合,有利于培养学生自主学习能力,促进教师教学内容研究。利用慕课和雨课堂即时考核,考核结果即时反馈给学生,便于学生纠错更新认知。

(二)考核评价差异

疫情防控期间学生上网课,教师无法像在传统教学里掌握学生学习状态。对此,实验组做了如下改革:一是加强了学习过程评价环节,加大过程评价权重;二是在考核方式上,采取多元评价方式,不仅加大过程评价占比,而且根据学习进程设计增加了在线考核环节,强化学习过程的监督和激励,有利于及时巩固学习内容,保证了持续学习的效果。而对照组仍采用原有考核方式,即平时作业和出勤占 20%,期末闭卷考试占 80% 的考核方式。具体差异见表 1。

表 1　实验组和对照组学习评价体系差异

考核	课堂测评	章后测评	期中考试	期末考试
实验组	有(随机)	有,在线考试(20%)+教材上作业(10%)	有,在线考试(10%)	有(60%)
对照组	有(随机)	有,教材作业(20%)	无	有(80%)

实验组和对照组期末考试时间是一致的,期末考试的题目无显著差异,差异在于过程评价。对照组根据学习进度,布置章后作业,学生提交后,批改退回给学生。而实验组加强了过程性评价,进行了评价内容、方式和频度的改革,包括视频知识点即时测试、课堂提问、章后雨课堂考试,课后习题和期中考试。平时成绩占比从 20% 提高到 40%,其中线上学习和章后测试占总成绩 30%,期中在线考试成绩占总成绩 10%。这种设计的目的是让学生平时成绩拉开距离,而且在期末考试前能根据自己的成绩预期安排最后阶段的复习考试,激励学生的学习主动性和自律性。

四、实验组与对照组学习成绩的比较与分析

(一)样本的数据来源

我们收集了学生所在班级、平时成绩、期末成绩、考试总成绩、以往学习绩点、专业、教师从教时间和职称、班级人数等信息。对获得的初始样本进行了如下处理:①剔除了缺考、重修学生的数据;②剔除了信息不完善学生的数据。最终得到的观测值为 319 个,其中实验样本 25 个,对照样本 294 个。

(二)成绩的描述统计分析

由表 2 可以看出,实验组(N1)成绩 Y1 由平时成绩占 40% 和期末成绩占 60% 构成。平时成绩均值 35.856 分,期末成绩均值 50.57 分,总成绩均值 86.52 分,中位数 91 分,从标准看,平时成绩有比较好的区分度。对照组(N0)由 0~3 四个班级课堂构成,对照组成绩 Y0 由平时成绩占 20% 和期末成绩占 80% 构成,平时成绩均值为 19.81 分,每个人平时成绩得分大多为 20 分,缺乏区分度。期末成绩均值 51.98 分,总成绩均值 71.79 分,中位数 73 分。可见,实验组成绩总体优于对照组。

表 2　实验组和对照组成绩统计分析表

班级	Y	平均值	中位数	最大值	最小值	众数	标准误差	标准差	人数
N_{00} 0 班	期末成绩	48.30	49.00	75	13	40	2.023	17.285	73
	总成绩	68.30	69.00	95	33	60	2.023	17.285	73
N_{01} 1 班	期末成绩	51.33	53.00	77	13	71	1.933	16.514	73
	总成绩	71.33	73.00	97	33	91	1.933	16.514	73
N_{02} 2 班	期末成绩	54.04	59.00	79	10	40	2.019	17.249	73
	总成绩	73.29	79.00	99	10	60	2.179	18.617	73
N_{03} 3 班	期末成绩	54.17	57.00	77	12	40	1.982	17.163	75
	总成绩	74.17	77.00	97	32	60	1.982	17.163	75
N_0 0~3 班 对照组	期末成绩	51.98	53.00	79	10	40	0.999	17.138	294
	总成绩	71.79	73.00	99	10	60	1.019	17.467	294
N_1 实验组	期末成绩	50.57	55.20	59.4	26.4	55.2	1.739	8.694	25
	总成绩	86.52	91.00	97	62	95	1.979	9.896	25

进一步采取 anova 方差分析,结果见表 3,对照组的 4 个课堂成绩无显著差异,F 值为 1.64,P 值为 0.180,不显著,组内检验同样不显著。这说明相同教学方式和考核标准下,学习成效没有显著差异。

表 3　对照组各个课堂考试成绩方 anova 方差分析表

差异来源	离差平方和 SS	自由度 df	均方 MS	F 值	P 值
组间	1493.740	3	497.913	1.64	0.180
组内	87899.185	290	303.101		
总计	89392.925	293	305.095		
			0 班	1 班	2 班
对照组之间比较	1 班	F 值	3.027		
		P 值	1.000		
	2 班	F 值	4.986	1.959	
		P 值	0.508	1.000	
	3 班	F 值	5.872	2.845	0.886
		P 值	0.247	1.000	1.000

对照组均值和实验组均值进行 T 检验,结果见表 4,P 值小于 0.0001,表明二者有显著差异。这说明,混合式教学和传统教学效果有显著差异。

表 4　实验组和对照组考试成绩 T 检验结果

	成绩均值	方差	观察值	T 值	P(T<=t) 双尾
实验组	86.520	97.927	25	−6.618	0.000
对照组	71.789	305.095	294		

特别注意的是,实验组最高分 97 分与最低分 62 分差距是 35 分,对照组有一个班最高分 99 分与最低分 10 分差距是 89 分,其他 3 个班最低分和最高分之间的差距分别为 63、64 和 65 分。其次,从成绩统计的标准差来看,对照组高于实验组。实验组总体较好的原因是混合式教学提高了学习自觉性较差的同学的成绩,缩小了同学之间的成绩差距,消灭了挂科现象,整体上提高了学习成效。其机理是混合式教学下,过程评价强化了过程监督,避免了网课教学方式下学生自由散漫现象,提高了学习效果,在线知识点的学习安排节省课堂时间,便于翻转课堂,有助于实现高阶学习目标。

五、实证检验

(一)模型与变量

前文比较分析初步证明实验组和对照组有成绩差异。但影响学习成绩的因素很多,实验组和对照组成绩差异是不是教学改革带来的,教学改革对成绩影响程度的大小,这还需要控制学生、教师和班级等影响因素后的回归结果。为检验前文提出的假设,建立了如下模型:

$$lngrades_i = \alpha_0 + \alpha_1 reform_i + \beta_1 sex_i + \beta_2 lability_i + \beta_3 major_i \quad (1)$$
$$+ \beta_4 teacher_j + \beta_5 class_n + \varepsilon_i$$

模型(1)中,lngrades 表示考试成绩,通过学习成绩这一变量以度量学习效果。考试成绩的数据来源为学生个人该门课程的期末考试总成绩,每个学生的总成绩为个人的平时成绩和期末成绩按照一定的比例进行加权后求和所得。同时,为了防止出现系数过大的问题,我们对考试成绩的原始数据取对数。

reform 表示教学模式,采用虚拟变量度量。进行了教学改革记为 1,否则为 0。

此外,根据以往文献和教学经验,主要控制如下变量:学生的性别 sex、学生的学习能力 lability、每个班级教师从教时间 teacher 和班级规模 class。由于初级会计学课程对分专业后不同专业学生的意义不一样,比较而言,会计专业学生比市场营销和旅游等专业学生更重视专业基础课学习。另外,学生选择专业热度越高,对未来预期越高,学习动力也越高。因此,我们控制了学生在专业分流后所在专业 major。各变量的具体定义见表 5。

表 5 变量定义

变量类型	变量名称	变量符号	变量定义
被解释变量	学习成绩	lngrades	学生考试总成绩取对数
解释变量	教学模式	reform	当采用在线教学改革时记为 1,否则为 0
控制变量	性别	sex	男生记为 1,女生记为 0
	学习能力	lability	学生该学期成绩绩点的对数
	专业	major	根据学生辅导员评价,会计、人力、工商实验、国商、工商、营销、旅游,分别赋值 7、6、5、4、3、2、1
	教师	teacher	每班教师的从教时间
	班级规模	class	每个班级的上课人数

(二)回归结果

在模型中我们还分别控制了班级和教师带来的固定效应,表 6 第(1)列报告了控制教师情况下的回归结果,第(2)列报告了控制班级下的回归结果,第(3)列报告了同时控制教师和班级下的回归结果。结果显示,教学改革 reform 与成绩的回归系数在 1% 的显著性水平上为正,这说明在线教学改革有助于提高学生的学习成绩。控制变量中性别和专业选择系数虽然为正,但不显著,没有发现学生性别和专业选择会影响本课程成绩。学生学习能力显著影响学习成绩,当然班级和教师也会显著影响学生成绩。在控制这些因素的影响后,在线教学改革对成绩的影响系数为 0.114,在 1% 的水平下显著。这证明了在线教学改革确实有效。

表 6 回归结果分析

	(1)	(2)	(3)
	lngrades	lngrades	lngrades
reform	5.595**	0.444***	0.114***
	(2.36)	(2.76)	(2.99)

（续表）

	(1)	(2)	(3)
	lngrades	lngrades	lngrades
sex	0.012	0.012	0.012
	(0.55)	(0.55)	(0.55)
lability	1.767***	1.767***	1.767***
	(21.26)	(21.26)	(21.26)
major	0.001	0.001	0.001
	(0.18)	(0.18)	(0.18)
class	4.863**	控制	控制
	(2.32)		
teacher	控制	−1.290*	控制
		(−1.93)	
_cons	−24.655***	0.576	−3.522***
	(−2.70)	(0.27)	(−9.86)
N	319	319	319
R^2_a	0.665	0.665	0.665

注：***、**和*分别表示在1%、5%和10%水平上显著。

（三）PSM 稳健性检验

为了进一步增强结论的说服力，采取倾向得分匹配法（PSM）进一步对假设进行检验。采用最近邻匹配法，根据学习能力和性别对样本进行配对。配对样本的平衡性检验结果显示，经过配对之后，学生的性别和学习能力基本无统计上的显著差异。基于通过 PSM 配对后的样本，对实证模型重新进行检验。表 7 的第（3）列实证结果表明，在控制了教师和班级的影响后，上述研究结论依然成立，此外专业选择的影响也变得显著了。

表 7　PSM 配对样本回归结果

	（1）	（2）	（3）
	lngrades	lngrades	lngrades
reform	3.411	0.635 **	0.131 ***
	(0.85)	(2.46)	(3.21)
sex	−0.003	−0.003	−0.003
	(−0.09)	(−0.09)	(−0.09)
lability	2.339 ***	2.339 ***	2.339 ***
	(10.53)	(10.53)	(10.53)
major	0.022 **	0.022 **	0.022 **
	(2.05)	(2.05)	(2.05)
class	2.895	控制	控制
	(0.82)		
teacher	控制	−1.969 *	控制
		(−1.78)	
_cons	−18.781	0.076	−6.183 ***
	(−1.23)	(0.02)	(−6.50)
N	63	63	63
R² _a	0.818	0.818	0.818

注：*** 、** 和 * 分别表示在 1%、5%和 10%水平上显著。

（四）过程评价机制设计对教学效果的影响

此次在线教学改革的重要设计是加大了学习过程评价的频度和平时成绩占比,提高学生平时成绩的可区分度。这一改革有利于加强对学习过程的监督和激励,而且可以让学生提高对期末考试的预期,比如平时成绩不理想的学生会更加努力地投入期末复习,以期提高考核总成绩。因此,本文根据教学改革中过程评价特点和作用机理,设计了过程评价变量 process evaluation(用 PE 表示)。过程评价设计 PE 中第一个维度是平时成绩占比,用 average 表示,进行了过程评价教学改革的平时成绩占比为 0.4,未进行的为0.2;第二个维度是平时评价结果的区分度,用平时成绩标准差 sd 表示,学生平时成绩标准离差通过计算可得,进行了教学改革的离差为 1.84,未进行的为 0.87。

构建了如下模型：

$$lngrades_i = \alpha_0 + \alpha_1 PE_i + \beta_1 sex_i + \beta_2 lability_i + \beta_3 major_i + \beta_4 teacher_j + \beta_5 class_n + \varepsilon_i \tag{2}$$

回归检验结果见表 8。结果显示，过程评价平时成绩占比 average 与平时评价结果的区分度 sd 的回归系数皆在 0.05 的显著性水平上为正。这说明加大教学过程评价的频度和成绩比例，提高过程评价结果的可区分度是有效的。根据其作用原理，这一过程评价设计不但是在线教学方式下有效，在传统课堂教学方式也应该是有效的、可行的。要注意的是，平时成绩占比和区分度对学生平时投入是有引导作用的，分配过大比例，会削弱期末考试的作用，需要增加限制性条件。比如，在 UBC 会计学导论课程评价体系中，期末占 48%，平时占 52%，而且规定平时少交作业或期中考试成绩达不到及格线者不得参加期末考试。

表 8　过程评价机制对成绩影响

		（1）	（2）
		lngrades	lngrades
PE	average	0.57? *** (2.99)	
	sd		0.117 *** (2.99)
sex		0.012 (0.55)	0.012 (0.55)
lability		1.767 *** (21.26)	1.767 *** (21.26)
major		0.001 (0.18)	0.001 (0.18)
class		控制	控制
teacher		控制	控制
_cons		−3.637 *** (−10.19)	−3.624 *** (−10.16)
N		319	319
R^2_a		0.665	0.665

注：*** 、** 和 * 分别表示在 1%、5% 和 10% 水平上显著。

六、研究结论与建议

第一,针对性的在线教学改革是必要的、有效的。针对在线教学学生注意力不容易集中、缺乏互动讨论、学习深度不高的问题,通过加大过程考核的频度和成绩占比,增加课堂讨论和互动环节,有利于提高学生实际参与度,明显提高了中下游学生的学习成绩,缩小了学生之间的成绩差异,从而提高整体学习效果。

第二,恰当设计课程过程评价,对提高线下教学效果也很重要。由于信息技术的发展,日益丰富多彩的媒体吸引着学生的关注力,线下课堂也出现学生到课不听课的现象。改进课程评价机制,适度加大过程评价占比,提高学生平时成绩的区分度,有利于督促缺少自律能力学生的学习,激励学生自觉学习,提升中下游学生的学习效果。

第三,教学改革是一个持续过程,调动教师积极性是关键。五个班级中只有一个班级愿意进行改革尝试,多数班级教师和学生不愿意改革。所以,改革最大的阻力在于师生。学生本来是受益者,但教学改革意味着他们要增加课前准备、课后作业和考试,很多学生对教学改革是消极的,是被动适应的。教师是课堂的设计者和实践者。"以学生为中心"的教学改革中,教师仍然是主导因素。因此,学校需在教学管理和教学激励上进行改革,确保教师有动力、有能力完成教改。

参考文献

[1] 陈昊,谢清瑶. 大学生在线学习体验感及其差异性的实证研判[J]. 中国大学教学,2021(12):74-81.

[2] 管恩京,张鹤方,冯超,等. 混合式教学有效性的实证研究——以山东理工大学的 68 门多学科课程为例[J]. 现代教育技术,2020(03):39-44.

[3] 龚旗煌. 提升高校在线教学质量的方法与路径[J]. 中国高等教育,2020(07):4-6.

[4] 蒋惠凤,刘益平,张兵. 在线教育方式下高校教学改革的行为选择、动因与对策研究[J]. 黑龙江高教研究,2021,39(01):150-155.

[5] 刘思强,贺晖. 大学课程在线教学中的有效性教学行为——基于疫情期间大规模在线教学的实证分析[J]. 现代教育管理,2022(03):66-73.

[6] 吕林海. 大学"在线深度教学":内涵、现状及其影响因素[J]. 中国高教研究,2021(10):67-73+94.

[7] 乔伟峰,刘威童,李曼丽. 学生眼里的在线教学:行为、效果与挑战——基于新冠疫情期间清华大学学生在线学习行为调查[J]. 清华大学教育研究,2021,42(01):57-66.

[8] 苏文华,曹琳,周睿,等. "人类生态学"课程线上线下混合式教学改革的实践探索[J]. 云南大学学报(自然科学版),2020,42(S1):70-73.

[9] 沈宏兴,郝大魁,江婧婧. "停课不停学"时期在线教学实践与疫后在线教学改革的思考——以上海交通大学为例[J]. 现代教育技术,2020,30(05):11-18.

[10] 王义保,王天宇,刘卓,等. 疫情期间大学生在线教学接受度调查研究——以江苏某大学为例[J].

现代教育管理,2021(05):100-106.

[11] 王江典,沈翀,杨蕾,等. 线上和线下本科教学质量的比较分析——基于清华大学教学评估数据[J]. 中国电化教育,2022(03):90-95+102.

[12] 汪向征,汪基德. 实质等效:疫情期间在线教学最低目标的实现与超越[J]. 电化教育究,2021,42(03):42-47.

[13] 项聪,陈小平,卢开聪. 高校在线教学效果及其影响因素的实证研究[J]. 中国大学教学,2021(Z1):93-99.

[14] 周小李,娄真真. 高校学生在线学习自我效能感与深度学习的关系研究[J]. 现代教育管理,2021(08):89-96.

Improving Mechanism on the Effectiveness of Online Teaching
—Based on the Empirical Test of the Natural Experiment Data
in the "Elementary Accounting" Class

Liu Huifeng, Zhao Xixi & Tan Chaoyuan

(*Management School of Shandong University*)

Abstract　During the outbreak of the Covid-19, colleges and universities have to carry out online teaching. In order to ensure the equal learning effect of online teaching and the traditional classroom teaching, educational reform is imperative. There are five classes in the course of primary accounting in our college, and there are two teaching modes: one keep traditional teaching mode in four classes, the other reforms some teaching actions in process evaluation and class arrangements. Based on this sample, the empirical results illustrate that teaching reform reduces the learning gap among students, and the academic performance is significantly higher than that of traditional teaching methods. The first reason is that process evaluation plays a role of supervision online teaching. The second reason is that the learning arrangement of online knowledge points saves class time and deepens class discussion, which further consolidates the learning effects and helps to achieve higher-level learning objectives.

Key words　Online Class; Natural Experiment; Process Evaluation; Academic Performance

中国会计研究与教育
第 11 卷第 1 辑

China Accounting Research and Education
Vol.11, No.1

工业互联网赋能:理论框架与未来研究 *

孙 莹① 吴 烁② 刘 丽③

(中国海洋大学管理学院 中国企业营运资金管理研究中心)

摘 要 随着工业互联网实践的日益普及深入,工业互联网赋能成为实务界与理论界探讨的焦点之一,赋能效益最大化业已成为社会各界共同的价值追求。探究工业互联网赋能一方面有助于理解和指导工业互联网实践,促进赋能效益最大化,另一方面有助于充实和拓展工业互联网相关理论研究。本文在阐述工业互联网源起及相关研究进展的前提下,基于资源基础理论搭建了工业互联网赋能理论研究框架。在从资源基础视角明确工业互联网赋能本质,阐明工业互联网赋能机理、赋能路径的基础上,创新性地提出工业互联网赋能效应测度思路,旨在形成一个从赋能机理到赋能过程再到赋能结果的完整理论框架,量化赋能效应,优化工业互联网管理,促进赋能效应提升,并进一步基于框架主体内容提出未来研究方向,推动工业互联网赋能研究的进一步发展。

关键词 工业互联网 工业互联网赋能 资源基础理论 工业互联网赋能理论框架 赋能效应测度

一、引言

随着互联网、大数据、人工智能等新一代信息技术的发展及其与制造技术、工业知识的持续集成,工业互联网应运而生。工业互联网是新一代信息技术与制造业深度融合的全新工业生态模式和技术范式,它通过实现人、机、物的全面互联,构建起全要素、全产业链、全价值链全面连接的新型工业生产制造和服务体系(工业互联网产业联盟,2019)。当前我国经济正由高速增长阶段转向高质量发展阶段,处在转变发展方式、优化经济结构、转换增长动力的攻关期,紧抓工业互联网发展机遇是我国推动制造业质量变革、效率

---

* 山东省自然科学基金项目"基于资源配置视角的工业互联网赋能效应测度与提升研究"(ZR2022MG050);山东省社会科学规划研究项目"数字驱动下山东省营商环境测度与优化研究"(23CGLJ50)。
① 孙莹,中国海洋大学管理学院会计学副教授,中国企业营运资金管理研究中心资本效率评价研究所副所长,从事资本效率、营运资金管理与企业管理控制体系研究。
② 吴烁,中国海洋大学管理学院硕士研究生。
③ 刘丽,中国海洋大学管理学院硕士研究生。

变革和动力变革,实现高质量发展的客观要求。2019年及2020年政府工作报告皆从战略高度对加快工业互联网建设、赋能制造业发展提出了明确要求。如何最大程度发挥工业互联网赋能效应,获得工业互联网赋能红利,不仅关系企业自身利益,更关系国家经济发展。

从工业互联网赋能实践看,以微软、阿里等为代表的平台企业和以通用电气、海尔等为代表的制造业龙头企业正积极开发建设工业互联网,致力于为企业发展提供灵活解决方案。例如,海尔卡奥斯平台通过提供企业应用方案、通用及行业解决方案为接入平台的企业提供了高质量服务。新冠疫情防控期间,众多中小企业通过接入海尔卡奥斯平台实现了制造资源与需求资源对接,得以复工复产。然而在实践中,工业互联网赋能效应初见成效的同时也开始暴露出难以管理的问题。

与此同时,有关工业互联网赋能路径、赋能机理、赋能案例等的研究逐渐增多,但相关研究并未形成系统的理论研究框架,缺乏逻辑一贯性。基于此,本文在介绍工业互联网源起的基础上,从赋能路径、赋能机理和赋能案例三方面梳理总结了现有工业互联网赋能文献,并进一步搭建出资源基础理论下的工业互联网赋能理论框架,同时结合我国工业互联网赋能研究本土情境和需求,对其未来发展做出了展望和建议,旨在引起更多学者关注与开展工业互联网赋能研究。

本文的贡献在于:第一,在梳理工业互联网赋能相关研究的基础上,基于资源基础理论,构建工业互联网赋能理论研究框架,旨在形成一条从赋能机理到赋能过程再到赋能结果的完整理论研究逻辑;第二,强调"先衡量,后管理",创新性地提出工业互联网赋能效应测度思路,以进一步识别赋能的薄弱环节,优化工业互联网管理;第三,基于所构建的工业互联网赋能理论研究框架中的相关主体内容,提出未来研究方向,以推动后续研究的进一步发展。本文余下部分的结构安排如下:第二部分是工业互联网的源起及研究进展,第三部分是工业互联网赋能理论框架,第四部分是未来研究展望,第五部分是结论与建议。

二、工业互联网的源起及相关研究进展

(一)工业互联网的源起

在对工业互联网赋能相关研究进展进行总结及构建理论框架之前,明确工业互联网赋能的"主体"即工业互联网的源起与其在实践及理论研究上的发展状况大有必要。

近年来,随着上一轮科技革命的创新成果对产业转型升级拉动作用的逐步趋缓,发达国家产业空心化问题的日渐显现以及发展中国家传统要素成本优势的逐渐消退,以往的劳动密集型和资源消耗型的发展模式难以为继。在这样的背景下,推动信息技术与工

业加快融合,进一步抢占新产业革命带来的发展机遇,为经济发展注入新动力,已成为全球共识。在此背景下,通用电气于 2012 年发布《工业互联网:突破智慧与机器的界限》白皮书,首次提出了工业互联网的概念,将工业互联网描述为一个由机器、设备、集群和网络组成的庞大物理世界,并进一步于 2014 年成立工业互联网联盟(Industrial Internet Consortium, IIC),致力于宣传推广工业互联网。而工业互联网也被普遍认为是新一代信息技术与制造业深度融合的全新工业生态和新型应用模式,是新基建的核心,会产生巨大的赋能效应(顾硕,2019;刘凤芹,2021)。

中国一向重视信息化与工业化的融合发展,在工业互联网问世后随即注意到了其蕴含的巨大发展潜力,由上而下出台了系列政策文件,指明了工业互联网的发展方向。2016 年,国务院印发《关于深化制造业与互联网融合发展的指导意见》,提出打造制造企业互联网"双创"平台,推动制造企业与互联网企业跨界融合。2017 年国务院印发《关于深化"互联网+先进制造业"发展工业互联网的指导意见》,统筹布局网络、平台、安全三大功能体系建设,明确建设和发展工业互联网的主要任务并提出工业互联网三步走发展目标。为落实发展目标,工信部相继发布了《工业互联网发展行动计划(2018—2020 年)》《关于推动工业互联网加快发展的通知》《工业互联网创新发展行动计划(2021—2023 年)》,完善政策体系并进一步明确工业互联网的阶段性发展目标和重点任务。各省市也陆续制定推进本地工业互联网发展的政策和行动指南。在政策的指导和支持下,工业互联网实践也日益表现出企业实践日渐蓬勃、产业生态加速构建和基础支撑不断发展这三个显著特点。

随着工业互联网实践的日益深入,工业互联网也成为学术界的热门话题(图 1)。国外学者侧重于从技术角度对工业互联网的特征及商业模式进行探讨;国内学者则围绕工业互联网的架构、建设重点、与其他新型制造业发展模式的对比、本土发展路径等展开了系列广泛的研究,取得了一定研究成果。

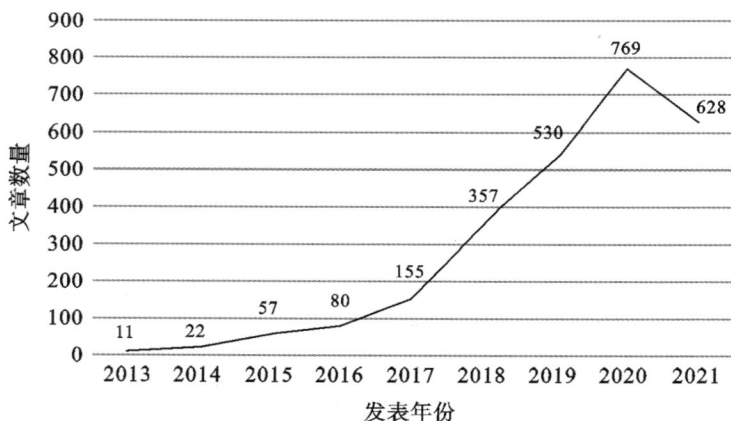

图 1　工业互联网相关文献发表情况

实际上,无论是工业互联网实践的日益深入抑或是相关研究的日益丰富,其目的都是为了保证工业互联网的健康发展以最大程度获得工业互联网赋能效益。然而,实践中出现的诸如平台开发与应用落地存在差距、企业自身信息化水平难以匹配工业互联网发展、企业盲目跟风等问题皆表明工业互联网赋能潜力有待进一步挖掘。同时,与单纯探讨工业互联网的文献相比,工业互联网赋能相关的研究呈现分散化、空缺化的特点,尚未得到应有的关注,难以为实践提供良好的理论指导。鉴于此,针对工业互联网赋能相关文献进行梳理并开展进一步研究,总结工业互联网赋能理论框架,以引起学者对工业互联网赋能的关注大有必要。

(二)工业互联网赋能相关研究进展

武汉大学工业互联网研究课题组(2020)指出互联网与工业体系的深度融合不是简单的"加法"而是"乘法"。目前学界与产业界对工业互联网所能带来的巨大效益达成了共识,普遍认为工业互联网能赋能制造业转型升级、赋能经济高质量发展。围绕其赋能路径、机理、案例的研究不断增多,形成了现有的研究格局。

1. 工业互联网赋能路径研究

工业互联网赋能路径研究受到了众多学者的关注,学者们从工业互联网的各种应用场景出发归结其具体的赋能路径。现阶段研究表明工业互联网主要通过优化企业生产组织管理中的资源配置模式,如陈肇雄(2016)、王如玉(2018)、王一晨(2019)、付宇涵(2020);优化生产制造模式,如张耀一(2017)、工业互联网产业联盟(2017)、蔡呈伟(2021);优化运营管理模式,如余晓晖(2018)、李勇坚(2020)等;优化商业模式,如Burmeister C(2016)、Kiel D(2017)、Ehret M(2017)、苏郁锋(2017)、尚晏莹(2021),赋能制造业转型升级。

具体来说,张耀一(2017)认为工业互联网能依托泛在感知和全面互联技术广泛地采集和汇总用户需求数据,帮助企业快速精准获取客户个性化需求,使得企业可以针对客户的异质性需求开展个性化定制,有效组织生产资源,依靠个性化产品实现更高利润水平,实现生产制造模式的创新。而在生产环节通过对生产现场"人机料法环"各类数据的全面采集和深度分析,能够发现导致生产瓶颈与产品缺陷的深层次原因,不断提高生产效率及产品质量,实现智能化生产。在智能化生产的基础上,通过智能产品的数据反馈,企业可以实现产品设计制造环节和售后使用环节的数据打通,进行设计和制造方案的改进,并提供设备健康管理、产品增值服务等新型业务模式,实现从卖产品到卖服务的转变,实现制造环节的服务创新与价值链延伸,催生商业模式的创新,提升企业的价值创造能力(王一晨,2019)。在业务流程方面,通过业务上云可以打破生产现场和运营管理、组织管理等环节的壁垒,推动生产过程、供应链管理经营管理等流程优化,实现企业内部资源的合理配置(余晓晖,2018;李勇坚,2020)。进一步地,工业互联网实际上构筑了一个超大规模、超高层级的社会关系网络,使得网络内的企业内部资源可与外部需求资源、制造资源、创新资源等无缝对接(王如玉,2018)。企业间基于网络协同平台分工并行开展产品设计与制造,实现网络化协同制造,大大提高生产效率,实现企业间制造资源、制造能力的集聚共享与优化配置(陈肇雄,2016)。

2. 工业互联网赋能机理研究

工业互联网赋能机理指的是在利用工业互联网技术后,系统内各资源要素相互联系、相互作用以实现各种形式价值创造与提升过程中所遵循的运行规则和原理,是工业互联网得以赋能的根源。现阶段有部分学者从资本结构配置及价值共创等角度对工业互联网赋能机理进行了探索。

权锡鉴(2020)从资本配置结构优化的混合所有制视角出发对海尔卡奥斯平台的赋能过程进行了详细研究,将工业互联网定义为一种将制造资源数字化并实现资源连接和资源配置的平台,在整合用户企业物质资本与智力资本等资源要素的基础上,进一步构建关系网络结构形成虚拟社会资本,并利用社会资本的资源配置功能及所依托信息技术的放大作用引导物质资本与智力资本重组,进而精准匹配、重组优化,促进资本配置效率不断提高,提升企业竞争优势,实现对企业的赋能。魏津瑜(2019)和马永开(2020)等则专注于工业互联网赋能的过程,即企业与工业互联网深度融合而形成的完整价值创造互动过程——价值共创,提出了制造资源供需两方以及平台三者之间的价值共创模型,前者还基于工业互联网的发展阶段,绘制了工业互联网的联结→联动→联体的价值共创"三联"演进模式。此外,任力(2020)还从马克思主义政治经济学的角度出发,将工业互联网定性为一种新型劳动资料,认为民营企业运用工业互联网是一种技术创新,能够增强自身的生产能力与发展能力,促进企业转型升级。

3. 工业互联网赋能案例研究

伴随着工业互联网网络、平台、安全建设的不断完善及企业实践的日益深入,涌现出了一批以海尔卡奥斯 COSMOPLAT、航天云网 INDICS 等为代表的工业互联网赋能典型案例,为展现工业互联赋能全貌,进一步推演工业互联网赋能的具体路径与机理提供了良好素材。现阶段,工业互联网赋能案例研究呈现出"高集中""深挖掘"的特点。"高集中"一方面体现在案例选取的集中,另一方面还体现在研究对象的集中。现阶段成熟先进的海尔卡奥斯 COSMOPLAT 平台成了工业互联网赋能案例典型,同时企业的制造模式、商业模式成了工业互联网赋能的研究焦点。而"深挖掘"体现在案例研究的研究层次,往往致力于揭示工业互联网赋能的底层逻辑与深层表现。

张嫚嫚(2021)选取海尔为例,证实了制造企业可以借助工业互联技术,变革组织结构、资源组织方式和人才管理战略,促进制造业的服务化商业模式转型。朱宗乾(2019)等则基于扎根理论对海尔进行研究并进一步提出制造企业基于工业互联网的商业模式创新分析框架,指出工业互联网能通过满足多元化价值主张与潜在客户需求、制造的批量定制化和伙伴化供应网络关系促进企业商业模式的转型升级。同时,尚晏莹(2021)基于海尔和长虹提出了制造业企业工业互联网时代的"外部环境——内部环境——内外部交互"的商业模式创新路径分析框架。吕文晶(2019)和 Shan 等(2020)则分别以海尔和三一重工为例研究了工业互联网对企业制造模式的变革。

纵观现有文献,工业互联网赋能已逐渐引起学术界的关注,近些年的文献数量、质量明显提升。从研究内容来看,首先,相较于其他研究主题,工业互联网赋能路径的研究更为丰富。现有研究普遍认为工业互联网能通过优化和创新企业的生产制造模式、商业模式、运营管理模式、资源配置模式推动制造业转型升级。其次,工业互联网赋能机理与赋能案例方面的文献数量比较有限。赋能机理研究侧重于从资本结构配置及价值共创角度出发揭示赋能所遵循的运行规则;赋能案例研究则多以海尔卡奥斯平台为研究对象,并着重探讨工业互联网对企业制造模式、商业模式的影响。从研究方法来看,作为新兴研究领域,已有研究多集中于理论描述,部分采用案例研究,但是尚未出现高质量的实证研究文献。

但是,目前研究的一个关键性问题是尚未形成系统的理论研究框架,缺乏完整的研究逻辑链条。首先,以往对赋能路径的研究都局限于某一个或几个应用场景,不能全面地展现工业互联网赋能的全貌,而且这些研究大多仅停留在对现象的描述,没能深度挖掘现象背后所蕴含的理论逻辑,赋能机理的研究寥寥无几。其次,工业互联网赋能效应测度研究尚处空白,很大程度上阻碍了工业互联网的持续稳定发展。在明确了工业互联网赋能机理、赋能路径后,很有必要对工业互联网赋能效应进行测度,并进一步根据测度结果制定提升策略对工业互联网进行管理,以最大程度发挥工业互联网赋能效应。

所以,在现阶段,搭建一个拥有坚实理论基础支撑且囊括工业互联网赋能全要素、全过程的系统理论研究框架至关重要。于 20 世纪 80 年代兴起的资源基础理论强调企业的独特资源与能力对企业竞争优势的决定性作用,而这与工业互联网赋能过程中所涉及的资源、能力的构建及资源要素优化配置不谋而合。因此,后文尝试性地从资源基础理论出发,搭建起工业互联网赋能理论研究框架。

三、工业互联网赋能:理论框架

通过对工业互联网赋能相关研究的深入总结与梳理,并结合工业互联网自身的特点,本文基于资源基础理论搭建出工业互联网赋能理论研究框架。这一框架以"赋能机理——赋能路径——赋能效应测度"为主线,展现出一条从深层机理到外在路径再到结果测度的完整理论逻辑,不仅有助于对工业互联网赋能过程形成清晰的认识,而且本文创新性提出的工业互联网赋能效应测度思路有助于企业实现"先衡量,后管理",促使实践中工业互联网赋能效应的最大程度发挥。同时,本文进一步基于框架主体内容对未来研究方向进行了展望,为后续开展工业互联网赋能研究提供了启发。

(一)工业互联网赋能理论基础

资源基础理论是于20世纪80年代兴起的用于解释企业竞争优势的代表理论。它弱化了外部环境对于企业竞争优势的影响,更加关注企业内部独特的资源与能力,在不断的发展中逐渐分化出传统资源基础理论及以动态能力理论为代表的企业能力理论这两个主要流派。传统资源基础理论着眼企业内部的异质性资源,认为企业如果拥有有价值的、稀缺的、不可模仿和不可替代的资源,企业就有获得持续竞争优势的潜力,强调异质性资源对于企业竞争优势的重要作用(Barney,1991,2001)。动态能力理论是资源基础理论在动态环境中的拓展,关注企业独有的利用静态资源的能力,强调通过利用资源的吸收与整合等培养企业整合、构建、重新配置内外部资源的能力,使得企业拥有新的资源使用知识、新的组合资源的方式,并进一步作用于企业组织和管理过程、资产地位和发展路径,改变产品、生产流程、标准或企业服务的市场,实现对新机遇的有效开发和实施,从而在复杂、动态的环境中获得持续竞争优势,更适合在市场需求日益独特多元、新一代信息通信技术与工业不断交融的当下对于企业获得持续竞争优势的解释(Teece,1997;吴晓波,2006;焦豪,2011)。而董保宝(2011)认为动态能力的形成仍需资源作为基础,不过,传统资源基础理论所仰仗的静态资源无法适应瞬息万变的市场环境,具有时效性;只有经过整合的资源,才能使得资源基础不断地进行更新与匹配,进而促进动态能力的形成,而动态能力在进一步推动企业资源优化配置的过程中也促使自身不断迭代更新。

与上述过程相契合,工业互联网作为新一代信息通信技术与工业经济深度融合的产物,不仅为企业提供了从内外部有效获取异质性资源的渠道,而且依托于移动互联网、云计算等新一代信息通信技术,在实现资源数据化、互联化、匹配化的同时可以大大简化资源的识取及配用,即资源整合过程,助力企业形成动态能力,持续优化配置资本,进行不同形式的价值创造与提升,实现工业互联网赋能全过程。因此,从资源基础理论视角出发理解工业互联网赋能全貌具有高度内涵匹配及逻辑自洽性。

此外,基于资源基础理论对工业互联网赋能本质进行明确的界定对于深入探讨工业互联网赋能相关研究具有重要意义。首先,孙新波(2020)提出现阶段的"赋能"研究形成了以赋能对象为中心及以赋能手段与方式为中心两个研究方向。以赋能对象为中心的研究聚焦信息技术的使用对被赋能对象能力的改变。而以赋能手段与方式为中心的研究则以价值创造为导向,着眼于赋能实现的过程以及此过程中所涉及的赋能手段和工具,能完整展现赋能全貌,触及赋能本质。对于工业互联网赋能来说,仅关注工业互联网技术给赋能客体带来的能力及效应改变无助于对赋能效应的最大程度利用,只有关注赋能得以实现的整个过程及过程中所遵循的规律机理,才能助力工业互联网赋能效应的最大程度发挥。其次,资源基础理论足以为工业互联网赋能实现过程中所涉及的资源配置整合、能力构建迭代提供支撑。因此,基于资源基础理论、"赋能"内涵以及工业互联网的特点,本文认为,工业互联网赋能即"在应用工业互联网提供异质性资源的基础上,形成的一种简化资源整合过程,助推企业动态能力构建,持续优化资源配置,从而赋予企业持续竞争优势的过程"。而在这一过程中,如图 2 所示,唯有进一步明晰工业互联网赋能的赋能机理、赋能路径,并对其赋能效应进行实时测度,才能助力工业互联网赋能效应的最大程度发挥。

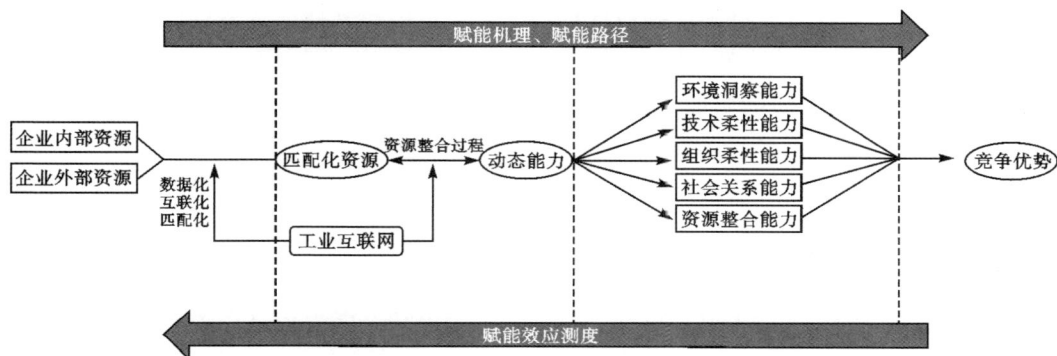

图 2　工业互联网赋能理论框架

(二)工业互联网赋能理论框架

1. 赋能机理:"资源—能力"互动

在资源基础理论支撑下,工业互联网赋能遵循一条"资源↔能力→竞争优势"的赋能逻辑。首先,工业互联网为企业提供了从内外部有效获取异质性资源的渠道,并依托移动互联网、云计算、大数据等技术使得资源数据化、互联化、匹配化,大大简化了资源的识别、获取、配置及利用过程即资源整合过程,从而助推企业在较短时间内拥有了新的资源组合方式、新的资源配置渠道,形成了动态能力,而动态能力又可并进一步作用于企业的组织和管理过程,不断优化配置资源,最终确保企业竞争优势的长期维持。

具体来说,首先,传感器、嵌入式终端系统等的应用一方面产生了大量有关机器设备运行、维护的工业数据以及产品设计、生产、销售的产品全生命周期数据等有价值、稀缺、不可模仿和难以替代的数据资源,也使得原本以物质资本、智力资本形态存在于企业内部的资源通过网络连接到云端转化为数据要素;另一方面,也为企业通过工业互联网平台直接获取物质、智力、社会资本提供了渠道。其次,在众多异质性资源基础上,依托于云计算、大数据分析等新一代信息通信技术的工业互联网能使得这些原本以物质资本、智力资本或社会资本形态存在的制造资源转化为数据要素并实现实时连接与共享,构成一个融合内外部资源的偌大资源池。而在偌大的资源池中识别出对企业发展有价值的资源,并加以互补整合,构建匹配的资源组合以进行价值创造活动至关重要。匹配的资源组合并不是一蹴而就的,往往要经过一段时间才能逐步演化而成,而工业互联网使得这一过程在较短时间内成为可能。工业互联网通过识别并明确企业对于外部异质性资源的需求,能合理配置利用企业内外部的资源,生成资源配置效率最高的匹配对或最优解决方案,实现资源的高效整合与优化配置。在这一过程中,企业的资源基础不断得到更新与匹配,不断形成了新的资源及资源组合,放大了原有资源的价值,助力企业形成了持久的、能够迅速回应外部环境变化并为企业带来持续竞争优势的动态能力;而动态能力又足以通过作用于企业的生产制造模式、商业模式、运营管理模式等,进一步促进资源的优化配置,自身的迭代更新,实现价值创造与提升。通过资源与能力间的互动,企业的资源整合过程不断优化,动态能力也不断加强,同时两者在互动中相互促进,彼此完善,实现了价值的创造与提升。

然而,目前为止,有关动态能力具体内涵的研究尚未达成一致,动态能力是什么、由什么组成成为学者们争相探讨的焦点。不少学者一直企图从具体维度出发探索动态能力的具体内涵。贺小刚等(2006)认为,动态能力由市场潜力、组织柔性、战略隔绝、组织学习以及组织变革五维度组成。焦豪等(2008)则指出动态能力包含环境洞察能力、变革更新能力、技术柔性能力、组织柔性能力。罗珉(2009)利用模糊聚类分析法将动态能力的构成要素总结为:市场导向的感知能力、组织学习的吸收能力、社会网络的关系能力、沟通协调的整合能力。尽管学者对动态能力具体维度看法不一,但统一从企业内外部出发探寻了动态能力的具体维度。基于以上学者对动态能力维度的分析,结合工业互联网应用的具体场景以及现有动态能力研究成果,本文认为工业互联网赋能企业所形成的动态能力通常包括环境洞察能力、技术柔性能力、组织柔性能力、社会关系能力、资源整合能力五个方面,皆反映在企业的组织和管理过程中。

2. 赋能路径:五力一体,变革创新

企业的动态能力是企业在应用工业互联网过程中塑造的环境洞察能力、技术柔性能力、社会关系能力、组织柔性能力和资源整合能力,渗透在企业组织管理过程的同时也作用于企业的组织管理过程,并能对此过程中所涉及的物质资本、人力资本、社会资本等进行实时优化配置,最终赋予企业持续的竞争优势,实现赋能全过程。

首先,依托于泛在感知和全面互联技术,工业互联网可以持续地采集、甄别和汇总行业发展信息、竞争对手信息及精准用户需求数据,助力企业实现对外界环境的整体把控以及与市场需求之间的动态无缝连接,即较高的环境洞察能力;并进一步依托工业互联网塑造的技术柔性能力、社会关系能力、组织柔性能力对企业生产制造模式、商业模式、运营管理模式进行变革,以及时应对瞬息万变的外部环境。

具体来说,在及时响应外界环境的基础上,工业互联网的应用促使企业形成了扎实的技术柔性能力及社会关系能力,在助力企业创新变革企业制造模式,催生出智能制造、个性化定制、网络协同制造等新型制造模的同时,使得企业在智能化生产基础上进行服务增值、产融结合等商业模式创新成为可能。

消费需求的日渐个性化、市场环境的日益复杂化给企业的产品生产带来了极大挑战。能以最快的速度响应顾客需求，及时生产出满足用户需求的产品是企业获取竞争优势的必要条件。在对外界环境准确洞察的基础上，工业互联网能将采购、设计、生产等流程互联，并通过使用智能设备、智能产品等使生产流程中涉及的物质资本、人力资本、社会资本等得到最大程度的配置优化，从而大大提升企业的智能制造水平，进而实现自驱动、自优化的智能生产，大幅降低资源消耗，提升生产效率与质量，获得更大程度的价值创造与提升。通过智能产品的应用，企业可借助工业互联网接收和反馈的产品运行数据、用户使用数据明确用户的需求，进一步改进产品设计，并基于网络化、智能化控制的柔性生产制造系统，智能快速地进行产品生产，提升企业对市场变化和需求的响应速度和交付速度。同时，工业互联网的大数据汇聚和分析能力在生产设备运维、产品售后服务、产品质量管控、生产工艺优化等场景中的运用能够实现产品设备的预测性维护、在线质量检测和异常分析等功能，推动制造企业服务化模式创新，实现从提供单一产品到提供一体化解决方案的演进，突破制造环节价值低端锁定的瓶颈，大大提升制造企业的价值创造能力。

同时，企业可以借助工业互联网与平台上的个人、企业建立紧密的社会关系网络，形成稳健的社会关系能力，助力企业制造模式与商业模式的创新。依托于社会关系能力，企业可以实现制造资源、制造能力的集聚共享，克服单个企业资源、能力的限制，形成网络化协同的生产组织模式，实现单个企业无法完成的复杂任务。同时，也拉近了企业自身与金融机构等的关系，使得金融机构能够更准确评估企业的信用等级，为银行放贷、股权投资、企业保险等金融业务提供量化依据，从而实现精准放贷，实现了财富资源的合理配置，促进了产融结合等新模式的发展。

而与之相适应，企业的组织柔性能力也不断增强，推动着企业运营管理模式朝着更加高效的扁平化方向发展。一方面，传统的科层制组织结构管理层级多、管理幅度小、信息传递慢，导致了管理上的低效和组织反应的迟缓。另一方面，制造模式与商业模式的变革也要求企业的组织结构进行适应性变革。比如，智能制造模式显著提高了生产的复杂度，进而要求企业必须具备较强的管理"复杂度"的能力。工业互联网通过数据的集成、分析和高效传递，使生产现场的数据及时反馈到管理层并进行决策，反过来也使决策信息及时传递到生产现场，实现了生产制造系统和业务管理系统的集成，降低了组织和个体间的信息不对称、不完备程度，组织从集权向个体的授权赋能转变，推动了企业架构向扁平化、网络化、柔性化发展。如此，在面对复杂多变的外部环境时，企业可以在权力分配、职责配置、组织形式、制度模块重组等方面保持高度灵活，以有效利用企业的资源与信息。组织结构的进一步扁平化和分权程度的进一步提高，促进了无边界组织的产生。无边界组织意味着企业的价值创造活动不受组织边界的限制，信息与资源可以无障碍地在企业内外部流通,企业能在产品全生命周期维度和整个产业链维度建立起新的合作分享模式和机制,从而更为有效地与企业外部相关方发生关联,将资源优势发挥到最大化。

总而言之,工业互联网的应用促使企业形成了扎实的环境洞察能力、技术柔性能力、社会关系能力和组织柔性能力。在强大的环境洞察能力基础上,企业的技术柔性能力、社会关系能力和组织柔性能力彼此交叉、相互补充,共同作用于企业的生产制造模式、商业模式、运营管理模式,实现了生产现场与企业运营管理、资源调度的协同统一,对外部环境做出了足够应对。

实质上,如图 3 所示,工业互联网对企业赋能的基础在于对资源整合过程的提升。工业互联网依托自身强大的数据互联及整合等功能,可以做到对企业内部、供应链、平台生态中物质资本、人力资本、社会资本等的识别、获取、配置及利用,即简化了资源整合过程,并由此塑造出感知环境变化的环境洞察能力及助力企业生产运营协调统一的组织柔性、技术柔性和、社会关系能力,同时这些能力通过进一步作用于组织和管理过程中的物质资本、人力资本和社会资本,也足以促使企业的自身生产制造模式、商业模式、运营管理模式更新变革,进而实现价值的创造与提升。

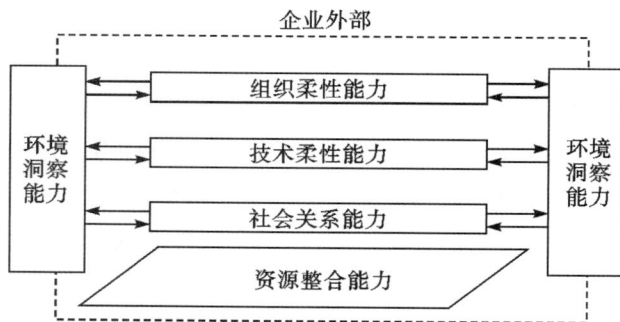

图 3　工业互联网赋能路径

3. 赋能效应测度:资本增值度量

现阶段,工业互联网赋能的效果一方面直接影响数字化时代下微观企业竞争力的构建,另一方面更影响到我国在新一轮制造业革命中的地位。然而,正如王一晨(2019)所言,现阶段,我国工业互联网的开发与应用落地还存在较大差距,工业互联网难以持续给企业、客户带来实际价值,其赋能潜力还有待进一步挖掘。测度工业互联网赋能效应,识别赋能过程中的薄弱与强势环节,针对性管理、改善工业互联网,对微观企业与宏观经济都大有裨益。一方面,进行工业互联网赋能效应测度可以对企业的工业互联网应用水平与绩效进行评价,精准定位应用中的薄弱环节,以指导企业建设完善工业互联网应用基础,提升应用水平,切实获取应用成效。另一方面,通过赋能效应测度,可以帮助工业互联网建设者进一步了解用户需求,为其开展供需精准对接、优化解决方案提供依据。更进一步,测度结果也可为地方政府和行业组织开展工作提供参考。不过,目前鲜有学者关注工业互联网赋能效应测度问题,所以本文尝试性基于资源基础理论对工业互联网赋能效应测度提出思路,并将其归结为对企业资本增值的度量。

首先,从赋能机理着手,工业互联网得以对企业赋能的深层逻辑在于"资源—能力"互动,依托于工业互联网自身的数据优势,其可以对企业内外物质资本、智力资本和社会资本等进行实时整合优化并逐渐塑造出促进企业获取寺续竞争优势的动态能力。所以实质上,工业互联网的赋能效应体现为各项资源优化配置放大的结果。工业互联网通过快速处理蕴含物质资本、智力资本和社会资本信息的数据,实现了高效、精准的资源匹配,提高了企业的各项资本配置效率和增值效应(权锡鉴,2020)。因此,可以直接从应用工业互联网赋能前后相关资本要素的增值入手进行赋能效应测度,即赋能效应(增值)=赋能后收益—赋能前收益=工业互联网带来的物质资本、智力资本与社会资本的增值。此外,现阶段的工业互联网赋能最终指向企业竞争优势的获取,体现在企业的经营绩效中,并进一步表现为企业经济效应增长与成本降低两部分,所以基于上述思路,通过计量企业应用工业互联网前后自身经济表现与成本状况之差就可以对工业互联网赋能效应进行简单衡量。然而,若欲对工业互联网赋对企业物质资本、智力资本与社会资本带来的增值进行准确计量,则需要进一步区分物质资本、智力资本及社会资本等,并设计相关细化指标。

其次,也可从工业互联网赋能路径入手,工业互联网通过优化资源整合过程塑造的环境洞察能力、技术柔性能力、社会关系能力、组织柔性能力和资源整合能力相互交织、相互补充,能够促进企业生产制造模式、商业模式、运营管理模式等的变革,实现此过程中所涉及的物质资本、人力资本、社会资本等的实时优化配置,产生资本增值效应。所以,也可从资源整合优化进而塑造的能力入手进行测度,即根据动态能力的具体内涵维度划分为环境洞察能力、技术柔性能力、组织柔性能力、社会关系能力、资源整合能力五个方面,并进一步针对不同维度设计相应具体指标进行测度。

四、未来研究展望

至此,本文在系统梳理了现阶段工业互联网赋能相关研究的基础上,结合资源基础理论构建了一个初步的工业互联网赋能理论框架,形成了一条从赋能机理到赋能过程再到赋能结果测度的完整理论研究逻辑。所以,接下来本文将进一步结合工业互联网赋能研究现状并重点围绕上述工业互联网赋能理论框架展望未来的研究方向。

第一,工业互联网赋能基础研究方面,丰富扩展工业互联网赋能概念内涵、核心要素、理论基础等相关基础研究。一方面,目前大部分工业互联网赋能相关文献忽略了对工业互联网赋能概念内涵、核心要素等的界定,或者缺乏坚实的理论基础支撑,不利于研究的深入与拓展;另一方面,数字时代下,数据赋能、大数据赋能、数字化赋能等"赋能"研究不断增多,如罗珉(2009)、周文辉(2018),而搞清工业互联网赋能究竟与之存在何种异同、明确工业互联网赋能的特性是助力赋能效应最大程度发挥的前提。其次,工业互联网赋能除了与"资源""能力"密切相关外,也与"价值""创新"密不可分。一方面,工业互联网赋能的最终指向在于价值创造与提升,另一方面,工业互联网赋能的整个过程可以看作对企业组织管理过程创新的结果。所以,未来研究可以进一步基于价值共创理论、数字创新管理理论等理论对其进行深入研究。

第二,工业互联网赋能机理方面,进一步探究驱动工业互联网赋能的深层机理。本文基于资源基础理论视角,将工业互联网赋能的深层机理总结为"资源—能力"互动,但关于资源作用于细分动态能力(比如环境洞察能力、技术柔性能力、社会关系能力、组织柔性能力)的机制及过程需要进一步细化研究。同时,整合由于工业互联网赋能所依托赋能对象的差异带来的不同作用类型与作用机理,构建更加合理的工业互联网赋能机理模型。进一步,是否能从其他角度探讨工业互联网赋能的底层逻辑值得进一步探索。例如,在数字经济时代,创新的作用日益重要,分布式创新与重组创新在工业互联赋能的过程中扮演着重要角色,影响着企业生产和组织过程的更新重构。未来研究可以从数字创新理论的角度着手分析。

第三,工业互联网赋能路径方面,细化创新现有赋能路径研究。首先,现有赋能路径研究已形成一定规模,但大部分忽略了理论基础的支撑,唯有坚实的理论基础支撑,赋能路径的研究才能有章可循。其次,在坚实理论支撑的前提下,未来研究既可寻找其他可能的赋能路径,也可针对某一条赋能路径进行深入挖掘,搞清赋能过程的来龙去脉。再次,现有赋能路径的研究忽视了对赋能对象的层次划分,规模不同、产权性质不同的企业在赋能路径方面会有不同体现,未来研究应重点关注这一点。最后,工业互联网赋能路径的研究势必会随着数字技术的发展而不断拓展,那么在新一轮的数字科技革命过程中,工业互联网赋能路径会随之发生怎样的改变将值得未来研究的持续探索。

第四,工业互联网赋能效应测度方面,扩充细化赋能效应测度研究,建立科学有效的测度体系。目前为止,少有学者关注工业互联网赋能的效应测度问题,未认识到效应测度对于赋能效应发挥的决定作用。限于篇幅原因,本文也只是基于资源基础理论对工业互联网赋能效应测度提出了设计细化指标对企业资本增值度量的思路,未详细阐述具体指标的构建,也未建立系统的指标测度体系。工业互联网赋能效应测度体系是一个十分完善的系统,是对测度对象进行评价的原则、方法、流程、工具的集合,包含测度的方法、测度的层面以及测度的指标等内容。基于此,未来可从多方面入手,对工业互联网赋能效应测度进行研究,将工业互联网赋能效应从企业总成长中剥离出来,并全面准确地度量。同时,未来研究也可进一步根据赋能对象的异质性建构对应的测评体系。比如,根据规模大小、资源禀赋情况等进行区分并提出赋能优化提升策略,最大程度发挥工业互联网赋能效益。但是从整体来看，本文认为赋能效应的测度应始终遵循三个原则：一是以企业工业互联网应用基础和应用水平评价为基础；二是以企业工业互联网应用基础和应用水平评价为基础；三是考虑测度结果的可比性。

第五，目前有关工业互联网赋能的研究多采用规范研究方法，集中于阐释工业互联网的赋能路径，也有学者采用案例研究方法，以单案例研究方法为主，且多选取海尔卡奥斯智能制造平台为案例研究对象，但是总体上缺少对数理实证研究方法的运用。这一方面与工业互联网实践发展较晚，相关数据积累较少有关；更与学者们无法对工业互联网赋能效应形成定量认识、进行定量分析密切相关。因此，未来在横向、纵向扩展规范研究内容的同时，应注意多案例研究方法的应用，从不同案例企业出发、从不同研究角度入手，发现共性、寻找不同，对工业互联网赋能形成全方位、多维度的认识；同时，加快构建工业互联网赋能效应测度体系，对工业互联网赋能形成定量认识、进行定量分析并进一步采用数理实证研究方法进行研究。一方面，经过测度的工业互联网赋能可以作为结果变量用以研究工业互联网赋能的影响因素及影响机制；另一方面，其也可作为影响变量用以探讨工业互联网赋能与企业经营管理过程，如研发效率、战略变革的关系。

五、结论与建议

通过介绍工业互联网的源起及发展情况并对工业互联网赋能的相关研究进展进行系统归纳，本文从资源基础视角明确了工业互联网赋能本质，并基于资源基础理论搭建了工业互联网赋能理论研究框架，阐明了工业互联网赋能机理、赋能路径，创新性地提出了工业互联网赋能效应测度思路，形成了一条从赋能机理到赋能过程再到赋能结果的完整理论研究逻辑。同时，进一步基于框架主体内容对工业互联网赋能研究进行了展望，试图引起学者对工业互联网赋能的关注，推动工业互联网赋能研究的进一步发展。

作为2012年出现的新一代信息技术与制造业深度融合的全新工业生态和新型应用模式，工业互联网在过去近十年中得到了实务界与理论界的追捧。在实践中，工业互联网的基础支撑不断发展、企业应用日益深入，产业生态加速构建；在理论上，国内外学者皆围绕工业互联网展开了系列广泛研究，取得了一定成果。但是与单纯探讨工业互联网的文献相比，工业互联网赋能相关的研究仍然较为分散化、空缺化，未得到应有的关注，难以为实践提供良好的理论指导。现有的工业互联网赋能研究集中于国内，并主要分为三个方向：工业互联网赋能机理研究、工业互联网赋能路径研究及工业互联网赋能案例研究。学者普遍从企业生产制造模式、商业模式、运营管理模式、资源配置模式入手对赋能路径进行研究；海尔卡奥斯平台等典型的工业互联网成为多数工业互联网赋能案例研究的研究对象，用以展现工业互联网对企业智能制造模式、创新型商业模式的影响；从资本结构配置及价值共创角度出发的工业互联网赋能机理研究揭示了工业互联网赋能的底层逻辑,对认识工业互联网赋能的本质意义重大。然而,无论从研究广度还是深度来看,现有研究尚存在很多不足,亟须构建一个具备坚实理论基础支撑的赋能研究系统框架。

于 20 世纪 80 年代兴起的资源基础理论强调企业的独特资源与能力对企业竞争优势的决定性作用,而这与工业互联网赋能过程中所涉及的数据资源、相关能力的构建及资源要素优化配置不谋而合。所以本文基于资源基础理论构建了工业互联网赋能理论研究框架,阐明了工业互联网的赋能机理、赋能路径,创新性地提出了工业互联网赋能效应测度思路。从资源基础视角来看,工业互联网赋能就是在应用工业互联网提供异质性资源的基础上,形成的一种简化资源整合过程,助推企业动态能力构建,持续优化资源配置,从而赋予企业持续竞争优势的过程。而工业互联网的赋能机理在于"资源—能力"互动;工业互联网的赋能路径在于通过工业互联网塑造的环境洞察能力、技术柔性能力、社会关系能力、组织柔性能力和资源整合能力对企业的组织和管理过程进行变革创新;而工业互联网赋能效应测度实际上是对资本增值的度量,使得企业真正做到"先衡量,后管理",促进赋能效应最大限度地发挥。

以此为基础,未来的工业互联网赋能研究还有广阔的发展前景,丰富扩展工业互联网赋能基础研究;进一步探究驱动工业互联网赋能的深层机理;细化创新现有赋能路径研究;扩充细化赋能效应测度研究,建立科学有效的测度体系以及采用创新性的研究方法都足以拓展工业互联网赋能研究的边界。

总之,现阶段工业互联网赋能的研究相对缺乏,但是实务界与理论界对于工业互联网赋能效益最大化的追求亟待工业互联网赋能相关研究的丰富与拓展。本文在梳理现有研究的基础上,基于资源基础理论初步搭建了工业互联网赋能理论框架。尽管存在很多不足,但本文更重要的意义在于期望引发学者对工业互联网赋能研究的关注,尤其是对工业互联网赋能效应测度的关注,一方面指导工业互联网实践,促进赋能效益最大化,另一方面充实和拓展工业互联网相关理论研究。

参考文献

[1] Burmeister C., Lüttgens D. & Piller F. T. Business Model Innovation for Industrie 4.0: Why the "Industrial Internet" Mandates a New Perspective[J]. *Social Science Electronic Publishing*, 2016, *72*(2):124-152.

[2] Kiel D., Arnold C. & Voigt K. The influence of the Industrial Internet of Things on business models of established manufacturing companies-A business level perspective[J]. *Technovation*, 2017(68):4-19.

[3] Ehret M. & Wirtz J. Unlocking value from machines: business models and the industrial internet of things[J]. *Journal of Marketing Management*, 2016, *33*(1-2):111-130.

[4] Shan S., Wen X. & Wei Y., et al. Intelligent manufacturing in industry 4.0: A case study of Sany heavy industry[J]. *Systems Research and Behavioral Science*,2020,37(4):679-690.

[5] Barney J. Firm Resources and Sustained Competitive Advantage[J]. *Journal of Management*,1991,17(1):99-120.

[6] Barney J. B. Is the Resource-Based View a Useful Perspective for Strategic Management Research? Yes.[J]. *The Academy of Management Review*,2001,26(1):22-40.

[7] Teece D. J., Pisano G. & Shuen A. Dynamic Capabilities and Strategic Management[J]. *Strategic Management Journal*,1997,18(7):509-533.

[8] 工业互联网产业联盟. 工业互联网平台白皮书(2019)[R]. 北京:中国信息通信研究院,2019.

[9] 顾硕,余晓晖. 工业互联网赋能制造业转型升级[J]. 自动化博览,2019(2):34-36.

[10] 刘凤芹,苏丛丛. "新基建"助力中国经济高质量发展理论分析与实证研究[J]. 山东社会科学,2021(5):136-141.

[11] 武汉大学工业互联网研究课题组. "十四五"时期工业互联网高质量发展的战略思考[J]. 中国软科学,2020(5):1-9.

[12] 陈肇雄. 工业互联网是智能制造的核心[J]. 中国信息化,2016(1):7-8.

[13] 王如玉,梁琦,李广乾. 虚拟集聚:新一代信息技术与实体经济深度融合的空间组织新形态[J]. 管理世界,2018(2):13-21.

[14] 王一晨. 运用工业互联网推动中国制造业转型升级[J]. 中州学刊,2019(4):26-30.

[15] 付宇涵,马冬妍,催佳星. 工业互联网平台推动下中国制造业企业两化融合发展模式探究[J]. 科技导报,2020(8):87-98.

[16] 张耀一. 制造业转型升级的生态治理逻辑——基于工业互联网的视角[J]. 技术经济与管理研究,2017(11):102-107.

[17] 工业互联网产业联盟. 工业互联网平台白皮书[R]. 北京:中国信息通信研究院,2017.

[18] 蔡呈伟,戚聿东. 工业互联网对中国制造业的赋能路径研究[J]. 当代经济管理,2021(12):40-48.

[19] 余晓晖. 工业互联网与产业智能化变革[J]. 衡阳通讯,2018(10):18-20.

[20] 李勇坚,丰晓旭,李坚飞. 工业互联网推动经济高质量发展的实施路径[J]. 黑龙江社会科学,2020(3):54-59+160.

[21] 苏郁锋,吴能全,周翔. 制度视角的创业过程模型——基于扎根理论的多案例研究[J]. 南开管理评论,2017(1):181-192.

[22] 尚晏莹,蒋军锋. 工业互联网时代的传统制造企业商业模式创新路径[J]. 管理评论,2021(10):130-144.

[23] 权锡鉴,史晓洁,宋晓缤等. 资本配置结构优化的企业混合所有制:工业互联网平台的赋能机理与本质[J]. 会计研究,2020(12):99-112.

[24] 魏津瑜,汤玉巧,杨欣. 基于工业互联网的农机供应链创新结构及运作模式研究[J]. 中国农机化学报,2019(10):154-161.

[25] 马永开,李仕明,潘景铭. 工业互联网之价值共创模式[J]. 管理世界,2020(8):211-221.

[26] 任力. 以工业互联网推进民营企业高质量发展[J]. 人民论坛·学术前沿,2020(13):52-59.

[27] 张嫚嫚. 工业互联网背景下制造企业服务化转型策略研究[D]. 北京:北京邮电大学,2021.

[28] 朱宗乾,尚晏莹,张若晨. 基于工业互联网的制造企业商业模式:如何从无到有? ——以海尔为例[J]. 科技管理研究,2019(10):223-232.

[29] 吕文晶,陈劲,刘进. 工业互联网的智能制造模式与企业平台建设——基于海尔集团的案例研究[J]. 中国软科学,2019(07):1-13.

[30] 吴晓波,徐松屹,苗文斌. 西方动态能力理论述评[J]. 国外社会科学,2006(02):18-25.

[31] 焦豪. 双元型组织竞争优势的构建路径:基于动态能力理论的实证研究[J]. 管理世界,2011(11):76-91.

[32] 董保宝,葛宝山,王侃. 资源整合过程、动态能力与竞争优势:机理与路径[J]. 管理世界,2011(03):92-101.

[33] 孙新波,苏钟海,钱雨,等. 数据赋能研究现状及未来展望[J]. 研究与发展管理,2020(02):155-166.

[34] 贺小刚,李新春,方海鹰. 动态能力的测量与功效:基于中国经验的实证研究[J]. 管理世界,2006(03):94-103.

[35] 焦豪,魏江,崔瑜. 企业动态能力构建路径分析:基于创业导向和组织学习的视角[J]. 管理世界,2008(04):91-106.

[36] 罗珉,刘永俊. 企业动态能力的理论架构与构成要素[J]. 中国工业经济,2009(01):75-86.

[37] 单宇,许晖,周连喜,等. 数智赋能:危机情境下组织韧性如何形成? ——基于林清轩转危为机的探索性案例研究[J]. 管理世界,2021(03):84-104.

[38] 周文辉,邓伟,陈凌子. 基于滴滴出行的平台企业数据赋能促进价值共创过程研究[J]. 管理学报,2018(08):1110-1119.

Industrial Internet Empowerment: Theoretical Framework and Future Research

Sun Ying, Wu Shuo & Liu Li

(*Management School of Ocean University of China, China Business Working Capital Management Research Center*)

Abstract　With the increasing popularity of Industrial Internet practice, the empowerment of Industrial Internet has become one of the focuses discussed by the practical and theoretical circles, and the maximization of empowerment benefits has become the common value pursuit of all sectors of society. On the one hand, exploring the empowerment of Industrial Internet is helpful to understand and guide the practice of Industrial Internet and promote the maximization of empowerment benefits. On the other hand, it is helpful to enrich and expand the relevant theoretical research of Industrial Internet. On the premise of explaining the origin of Industrial Internet and related research progress, this paper builds a theoretical research framework of Industrial Internet empowerment based on the resource-based theory. On the basis of clarifying the nature of Industrial Internet empowerment, and clarifying the empowerment mechanism and empowerment path of Industrial Internet, this paper creatively proposes the idea of measuring the empowerment effect of Industrial Internet, aiming to form a complete theoretical framework from the empowerment mechanism to the empowerment process and then to the empowerment results, quantify the empowerment effect, optimize the management of Industrial Internet, and promote the enhancement of the empowerment effect. And this paper further proposes future research directions based on the main content of the framework to promote further progress in the research of Industrial Internet empowerment.

Key words Industrial Internet; Industrial Internet Empowerment; Resource-based Theory; Theoretical Framework of Industrial Internet Empowerment; Measurement of Industrial Internet Empowerment Effect

《中国会计研究与教育》投稿要求

《中国会计研究与教育》以推动中国会计研究与教育发展为宗旨,侧重发表中国会计改革发展的前沿问题、中国资金管理智库协同创新以及中国会计教育改革重大问题的原创性学术成果和具有重要推广价值的应用性研究成果。研究范式不限,符合国际规范的实证研究和符合国情的规范性研究兼容并蓄,特别欢迎文献综述性文章和典型案例分析。

本书采用匿名评审制度,请将作者信息及基金信息(包括基金项目名称及编号)列于首页,正文中禁止出现作者信息。来稿字数以 12000～15000 字为宜。投稿要求如下:

1. 文章首页注明篇名、作者姓名、作者简介及基金信息等。提供第一作者(或通讯作者)简介,包括性别、籍贯、职务、职称、主要研究方向。同时提供联系电话、E-mail 等联系方式。

2. 文章正文按照篇名——中文摘要(300 字左右)——中文关键词(3～8 个)——正文——参考文献——英文篇名——英文摘要——英文关键词的顺序编写。

3. 正文字体采用宋体,字号五号,行距采用固定值 18 磅。

4. 文章正文的标题、表格、插图必须分别连续编号。正文的标题序号按照以下方式标出:"一、""(一)""1.""(1)""①"。第一级标题居中,采用楷体、小四、加粗的形式。二级标题之后采用左对齐,字体字号行间距与正文保持一致。

5. 注释使用需规范。注释是对论著正文中某一特定内容的进一步解释或补充说明,序号用①②等形式脚注标示,每页单独编号。

6. 凡引文出处一律列入"参考文献"。参考文献采用顺序编码制,以"[1]、[2]、[3]"形式列于文末。英文在前,中文在后,采用字母顺序进行排列。

参考文献的类型以单字母方式标识:M——专著,C——论文集,N——报纸文章,J——期刊文章,D——学位论文,R——研究报告,S——标准,P——专利;对于不属于上述的文献类型,采用字母"Z"标识。其格式为:

专著、论文集、学位论文、报告:[序号]主要责任者. 文献题名[文献类型标识]. 出版地:出版社,出版年:起止页码.

期刊文章:[序号]主要责任者. 文献题名[J]. 刊名,年,卷(期):起止页码.

论文集中的析出文献:[序号]析出文献主要责任者. 析出文献题名[A]. 原文献主要责任者(任选). 原文献题名[C]. 出版地:出版者,出版年. 析出文献起止页码.

报纸文章:[序号]主要责任者. 文献题名[N]. 报纸名. 出版日期(版次).

国际标准、国家标准:[序号]标准编号,标准名称[S].

电子文献:[序号]主要责任者. 电子文献题名[电子文献及载体类型标识]. 电子文献的出处或可获得地址,发表或更新日期/引用日期(任选).

各种未定类型的文献:[序号]主要责任者. 文献题名[Z]. 出版地:出版者,出版年.

例如:

[1] Ball,R. J.,P. Brown. An Empirical Evaluation of Accounting Income Numbers[J]. *Journal of Accounting Research*,1968,6(2):159-178.

[2] 王竹泉,杜媛. 利益相关者视角的企业形成逻辑与企业边界分析[J]. 中国工业经济,2012(2):108-120.

7. 在尊重作者原意的基础上对稿件有删改权,不同意者请在来稿上注明。

8. 欢迎通过电子邮件投稿,E-mail:careouc@126.com。

9. 联系电话:0532-66782680;66782890。

联系地址:青岛市松岭路 238 号中国企业营运资金管理研究中心《中国会计研究与教育》编辑部(邮政编码:266100)。

欢迎投稿! 欢迎订阅!